中级财务会计

主　编　包　刚
副主编　董晓梅　李奕蓉　马苏琳

图书在版编目（CIP）数据

中级财务会计 / 包刚主编；董晓梅，李奕蓉，马苏琳副主编 . —北京：经济管理出版社，2023.3

ISBN 978-7-5096-8971-4

Ⅰ. ①中… Ⅱ. ①包… ②董… ③李… ④马… Ⅲ. ①财务会计—高等学校—教材 Ⅳ. ①F234.4

中国国家版本馆 CIP 数据核字（2023）第 050992 号

组稿编辑：杨国强
责任编辑：杨国强
责任印制：黄章平
责任校对：陈　颖

出版发行：经济管理出版社
（北京市海淀区北蜂窝 8 号中雅大厦 A 座 11 层 100038）
网　　址：www.E-mp.com.cn
电　　话：（010）51915602
印　　刷：唐山昊达印刷有限公司
经　　销：新华书店
开　　本：710 mm × 1000 mm/16
印　　张：22.75
字　　数：373 千字
版　　次：2023 年 4 月第 1 版　2023 年 4 月第 1 次印刷
书　　号：ISBN 978-7-5096-8971-4
定　　价：78.00 元

目录

第一章 总 论

【目的要求】

通过本章的学习，学生应明确财务会计的概念、作用及特点，充分理解财务会计核算的基本前提和一般原则，掌握财务会计对象的具体内容。

【重点与难点】

本章的重点和难点是会计要素、会计假设和会计信息质量的理解和掌握。通过学习，学生对本书内容有一个总体的认识，从而为后续章节的学习奠定理论基础。

第一节 会计概述

一、财务会计的产生与发展

会计是以货币为主要计量单位，以凭证为依据，借助于专门的技术方法，对一定主体的经济活动进行全面、综合、连续、系统的核算与监督，并向有关方面提供会计信息的一种经济管理活动。

财务会计是现代会计体系的重要分支，是20世纪30年代才从传统会计中分离出来的重要支系，在80余年的发展过程中，财务会计的成长适应了社会经济发展的要求，在参与企业经营管理决策、提高资源配置效率、促进经济健康持续发展方面发挥着积极作用。

会计的起源是由于社会生产实践的需要。但并不是人类一有生产实践就产生了会计思想、会计行为。会计是人类社会发展到一定阶段的产物，是随着社会生产的发展和经济管理的要求而产生、发展并不断完善起来的。会计最初表现为人类对经济活动的计量与记录行为，在历史上通常表现为结绳记事、刻石记数等会计萌芽。随着社会生产力的不断提高，会计逐渐“从生产职能中分离出来，成为特殊的、专门委托的当事人的独立的职能”。在商品经济时代，以核算和监督私人资本运动为主要内容的“民间会计”得到迅速发展。1494 年，意大利数学家兼会计学家卢卡·阿其巴勒在《算术、几何、比及比例概要》一书中对借贷复式记账法给予理论说明，从而产生了近代会计。从 20 世纪初以来，科学发展突飞猛进，社会生产力空前提高，企业趋向大型、联合和向国外扩展，对会计提出的要求越来越高，会计方法也不断更新，会计技术从手工操作逐渐向电算化过渡，会计理论也空前繁荣。

20 世纪 30 年代，资本主义经济危机爆发以后，为了加强对企业债券公开和信息披露的管制，美国先后颁布了《证券法》和《证券交易法》，成立证券交易委员会，并且首先开始制定会计规范。1936 年，六条公认的会计原则的发布，标志着财务会计从传统的簿记中分离出来，具有较为鲜明的现代会计特征。随着环境的变化，财务会计不断成熟，在反映和监督经济活动过程、提供各方经济决策所需的会计信息、提高资源配置效率、促进经济健康持续发展方面发挥了越来越积极的作用。

财务会计立足于企业，面向市场，着重适应外部会计信息使用者的需要，以会计准则为指导，运用确认、计量、记录和报告等程序，提供关于履行受托责任情况的整个企业的财务状况、经营成果、现金流量等方面财务信息、帮助信息使用者作出各种决策的信息系统。

二、财务会计的目标

财务会计的目标是财务会计所要达到的目的和要求。它包括提供什么信息、满足哪些人的需要两个方面。财务会计对会计主体的经济活动进行核算，提供反映会计主体经济活动的信息，以满足与企业有利益关系的各方面的需要，财务会计提供的信息只能满足各方面需要的公共信息，而不是满足其特殊需求的信息。财务会计提供的公共信息主要是会计主体的经营成果，会计主体的财务状况，会计主体的现金流量等。

（一）财务会计要为国家宏观经济管理和调控提供信息

企业是国民经济的细胞，是宏观经济的微观个体。没有企业的微观个体，就没有整个国民经济的宏观整体。企业生产经营情况的好坏，经济效益的高低，直接影响整个国民经济的运行情况。在社会主义市场经济条件下，虽然市场在资源配置中发挥基础作用，但政府通过一定的宏观经济调控和管理措施对国民经济运行情况进行调节，对资源的合理配置仍然非常必要。

在我国，宏观经济决策所需的大部分信息来源于会计信息。如果没有会计提供的信息，要对国民经济作出准确的判断，是很难想象的。这说明会计为宏观经济调控和管理提供信息的重要性及必要性。

（二）财务会计要为企业外部各有关方面了解其财务状况和经营成果提供信息

在社会主义市场经济条件下，企业处于错综复杂的经济关系之中，其生产经营活动与投资者、债权人、政府和社会公众等方面存在着密切的联系。

（1）企业投资者为了保护自身的利益，需要了解企业资产的保管、使用情况，监督企业运用资产，提高资产的使用效益。

投资者关心的会计信息主要包括：投入的资本是否安全完整（资本保值）；企业获利能力如何（资本增值）；企业资金运转情况如何，能否适时、稳定地得到满意的投资回报等。

（2）债权人出于自身债权的安全，也需要了解企业的运行情况，对企业的偿债能力和债权投资风险作出判断；企业的债权人包括银行、非银行金融机构、企业债券购买人、其他提供贷款的单位和个人、提供商业信用的供应商等。

债权人关注的主要信息有：企业是否有充裕的财力，能否及时偿还债务；企业是否有支付借款利息的能力；所有者权益对企业债务的保证程度等。

（3）政府为了维护正常的经济秩序，为了取得财政收入，也需要了解企业的生产经营情况。政府部门包括税务部门、工商行政管理部门、证券管理部门、海关及统计部门等，他们需要通过会计信息了解企业所承担的义务及这些义务的履行情况。

政府部门关注的主要信息有：企业是否及时、足额地缴纳了各种税金；企业是否按照各项法律、法规及有关制度的规定开展各项经济活动；企业未来的纳税前景如何；企业公开的财务信息是否充分，是否会误导投资者，投资者是否理解企业公开的财务信息；会计核算是否符合有关规定等。

（4）对企业客户来说，企业是他们获取货物或劳务的来源，他们需要通过会计信息进行以下判断：企业的商业信誉及财力能否保证其长期提供货物或劳务；企业所供应商品或劳务的定价是否合理；企业是否制定了产品更新换代的政策；企业的经营政策与经营行为是否与客户的利益相矛盾等。

由于这些企业外部利益关系各个方面，不能直接参与企业的生产经营活动，其对企业会计信息的要求只能通过企业对外提供的会计报表得以满足。

（三）财务会计要为企业内部经营管理当局提供会计信息

企业内部经营管理的好坏，直接影响到企业的经济效益，影响到企业在市场上的竞争能力，甚至可以说关系到企业的前途和命运。

会计首先是企业内部的重要信息系统，会计提供准确可靠的信息，有助于决策者进行合理的决策，有助于强化内部管理，使企业的生产经营活动处于最优状态，促进企业管理水平和经济效益的提高。

在社会主义市场经济体制下，企业处于激烈的市场竞争环境中，强化企业内部管理，增强企业在市场中的竞争能力，是会计服务于企业内部经营管理的一个重要内容，也是社会主义市场经济的必然要求。

三、现代会计的两大分支

现代会计有两大分支，即财务会计和管理会计（见表 1–1）。财务会计，又称对外报告会计（外部会计），侧重于过去信息，为有关方面提供数据；管理会计又称对内报告会计（内部会计），侧重于未来信息，为内部管理部门提供数据。

表 1–1　财务会计与管理会计对比

项目	财务会计	管理会计
服务对象	企业外部	企业内部
核算内容	过去的经济活动	未来的经济活动
职能	反映和监督	规划、控制、预测、决策等
指导的原则	会计准则、会计制度等	管理的需要
核算程序	固定性和强制性	不固定性
核算方法	单一性	多样性
成本计算方法	全部成本法（制造成本法）	变动成本法
精确程度要求	准确无误	不要求精确
信息特征	负有法律责任	不负法律责任

财务会计主要通过对企业已经发生的经济业务进行事后的记录和总结，对过去的生产经营活动进行客观的反映和监督，向企业外部关系人提供有关

企业财务状况、经营成果和资金变动情况等有关信息。

管理会计主要通过对包括财务会计资料、统计资料及其他业务资料在内的各种数据进行加工，向企业内部管理者提供有用的经营信息以帮助他们正确确定经营目标，进行经营决策，对企业生产经营活动实施控制，使企业的生产经营活动处于最优状态，促进企业管理水平和经济效益的提高。

第二节 会计职能与会计核算的基本前提

一、会计的职能

（一）进行会计核算

这是会计最基本的职能，也称为反映职能。它是指会计以货币为主要计量单位，通过确认、计量、记录、报告等环节，对特定对象（或称特定主体）的经济活动进行记账、算账、报账，为各有关方面提供会计信息的功能。

（二）实施会计监督

会计监督也称为控制职能，是指会计人员在进行会计核算的同时，对特定对象经济业务的合法性、合理性进行审查。

上述两项基本职能是相辅相成、辩证统一的关系。会计核算是会计监督的基础，没有核算所提供的各种信息，监督就失去了依据；而会计监督是会计核算质量的保障，只有核算、没有监督，则难以保证核算所提供信息的真实性、可靠性。

二、会计核算的基本前提（会计假设）

会计核算的基本前提包括会计主体、持续经营、会计分期和货币计量四项。

（一）会计主体

会计主体又称会计实体、会计个体，它指会计人员所核算和监督的特定单位。会计主体是会计信息所反映的特定单位或组织，它规范了会计工作的空间范围。

在会计主体假设下，企业应对其本身发生的交易或者事项进行会计确认、计量、记录和报告，反映企业本身所从事的各项生产经营活动。明确界定会计主体是开展会计确认、计量、记录和报告的重要前提。

例如：A公司对B公司进行投资，则B公司的会计人员进行会计核算的空间范围就是B公司的资金运动。至于A公司本身或者A公司投资到其他企业的相关核算，不属于B公司会计人员进行会计核算的范围。

另外还应注意的问题是，会计主体与法律主体并非是对等的概念，法律主体即是在法律上具有法人资格，会计主体不等同于法律主体，法律主体可作为会计主体，但会计主体不一定是法律主体。

根据我国会计法的规定，法人一定要进行独立核算，提供独立的财务报告，则法律主体一定是会计主体。但是，进行独立的会计核算、单独提供会计报告的会计主体不一定是法律主体。

具体表现形式：

（1）企业中的分公司、事业部等需要进行独立的会计核算、单独提供会计报告，但它们不是法人主体。

（2）独立核算的公司车间是一个会计主体，但不是法人。

（3）基金管理公司独立核算的基金，属于会计主体，但不是法人。

（4）对于企业合并形成的集团，其中的母公司是一个法人，子公司也是一个法人，但将母公司和子公司看作整体的集团不是法人。

特别提示：

提出会计主体的概念是为了确定会计活动的空间范围和界限，把某个特定会计主体的经济业务与其他会计主体以及投资者的经济业务划分开。

在理解会计主体假设时，应明确以下几点：

第一，目的：是为了明确会计核算的空间范围。

第二，作用：①划定会计所要处理的各项交易或事项的范围（区分主体自身的经济活动与其他企业单位经济活动的界限）；②把握会计处理的立场；③将会计主体的经济活动与主体所有者的经济活动相区别。

第三，标准：凡是实行独立核算的经济实体都是会计主体。

（二）持续经营

持续经营指会计主体在可预见的未来，将根据正常的经营方针和既定的经营目标持续经营下去。即在可预见的未来，企业会按当前的规模和状态继续经营下去，该会计主体不会破产清算，所持有的资产将正常营运，所负有的债务将正常偿还，不会停业，也不会大规模削减业务。

例如：企业购入一项固定资产，按照30年的预计年限计提折旧，这种情况是假设企业在未来的30年不会破产，即假设持续经营。

持续经营假设确定了会计活动的时间范围，会计核算所采用的会计处理方法和程序建立在企业持续经营的基础之上，只有保持这一会计核算前提，企业的会计记录和会计报表才能真实可靠。

特别提示：

为什么要作出这一假设？因为对于一个企业来讲，是持续经营，还是停止经营，将对会计理论与实务产生重大影响，在会计处理方法和程序的选择上存在重大的差异。

首先，在持续经营情况下，资产是按历史成本计价，至于历史成本与现行市价的差异，可在以后经济活动实现时，再予以确认。

其次，在持续经营假设下，并不是企业就不会破产，如果企业在经营过程中实际破产了，则要改变会计处理方法，转入破产清算会计，对资产价值进行清算，并作为清算损益处理。破产清算会计是非持续经营下的财务会计，这不属于本书讲解的内容。

（三）会计分期

所谓会计分期，是将企业的经营活动人为地划分成若干个相等的时间间隔，以便确认某个会计期间的收入、费用、利润，确认某个会计期末的资产、负债、所有者权益，编制会计报表。

根据《企业会计准则》的规定，“会计期间分为年度、季度和月份。年度、季度和月份的起讫日期采用公历日期”。会计分期，是企业持续经营的全部过程中的一个时间段落。作出此假设的目的：定期结算账目，编制会计报表，提供财务状况和经营成果的会计信息。

会计期间划分对会计核算产生重要影响：由于有了会计期间，才产生了本期与非本期的区别；有了本期与非本期的区别，才产生了权责发生制和收付实现制，才使不同类型的会计主体有了记账的基准。

特别提示：

我国以日历年度为一个会计年度，从每年 1 月 1 日起到 12 月 31 日止，并具体划分为季度、月份。

注意：半年度、季度和月度均称为会计中期。

（四）货币计量

货币计量指在会计核算中以货币作为计量单位，记录、反映会计主体的经营情况。根据《企业会计准则》的规定，“会计核算以人民币为记账本位币。业务收支以外币为主的企业，也可以选择某种外币作为记账本位币，但编制的会计报表应当折算为人民币反映”。

货币计量假定是对会计计量手段和方法的限定，即会计核算和监督的内容只限于能够用货币计量的企业经济活动，而不包括不能用货币计量的企业经济活动。

特别提示：

第一，企业一般以人民币作为记账本位币，也可采用某一外币作为记账本位币；

第二，货币计量以币值不变为条件。货币计量是会计核算的手段，因此它是以币值相对稳定为条件的。

上述会计核算的四项基本前提，具有相互依存、相互补充的关系。会计主体确立了会计核算的空间范围，持续经营与会计分期确立了会计核算的时间长度，而货币计量为会计核算提供了必要手段。没有会计主体，就不会有持续经营；没有持续经营，就不会有会计分期；没有货币计量，就不会有现代会计。

第三节 会计信息质量要求

会计信息质量要求是对企业财务报告中所提供会计信息质量的基本要求，是使财务报告中所提供会计信息对投资者等使用者决策有用应具备的基本特征，它包括八个方面。

一、可靠性

可靠性要求企业应当以实际发生的交易或者事项为依据进行确认、计量和报告，如实反映符合确认和计量要求的各项会计要素及其他相关信息，保证会计信息真实可靠、内容完整。

企业提供会计信息的目的是满足会计信息使用者的决策需要，因此，它由客观性、真实性和完整性构成会计信息的质量。即会计核算必须以实际发生的交易和事项为依据，进行会计确认、计量和报告保证会计信息的客观性；会计核算必须如实反映各个经济事项，保证会计信息的真实性；会计核算必须在符合重要性和成本效益原则的前提下，保证会计信息的完整性。

会计核算的可靠性要求会计核算的结果应与企业实际的财务状况、经营成果和现金流量相一致；对于经济业务的记录和报告，应做到不偏不倚，以客观的事实为依据，不受会计人员主观意志的左右，避免错误并减少偏差。企业提供会计信息的目的是满足会计信息使用者的决策需要，因此，必须做到内容真实、数字准确和资料可靠。

二、相关性

相关性要求企业提供的会计信息应与财务报告使用者的经济决策需要相关，有助于财务报告使用者对企业过去、现在或者未来的情况作出评价或者预测。

相关性要求企业提供的会计信息应当能够反映企业的财务状况、经营成果和现金流量，以满足不同会计信息使用者的需要。要充分发挥会计信息的作用，提高会计信息的使用价值，必须使企业提供的会计信息与会计报表的使用者对会计信息的要求相关联。

信息的价值在于它与决策有关，有助于决策。在会计核算工作中坚持这一原则，要求在收集、加工、处理和提供会计信息过程中，充分考虑会计信息使用者的要求。否则即使真实也毫无价值。因此，相关性原则的目的在于提高使用者的经济决策能力和预测能力。

特别提示：

相关性并不是要求企业提供的会计报表完全满足所有会计报表使用者的需要，事实上，即使再全面的会计报表也不可能完全满足所有方面的需要。因此，会计核算的资料，特别是企业向外报送的会计报表只能提供通用会计信息。使用者对通用会计报表中的信息进行加工整理，能够得到其所需的会计信息，这样的会计信息可以说就符合相关性的要求。

三、可理解性

可理解性要求企业提供的会计信息应清晰明了，便于投资者等财务报告使用者理解和使用。

对会计信息使用者来说，首先要能弄懂财务报告反映的信息内容，才能加以利用，并作为决策的依据，因此，可理解性原则要求会计核算提供的信息简明、易懂，能简单地反映企业的财务状况、经营成果和现金流量，能为大多数使用者所理解。在会计核算中只有坚持可理解性原则，才能有利于会计信息使用者准确、完整地把握会计信息的内容，从而更好地利用会计信息作出科学合理的决策。

特别提示：

可理解性实际是当今会计面临的重大问题，怎样将专业的会计信息提供给社会大众、非财会人员，使之对其决策有用，会计信息的可理解性显得尤为重要。

所以在财务报告中不仅包括表内信息，还包括大量的文字说明，这也是在一定程度上增强会计信息的可理解性。同时，由于会计信息是一种专业性较强的信息产品，为此，要求会计信息使用者尽可能多地学习会计专业知识，以便能更有效地利用。

四、可比性

可比性指企业提供的会计信息应具有可比性。这一原则不仅要求不同企业之间的会计信息要具有横向的可比性，而且要求同一企业的不同时期的会计信息要具有纵向的可比性。

横向可比指不同企业的会计信息要具有可比性。不同的企业可能处于不同行业、不同地区，经济业务发生于不同时点，为了保证会计信息能够满足会计信息使用者决策的需要，便于比较不同企业的财务状况、经营成果和现金流量，只要是相同或相似的交易或事项，就应采用规定的会计政策，确保会计信息口径一致，相互可比。

纵向可比指同一企业不同时期的会计信息要具有可比性。在同一企业的会计核算中，经常会出现相同的经济业务的会计处理有多种方法可供选择，例如存货的计价方法等，企业可以在会计准则或制度允许的范围内选择使用。对于不同时期发生的相同或者相似的交易或者事项，应采用一致的会计政策，不得随意变更，确需变更的，应在附注中予以说明。

在会计核算中遵循可比性要求，有利于提高会计信息的使用价值，可以防止某些企业和个人利用会计方法的变动，在会计核算上弄虚作假，粉饰财务报表。

五、实质重于形式

实质重于形式要求企业应当按照交易或者事项的经济实质进行会计确认、计量和报告，不应仅以交易或者事项的法律形式为依据。如果企业仅仅以交易或者事项的法律形式为依据进行会计确认、计量和报告，那么容易导致会计信息失真，无法如实反映经济现实和实际情况。

实质重于形式从制度层面确保了会计信息的真实性。在实务中，交易或者事项的法律形式并不总能完全真实地反映其实质内容。在法律形式不能准确表达交易或者事项的经济实质时，应透过法律形式，按交易或者事项的经济实质进行核算。

例如：融资租入的固定资产应视同自有固定资产进行确认、计量和报告，就体现实质重于形式的要求；对于售后回购、售后回租业务，形式是销售行为，实质是融资行为，所以根据实质重于形式的要求，不能确认销售收入；对于合并报表，母公司和子公司都是法人，但它们组成的集团不是一个法人，但实质它们是一个整体，所以要编制合并报表，该业务也体现了实质重于形式的要求。

六、重要性

重要性要求企业提供的会计信息应反映与企业财务状况、经营成果和现金流量有关的所有重要交易或者事项。

企业会计信息的省略或者错报会影响使用者据此作出经济决策的，该信息就具有重要性。重要性的应用需要依赖职业判断，企业应根据其所处环境和实际情况，从项目的性质和金额大小两方面来判断其重要性。

重要性要求企业在会计核算过程中，对发生的交易或事项应区别其重要程度，对资产、负债、损益等有较大影响，并进而影响财务报告使用者据以作出合理判断的重要事项，必须按照规定的会计方法和程序进行处理，并在财务报告中予以充分、准确的披露；对于次要的会计事项，在不影响会计信息真实性和不至于误导财务报告使用者作出正确判断的前提下，可适当简化处理。

会计核算中遵循重要性要求同时考虑提供会计信息的成本与效益问题，使得提供会计信息的收益大于成本，避免出现提供会计信息的成本大于收益的情况出现。在全面反映企业财务状况和经营成果的基础上，起到突出重点，简化核算，节约人力、物力和财力的作用，提高会计核算的工作效率。

特别提示：

重要性是相对的，同一经济业务或会计事项，对有的企业来说可能是重要的，对另个的企业来说则可能是不重要的。因此，判断某一经济业务或会计事项是否重要，除了严格参照有关会计法规的规定之外，更重要的是依赖会计人员结合在企业具体情况所作的专业判断。在评价某些项目的重要性时，很大程度上取决于会计人员的职业判断。一般来说，应从质和量两个方面进行分析。从性质来说，当某一事项有可能对决策产生一定影响时，就属于重要项目；从数量方面来说，当某一项目的数量达到一定规模时，就可能对决策产生影响。比如某项资产价值达到总资产的5%时，一般认为其具有重要性，应当作为具有重要性的会计事项处理。

七、谨慎性

谨慎性指企业对交易或者事项进行会计确认、计量和报告应当保持应有的谨慎，不应高估资产或者收益、低估负债或者费用。

谨慎性是针对经济生活中的不确定性和风险提出的，使会计信息所反映的企业财务状况和经营成果建立在稳妥可靠的基础上，但并非任何会计事项都需要谨慎性原则，只有那些不确定性问题出现时才采用谨慎性原则。

谨慎性要求企业在面临经济活动中的不确定因素的情况下作出职业判断并处理会计事项时，应保持必要的谨慎，充分估计风险和损失，不高估资产或收益，也不低估负债或费用。对于预计会发生的损失应计算入账；对于可能发生的收益则不预计入账。

会计核算中采用谨慎性的目的是防范不确定因素和经营风险，保全企业的资产，使企业能稳妥经营。为此，要求企业在会计确认、计量、报告等方面，应采取稳妥的原则。当然，谨慎性的应用并不意味着企业可以任意设置各种秘密准备，如果故意滥用就会损害会计信息质量，扭曲企业实际的财务状况和经营成果，从而对使用者的决策产生误导，这不符合会计准则要求。

谨慎性在会计核算中有多种表现，如我国在当前的会计实务中采用的固定资产加速折旧、对可能发生的各项资产损失计提减值准备等，是这一原则的具体体现。

八、及时性

及时性指企业对于已经发生的交易或者事项，应当及时进行会计确认、计量和报告，不得提前或者延后。

对会计信息使用者来说，会计信息与决策的相关性不仅表现在会计信息的真实可靠，而且表现在会计信息时效性上，过时的会计信息对决策者的使用价值会大大降低，甚至无效。在企业之间竞争日趋激烈的市场经济条件下，对会计信息的及时性要求越来越高，这一原则越发显得重要。在会计核算中，坚持这一原则是要求及时收集会计信息、及时处理会计信息、及时传递会计信息，以满足各方面会计信息使用者的需要。

为此，我国在有关的会计制度中作了明确规定：月度财务报告应于月份终了后的 6 天内报出；中期财务报告应于年度中期结束后 60 天内报出；年度财务报告应于年度终了后 4 个月内报出。

第四节　会计要素

会计要素是根据交易或者事项的经济特征所确定的财务会计对象的基本分类。会计要素是会计核算对象的具体化，用于反映会计主体财务状况，确定经营成果的基本单位，同时是构成会计报表的基本单位，也是设置会计账户的重要依据。

我国 2006 版《企业会计准则——基本准则》将会计要素按照其性质划分为资产、负债、所有者权益、收入、费用和利润六类。这六大会计要素又可以划分为两大类，即反映财务状况的会计要素资产、负债和所有者权益与反映经营成果的会计要素收入、费用和利润。会计要素的界定和分类可以使财务会计系统更加科学严密，为投资者等财务报告使用者提供更加有用的信息。

一、反映财务状况的会计要素

（一）资产

1. 资产的定义

资产指企业过去的交易或事项引起的，并由企业拥有或控制的、预期会给企业带来经济利益的资源。它包括各种财产、债权和其他权利。资产包括流动资产和非流动资产，比如：库存现金、银行存款、应收账款、长期股权投资、固定资产、无形资产及其他资产等。

资产具有如下基本特征：

（1）资产是由过去交易或事项所产生形成的　也就是说，资产必须是现实的资产，而不能是预期的资产，是由于过去已经发生的交易或事项所产生的结果。过去的交易或事项包括购买、生产、建造行为或者其他交易或事项。至于未来交易或事项以及未发生的交易或事项可能产生的结果，则不属于现在的资产，不得作为资产确认。

例如：企业有购买某一机器设备的意愿或者计划，但购买行为还未发生，则该意愿和计划就不符合资产的定义，不能确认为固定资产。

（2）资产是企业拥有或控制的资源　资产作为一项资源要在会计上予以确认，对于企业来说必须拥有对该资源的实际支配地位。具体而言指企业享有某项资源的所有权，或者虽然不享有某项资源的所有权，但该资源能被企业所控制。

如果是企业既不拥有也不控制的资产所带来的经济利益，则不能将其作为企业的资产予以确认。

例如：融资租入固定资产就是在特殊方式形成的资产，企业虽然对其不拥有所有权，但能够实际控制的，按照实质重于形式原则的要求，也应当将其作为企业资产予以确认。

（3）预期会给企业带来经济利益 资产预期会给企业带来经济利益，是指资产直接或者间接导致现金和现金等价物流入企业的潜力。这种潜力可以来自企业日常的生产经营活动，也可以是非日常活动；带来的经济利益可以是现金或者现金等价物，或者是可以转化为现金或者现金等价物的形式，或者是可以减少现金或者现金等价物流出的形式。

如果某一项目预期不能给企业带来经济利益，那么就不能将其确认为企业的资产。前期已经确认为资产的项目，如果不能再为企业带来经济利益的，也不能再确认为企业的资产。

2. 资产的确认条件

将一项资源确认为资产，需要符合资产的定义，还应同时满足以下两个条件：

（1）与该资源有关的经济利益很可能流入企业。从资产的定义可以看到，能否带来经济利益是资产的一个本质特征，但在现实生活中，由于经济环境复杂多变，与资源有关的经济利益能否流入企业或者能够流入多少实际上带有不确定性。如果根据编制财务报表时所取得的证据，与资源有关的经济利益很可能流入企业，那么就应当将其作为资产予以确认；反之不能确认为资产。

（2）该资源的成本或者价值能够可靠地计量。只有当有关资源的成本或者价值能够可靠地计量时，资产才能予以确认。在实务中，企业取得的许多资产都是发生了实际成本的，比如，企业购买或者生产的存货，企业购置的厂房或者设备等，对于这些资产，只要实际发生的购买成本或者生产成本能够可靠计量，就视为符合了资产确认的可计量条件。

（二）负债

1. 负债的定义

负债是指由过去的交易或事项所形成的企业的现时义务，能以货币计量，需要企业在未来以资产或劳务偿付，履行该义务预期会导致经济利益流出企业。负债分为流动负债和长期负债。

负债具有如下基本特征：

（1）负债是由企业过去的交易或者事项形成的。负债应当由企业过去的交易或者事项所形成，也只有过去的交易或者事项才形成负债。企业预期在将来要发生的交易或事项可能产生的债务，不能作为会计上的负债处理，换句话说，就是企业将在未来发生的承诺、签订的合同等交易或者事项，不形成负债。

例如：企业与供货单位签订的供货合同，对此，企业就不能将其作为一项负债。

（2）负债是企业承担的现时义务。负债必须是企业承担的现时义务，它是负债的一个基本特征。其中，现时义务是指企业在现行条件下已承担的义务。未来发生的交易或者事项形成的义务，不属于现时义务，不应确认为负债。这里所指的义务可以是法定义务，也可以是推定义务。其中，法定义务指具有约束力的合同或者法律法规规定的义务，通常在法律意义上需要强制执行。

例如：企业购买原材料形成应付账款，企业向银行贷入款项形成借款，企业按照税法规定应当交纳的税款等，均属于企业承担的法定义务，需要依法予以偿还。

推定义务指根据企业多年来的习惯做法、公开的承诺或者公开宣布的政策而导致企业将承担的责任，这些责任也使有关各方形成了企业将履行义务解脱责任的合理预期。

例如：某企业长期执行一项销售政策，对于售出商品提供一定期限内的售后保修服务，预期将为售出商品提供的保修服务就属于推定义务，应当将其确认为一项负债。

（3）负债预期会导致经济利益流出企业。预期会导致经济利益流出企业也是负债的一个本质特征，只有企业在履行义务时会导致经济利益流出企业的，才符合负债的定义，如果不会导致企业经济利益流出的，则不符合负债的定义。

在履行现时义务清偿负债时，导致经济利益流出企业的形式多种多样。

例如：用现金偿还或以实物资产形式偿还；以提供劳务形式偿还；部分

转移资产、部分提供劳务形式偿还；还可以通过举借新债来偿还；将负债转化为资本等。

2. 负债的确认条件

将一项现时义务确认为负债，需要符合负债的定义，还需要同时满足以下两个条件：

（1）与该义务有关的经济利益很可能流出企业。从负债的定义可以看到，预期会导致经济利益流出企业是负债的一个本质特征。在实务中，履行义务所需流出的经济利益带有不确定性，尤其是与推定义务相关的经济利益通常需要依赖于大量的估计。因此，负债的确认应与经济利益流出的不确定性程度的判断结合起来，如果有确凿证据表明，与现时义务有关的经济利益很可能流出企业，就应将其作为负债予以确认；反之，如果企业承担了现时义务，但会导致企业经济利益流出的可能性很小，则不符合负债的确认条件，不应将其作为负债予以确认。

（2）未来流出的经济利益的金额能够可靠地计量。负债的确认在考虑经济利益流出企业的同时，对于未来流出的经济利益的金额应能够可靠计量。对于与法定义务有关的经济利益流出金额，通常可以根据合同或者法律规定的金额予以确定，考虑到经济利益流出的金额通常在未来期间，有时未来期间较长，有关金额的计量需要考虑货币时间价值等因素的影响。对于与推定义务有关的经济利益流出金额，企业应根据履行相关义务所需支出的最佳估计数进行估计，并综合考虑有关货币时间价值、风险等因素的影响。

（三）所有者权益

1. 所有者权益的定义

所有者权益指企业投资者对企业净资产的所有权，其金额为全部资产减去全部负债的余额，是所有者享有的剩余权益。所有者权益表明企业的产权关系，即企业归谁所有，它既可反映所有者投入资本的保值增值情况，又体现了保护债权人权益的理念。

2. 所有者权益的来源构成

所有者权益的来源包括所有者投入的资本、直接计入所有者权益的利得和损失（其他综合收益）、留存收益等，通常由股本（或实收资本）、资本公积（含股本溢价或资本溢价、其他资本公积）、盈余公积和未分配利润构成。

商业银行等金融企业在税后利润中提取的一般风险准备，也构成所有者权益。

所有者投入的资本指所有者投入企业的所有资本，它既包括构成企业注册资本或者股本部分的金额，也包括投入资本超过注册资本或者股本部分的金额，即资本溢价或者股本溢价，这部分投入资本在我国企业会计准则体系中被计入了资本公积，并在资产负债表中的资本公积项目下反映。

直接计入所有者权益的利得和损失，指不应计入当期损益、会导致所有者权益发生增减变动的、与所有者投入资本或者向所有者分配利润无关的利得或者损失。其中，利得指由企业非日常活动所形成的、会导致所有者权益增加的、与所有者投入资本无关的经济利益的流入。损失指由企业非日常活动所发生的、会导致所有者权益减少的、与向所有者分配利润无关的经济利益的流出。直接计入所有者权益的利得和损失主要包括可供出售金融资产的公允价值变动额、现金流量套期中套期工具公允价值变动额（有效套期部分）等。

留存收益是企业历年实现的净利润留存于企业的部分，主要包括累计计提的盈余公积和未分配利润。

3. 所有者权益的确认条件

所有者权益体现的是所有者在企业中的剩余权益，因此，所有者权益的确认主要依赖于其他会计要素，尤其是资产和负债的确认；所有者权益金额的确定也主要取决于资产和负债的计量。比如，企业接受投资者投入的资产，在该资产符合企业资产确认条件时，就相应地符合了所有者权益的确认条件；当该资产的价值能够可靠计量时，所有者权益的金额也就可以确定了。

特别提示：

所有者权益与负债有着本质的不同。负债是企业所承担的现时义务，履行该义务预期会导致经济利益流出企业，而所有者权益在一般的情况下企业不需要归还其投资者；使用负债所形成的资金通常需要企业支付费用，如支出借款利息等，而使用所有者权益所形成的资金则不需要支付费用；在企业清算时，债权人拥有优先清偿权，在清偿所有的负债后才返还给投资者；投资者可以参与企业利润分配，而债权人则不能参与利润分配，只能按照预先约定的条件取得利息收入。

二、反映经营成果的会计要素

（一）收入

1. 收入的定义

收入指企业在日常活动中形成的、会导致所有者权益增加的、与所有者投入资本无关的经济利益的总流入。这种总流入表现为资产的增加或债务的清偿。

收入包括销售商品收入、劳务收入、利息收入、让渡资产使用权收入、建造合同收入等，但不包括为第三方或者客户代收的款项、处置固定资产净收益和出售无形资产所得等。

根据收入的定义，收入具有以下几方面的特征：

（1）收入是企业在日常活动中形成的。日常活动指企业为完成其经营目标所从事的经常性活动以及与之相关的活动。

例如：工业企业制造并销售产品、商业企业销售商品、保险公司签发保单、咨询公司提供咨询服务、软件企业为客户开发软件、安装公司提供安装服务、商业银行对外贷款、租赁公司出租资产等，均属于企业的日常活动。

明确界定日常活动是为了将收入与利得相区分，因为企业非日常活动所形成的经济利益的流入不能确认为收入，而应当计入利得。

（2）收入是与所有者投入资本无关的经济利益的总流入。收入会导致经济利益的流入，从而导致资产的增加。如企业销售商品，应当收到现金或者在未来有权收到现金，才表明该交易符合收入的定义。但是在实务中，经济利益的流入有时是所有者投入资本的增加所导致的，所有者投入资本的增加不应当确认为收入，应当将其直接确认为所有者权益。

（3）收入会导致所有者权益的增加。与收入相关的经济利益的流入会导致所有者权益的增加，不会导致所有者权益增加的经济利益的流入不符合收入的定义，不应确认为收入。

例如：企业向银行借入款项，尽管也导致了企业经济利益的流入，但该流入并不导致所有者权益的增加，反而使企业承担了一项现时义务。企业对于因借入款项所导致的经济利益的增加，不应将其确认为收入，应当确认为一项负债。

2. 收入的确认条件

企业收入的来源渠道多种多样，不同收入来源的特征有所不同，其收入确认条件也往往存在差别，如销售商品、提供劳务、让渡资产使用权等。一般而言，收入只有在经济利益很可能流入从而导致企业资产增加或者负债减少、且经济利益的流入额能够可靠计量时才能予以确认。

即收入的确认至少应符合以下条件：一是与收入相关的经济利益应当很可能流入企业；二是经济利益流入企业的结果会导致资产的增加或者负债的减少；三是经济利益的流入额能够可靠计量。

特别提示：

收入是企业持续经营的基本条件，企业要持续经营下去，必须在销售商品或者提供劳务等经营业务中取得收入，以便能补偿经营活动中的耗费，重新购买商品（或者原材料）、支付工资和费用，从而保证生产经营活动不间断地进行。

收入也是企业获得利润，实现赢利的前提条件。企业只有取得收入，并补偿在生产经营活动中已消耗的各种支出，才能形成利润。

（二）费用

1. 费用的定义

费用指企业在日常活动中发生的、会导致所有者权益减少的、与向所有者分配利润无关的经济利益的总流出。

企业一定时期的费用由产品生产成本和期间费用两部分组成，其中能予以对象化的部分就是产品生产成本，即制造成本，由直接材料、直接人工和制造费用三个成本项目组成；不能予以对象化的部分，就属于期间费用，包括管理费用、财务费用和销售费用三项。

费用是经营成果的扣除要素，它不包括处置固定资产净损失、自然灾害损失、投资损失等。

根据费用的定义，费用具有以下几方面的特征：

（1）费用是企业在日常活动中形成的。费用必须是企业在其日常活动中所形成的，这些日常活动的界定与收入定义中涉及的日常活动的界定相一致。因日常活动所产生的费用通常包括销售成本（营业成本）、职工薪酬、折旧费、无形资产摊销费等。

将费用界定为日常活动所形成的，目的是将其与损失相区分，企业非日常活动所形成的经济利益的流出不能确认为费用，而应当计入损失。

（2）费用是与向所有者分配利润无关的经济利益的总流出。费用的发生应当会导致经济利益的流出，从而导致资产的减少或者负债的增加（最终也会导致资产的减少）。其表现形式包括现金或者现金等价物的流出，存货、固定资产和无形资产等的流出或者消耗等。

鉴于企业向所有者分配利润也会导致经济利益的流出，而该经济利益的流出显然属于所有者权益的抵减项目，不应确认为费用，应当将其排除在费用的定义之外。

（3）费用会导致所有者权益的减少。与费用相关的经济利益的流出应当会导致所有者权益的减少，不会导致所有者权益减少的经济利益的流出不符合费用的定义，不应确认为费用。

例如：某企业用银行存款 400 万元购买生产用原材料，该购买行为尽管使企业经济利益流出了 400 万元，但并不会导致企业所有者权益的减少，它使企业增加了另外一项资产（存货），在这种情况下，就不应当将该经济利益的流出确认为费用。

例如：某企业用银行存款偿还了一笔应付账款 1 000 万元，该偿付行为尽管导致企业经济利益流出 1 000 万元，但是该流出没有导致企业所有者权益的减少，而是使企业负债（应付账款）减少了，因此不应将该经济利益的流出作为费用予以确认。

2. 费用的确认条件

费用的确认除了应符合定义外，也应满足严格的条件，即费用只有在经济利益很可能流出从而导致企业资产减少或者负债增加、且经济利益的流出额能够可靠计量时才能予以确认。

因此，费用的确认至少应符合以下条件：一是与费用相关的经济利益应当很可能流出企业；二是经济利益流出企业的结果会导致资产的减少或者负债的增加；三是经济利益的流出额能够可靠计量。

（三）利润

1. 利润的定义

利润指企业在一定会计期间的经营成果，包括营业利润、利润总额和净利润。

通常情况下，如果企业实现了利润，表明企业的所有者权益将增加，业绩得到了提升；反之，如果企业发生了亏损（即利润为负数），表明企业的所有者权益将减少，业绩下滑了。因此，利润往往是评价企业管理层业绩的一项重要指标，也是投资者等财务报告使用者进行决策时的重要参考。

2. 利润的来源构成

利润包括收入减去费用后的净额、直接计入当期利润的利得和损失等。其中收入减去费用后的净额反映了企业日常活动的业绩，直接计入当期利润的利得和损失反映的是企业非日常活动的业绩。

直接计入当期利润的利得和损失，指应计入当期损益、最终会引起所有者权益发生增减变动的、与所有者投入资本或者向所有者分配利润无关的利得或者损失。企业应当严格区分收入和利得、费用和损失，以更加全面地反映企业的经营业绩。

3. 利润的确认条件

利润反映的是收入减去费用、利得减去损失后的净额的概念，因此，利润的确认主要依赖于收入和费用以及利得和损失的确认，其金额的确定主要取决于收入、费用、利得和损失金额的计量。

第五节　会计计量

会计计量指为了在账户记录和财务报表中确认、计量有关财务报表要素，而以货币或其他度量单位确定其货币金额或其他数量的过程。

一、会计计量要求

会计计量是为了将符合确认条件的会计要素登记入账并列报于财务报表而确定其金额的过程。企业应当按照规定的会计计量属性进行计量，确定相关金额。

二、会计计量属性

计量属性指所予计量的某一要素的特性方面或外在表现形式。如桌子的长度、铁矿的重量、楼房的高度等。

会计计量属性反映的是会计要素金额的确定基础，主要包括历史成本、重置成本、可变现净值、现值和公允价值等。

（一）历史成本

历史成本，又称实际成本，就是取得或制造某项财产物资时所实际支付的现金或者其他等价物。

在历史成本计量下，资产按照其购置时支付的现金或者现金等价物的金额，或者按照购置资产时所付出的对价的公允价值计量。负债按照其因承担现时义务而实际收到的款项或者资产的金额，或者承担现时义务的合同金额，或者按照日常活动中为偿还负债预期需要支付的现金或者现金等价物的金额计量。

会计的基础是建立在历史成本基础之上的。企业资产的取得或构建、资产的耗费、负债的确认与计量、企业财务状况的评定以及收入的确定等都是以历史成本计价的。这是因为：

（1）历史成本是在交易时确定的，它能够比较客观地反映经济业务或会计事项；

（2）历史成本具有较强的可核性，经得起检验；

（3）历史成本的资料容易取得，比较可靠。

特别提示：

需要注意的是，如果资产已经发生了减值，其账面价值已经不能反映其未来可收回金额，企业就应当按照规定计提相应的减值准备。除法律、行政法规和国家统一的会计制度另有规定者外，企业一律不得自行调整其账面价值。

（二）重置成本

重置成本又称现行成本，指按照当前市场条件，重新取得同样一项资产所需支付的现金或现金等价物金额。

在重置成本计量下，资产按照现在购买相同或者相似资产所需支付的现金或者现金等价物的金额计量。负债按照现在偿付该项债务所需支付的现金或者现金等价物的金额计量。

在实务中重置成本多应用于盘盈固定资产的计量。

（三）可变现净值

可变现净值，指在正常生产经营过程中，以预计售价减去进一步加工成本和预计销售费用以及相关税费后的净值。

在可变现净值计量下，资产按照其正常对外销售所能收到现金或者现金等价物的金额扣减该资产至完工时估计将要发生的成本、估计的销售费用以及相关税费后的金额计量。

在实务中可变现净值通常应用于存货资产减值情况下的后续计量。

（四）现值

现值指对未来现金流量以恰当的折现率进行折现后的价值，是考虑货币时间价值的一种计量属性。

在现值计量下，资产按照预计从其持续使用和最终处置中所产生的未来净现金流入量的折现金额计量。负债按照预计期限内需要偿还的未来净现金流出量的折现金额计量。

现值通常用于非流动资产可回收金额和以摊余成本计量的金融资产价值的确定等。

（五）公允价值

公允价值，指在公平交易中，熟悉情况的交易双方自愿进行资产交换或者债务清偿的金额。

在公允价值计量下，资产和负债按照在公平交易中，熟悉情况的交易双方自愿进行资产交换或者债务清偿的金额计量。

主要应用于交易性金融资产、其他债券投资、其他权益工具投资的计量。

特别提示：

企业在对会计要素进行计量时，一般应采用历史成本计量属性，但其在满足相关性要求上存在着一定的缺陷。因此，会计基本准则规定，其他计量属性在应用中应当保证所确定的会计要素金额能够取得并可靠计量。

第六节 我国企业财务会计核算规范

会计工作应遵循一定的规范。我国的企业会计核算规范主要由《中华人民共和国会计法》(以下简称《会计法》)、企业会计准则和企业会计制度等组成，并已形成了以《会计法》为核心的一个比较完整的体系。

一、会计法

《会计法》于1985年由全国人民代表大会常务委员会通过，并于同年5月1日起施行。为适应我国社会主义市场经济发展和深化会计改革的需要，1993年12月和1999年10月人大常委会对其进行了两次修订。《会计法》是我国会计工作的根本大法，它在我国的会计规范体系中处于最高层次，是其他会计规范制定的基本依据。《会计法》对我国会计工作的主要方面作出规定，涉及我国会计工作的各个领域，它用法律形式确定了会计工作的地位和作用，对我国会计管理的体制、会计核算和会计监督的对象及内容、会计机构、会计人员的职责和权限以及有关的法律责任作出了明确的规定。这些规定是我国进行会计工作的基本依据。

此外，为了配合新修订《会计法》的实施，国务院于2000年颁布并实施了《企业财务会计报告条例》，这一条例的核心在于确保企业提供的会计资料的真实和完整，必然也是企业开展会计核算所应遵循的基本规范。

二、会计准则

会计准则亦称会计标准，是制定会计核算制度和组织会计核算的基本规范。会计准则最早出现在20世纪30年代的美国，其后，一些西方资本主义国家也相继制定了本国的会计准则，70年代，一些西方国家的职业会计团体发起成立了国际会计准则委员会，制定并发布国际会计准则。我国的会计准则制定始于1988年，1992年11月发布了我国第一个会计准则，即《企业会计准则》，并于1993年7月1日开始施行。我国的会计准则由财政部制定并颁布。我国的企业会计准则包括基本会计准则和具体会计准则两大部分。从1997年开始，财政部陆续发布了16个具体会计准则，包括：“现金流量表”“资产负债表日后事项”“收入”“债务重组”“建造合同”“投资”“会计政策、会计估计变更和会计差错更正”“关联方关系及其交易的披露”“非货币性交易”“或有事项”“无形资产”“借款费用”“租赁”“存货”“固定资产”“中期财务报告”。这些具体会计准则与《企业会计制度》一起，作为并行的会计规范在企业中得到贯彻。

2005 年以后，我国加快了企业会计准则制定步伐。2006 年 2 月 15 日，财政部发布了包括 1 项基本准则和 38 项具体准则在内的企业会计准则体系。该企业会计准则体系自 2007 年 1 月 1 日起全面取代以前的企业会计准则和《企业会计制度》，首先在上市公司施行，力争在不长时间内，在所有大中型企业执行。

2006 年，新企业会计准则体系将由 1 项基本准则、38 项具体准则和应用指南等构成。基本准则在整个准则体系中起统驭作用，主要规范会计目标、会计基本假定、会计基本原则、会计要素的确认和计量等。具体准则又分为一般业务准则、特殊行业的特定业务准则和报告准则三类。而具体准则的应用指南主要对会计科目的设置、会计分录的编制和报表的填报等操作层面的内容予以示范性指导。

一般业务准则主要规范各类企业普遍适用的一般经济业务的确认和计量，如存货、固定资产、长期股权投资、无形资产、资产减值、借款费用、收入、外币折算等准则。

特殊行业的特定业务准则主要规范特殊行业中特定业务的确认和计量，如石油天然气、生物资产、金融工具确认和计量及保险合同等准则。

报告准则主要规范普遍适用于各类企业通用的报告类的准则，如财务报告的列报、现金流量表、合并财务报表、中期财务报告、资产负债表日后事项、分部报告、金融工具列报等准则。

企业会计准则应用指南主要对具体准则中的重点、难点和关键点作出解释性规定并附以会计科目和主要账务处理。

附录中的会计科目和主要账务处理涵盖了各类企业的各种交易或事项，是以会计准则中确认、计量原则及其解释为依据所作的规定，其中对涉及商业银行、保险公司和证券公司的专用科目作了特别注明。会计科目和主要账务处理规定了会计的确认、计量、记录和报告中记录的规定。这部分规定赋予企业一定的灵活性。即在不违反准则及其解释的前提下，企业可根据实际需要自行增设、分拆、合并会计科目。不存在的交易或者事项，可以不设置相关的会计科目。

三、会计制度

会计制度是在会计法和会计准则基础上制定的具体会计方法和程序的总称。我国的会计制度是国家财政部门通过一定的行政程序制定、具有一定强制性的会计规范的总称，其中会计核算制度是重要的组成部分。1993 年以来，我国先后颁布并实施了工业企业会计制度等 13 个行业会计制度以及股份有限公司会计制度和外商投资企业会计制度等会计核算制度，按行业制定是这一会计核算制度体系的最大特点。1999 年，颁布的新修订的《会计法》，要求企业保证会计资料的真实、完整，并且规定国家实行统一的会计制度。我国财政部为了贯彻落实《会计法》《企业财务会计报告条例》以及其他有关法规的规定，适应社会主义市场经济要求，在继续制定会计准则的同时，对会计核算制度进行了改革，确立了建立国家统一的，打破行业、所有制界限，集财务会计于一体的会计核算制度，包括会计要素的确认、计量、记录和报告全过程的会计核算标准。根据目前我国的会计制度改革思路，国家统一的企业会计核算制度体系，将分三个层次：第一层次是按照企业性质和规模，分别建立《企业会计制度》《金融企业会计制度》和《小企业会计制度》所应遵循的一般原则；第二层次是在第一层次的基础上，分别建立操作性较强的有关会计科目的设置、具体账务处理和财务会计报告的编制和对外提供办法；第三层次是在上述两个层次的基础上，对于各行业企业专业性较强的会计核算，将陆续以专业会计核算办法的形式发布。为此，作为第一步，财政部制定并在 2000 年末发布了《企业会计制度》，该制度于 2001 年 1 月 1 日起首先在股份有限公司范围内执行，并将采取有计划、有目标地分步骤在各企业中实施。外商投资企业已于 2002 年 1 月 1 日起执行《企业会计制度》。《金融企业会计制度》已于 2001 年 11 月颁布，并从 2002 年 1 月 1 日起首先在上市的金融企业范围内实施，同时鼓励其他股份制金融企业实施。《小企业会计制度》也已于 2004 年 5 月颁布，并从 2005 年 1 月 1 日起在小企业范围内实施。

《企业会计制度》的结构和内容包括：一般规定、会计科目和财务报表，还附有主要会计事项分录举例。一般规定部分，对会计要素和重要经济业务事项的确认、计量、报告等，以条款的形式作了原则规定；会计科目和财务报表部分，规定了经济业务事项应当设置的会计科目及使用说明，财务报表的格式及编制说明；附录部分列举了主要会计事项的具体账务处理方法。

企业会计制度规定的财务报表有资产负债表（月报、半年报、年报）、利润表（月报、半年报、年报）、现金流量表（年报）、资产减值准备明细表（年报）、股东权益增减变动表（年报）、应交增值税明细表（半年报、年报）、利润分配表（年报）、分部报表（年报）。

企业及金融企业在执行2006年新企业会计准则后，新会计准则取代了《企业会计制度》和《金融企业会计制度》。2013年，《小企业会计准则》开始实施，也取代了2004年发布的《小企业会计制度》。

除了上述专业性会计规范外，影响企业财务会计核算工作的还有其他一些相关法规，如公司法、税收法规、证券法规、金融法规等。

第二章　货币资金

【目的要求】

通过对本章的学习，学生应了解现金、银行存款的相关管理办法，理解和掌握现金、银行存款和其他货币资金的基本会计处理方法，灵活与综合运用银行支付结算方式在实际工作中的操作。

【重点与难点】

本章的重点是各种货币资金的管理规定及其收付、清查业务的会计核算，本章的难点是银行结算方式及其相关规定。

第一节　库存现金

库存现金指通常存放于企业财会部门、由出纳人员经管的货币，是企业流动性最强的货币性资产，具有货币性、通用性和无限制可流通性等基本特征。

一、库存现金的管理

库存现金是流动性最强的一种货币性资产，可以随时用其购买所需物资，支付有关费用，偿还债务，也可以随时存入银行。

企业应严格遵守国家有关现金管理制度，正确进行现金收支的核算，监督现金使用的合法性与合理性。

根据国务院发布的《现金管理暂行条例》，现金管理制度主要包括以下内容：

（一）库存现金使用范围

企业在经济往来中，凡是直接用库存现金进行结算的称为现金结算。通过银行划拨转账的称为转账结算。

企业只能在下列范围内支付现金。

（1）职工的工资、津贴；

（2）个人劳务报酬；

（3）根据国家规定颁发给个人的科学技术、文化艺术、体育等各种奖金；

（4）各种劳保、福利费用以及国家规定的对个人的其他支出；

（5）向个人收购农副产品和其他物资的款项；

（6）出差人员必需随身携带的差旅费；

（7）结算起点（1 000 元）以下的零星支出；

（8）中国人民银行确定需要支付现金的其他支出。

上述规定范围以外的款项支付，不得使用现金，必须通过银行进行转账支付。

（二）控制库存现金限额

为了满足企业日常零星开支的需要，企业可以保留一定限额的库存现金。企业库存现金的限额由开户银行根据企业的实际需要核定（即企业与银行商定），一般按照单位 3~5 天日常零星开支的正常需要量确定，边远地区和交通不便地区开户单位的库存现金限额，可按多于 5 天但不超过 15 天日常零星开支的正常需要量确定。

超过限额的现金，都必须当日送存银行，最迟不得超过次日上午。

（三）遵守现金收支的规定

开户单位支付现金，可以从本单位库存现金中支付或从开户银行提取，不得从本单位的现金收入中直接支付，即不得“坐支”现金，因特殊情况需要“坐支”现金的单位，应事先报经有关部门审查批准，并在核定的范围和限额内进行，同时，收支的现金必须入账。

此外，不准“白条顶库”；不准谎报用途套取现金；不准用银行账户代其他单位和个人存入或支取现金；不准“公款私存”，不得设置“小金库”，等等。银行对于违反上述规定的单位，将按照违规金额的一定比例予以处罚。

（四）不准携带现金到外地采购

企业派人到外地采购，不得让采购人员携带大量现金，而应通过银行汇款或其他适当的结算方式。

二、库存现金的内部控制

企业库存现金内部控制制度一般包括：钱账分管制度、库存现金开支审批制度、库存现金日清月结制度、库存现金清查制度等几个方面的内容。

（一）钱账分管制度

为了加强库存现金的管理，企业的财务部门应严格实行“管账不管钱，管钱不管账，账钱分开管理”的原则，配备专职的管理人员（出纳），负责现金的收付管理工作。出纳人员不得兼管稽核、会计档案保管和收入、费用、债权、债务账目的登记工作。库存现金总账不能由出纳登记而应由会计登记；另外，还可以让出纳登记一些和库存现金、银行存款不产生对应关系的账簿，比如累计折旧等明细账。

（二）库存现金开支审批制度

明确本单位库存现金开支范围；明确各种报销凭证，规定各种库存现金支付业务的报销手续和办法；确定各种库存现金支出的审批权限。

（三）库存现金日清月结制度

清理各种现金收付款凭证，检查单证是否相符；登记和清理日记账。

（四）库存现金清查制度

确保库存现金安全完整，各单位应建立库存现金清查制度，由有关专业人员组成清查组，定期或不定期地对库存现金进行清查盘点，重点放在账款是否相符、有无白条抵库、有无私借公款、有无挪用公款、有无账外资金等违纪违法行为。

一般来说，现金清查采用突击盘点，不预先通知出纳员，以防预先做手脚，盘点时间最好在当天业务没有开始或当天业务结束，由出纳员截止清查时现金收付账项全部登记入账，并结出账面余额。这样以避免干扰日常业务。清查时出纳员应始终在场，并给予积极配合。清查结束，应由清查人填制“现金清查盘点报告表”，填列账存、实存以及溢余或短缺金额，并说明原因，报有关部门或责任人进行处理。

三、库存现金的核算

（一）库存现金的序时核算

企业财会部门应设置库存现金日记账进行库存现金的序时核算。库存现金日记账一般采用收、付、余三栏式。按照库存现金收付业务发生或完成时间的先后顺序，根据审核后的原始凭证或现金收付款凭证逐日逐笔序时登记。

每日终了，应计算本日现金收入、支出的合计数和结存数，并且与现金的库存实际金额核对，做到日清月结，保证账款相符。若发现账款不符，应及时查明原因，予以处理。月份终了，库存现金日记账的余额应与库存现金总账的余额进行核对，做到账账相符。

（二）现金的总分类核算

企业应设置“库存现金”科目。该科目属于资产类性质，借方登记库存现金的增加，贷方登记库存现金的减少，期末余额在借方，反映企业实际持有的库存现金的金额。

1. 现金收入的核算

现金收入的内容主要有：从银行提取现金，职工出差报销时交回剩余借款，收取结算起点以下的零星收入款，收取对个人的罚款，无法查明原因的现金溢余等。

借：库存现金

贷：银行存款 / 其他业务收入 / 其他应收款等

例 1. 企业开出现金支票一张，从银行提取现金 1 000 元备用。

借：库存现金　　1 000

贷：银行存款　　1 000

例 2. 售出包装材料，货款 500 元，增值税 65 元，收入现金 565 元。

借：库存现金　　565

贷：其他业务收入　　500

应交税费——应交增值税（销项税额）　　65

2. 现金支出的核算

借：银行存款 / 管理费用 / 其他应收款 / 应付工资等

贷：库存现金

例 3. 企业管理部门工作人员王欣出差，预借款 1 000 元。

借：其他应收款——备用金——王欣　　1 000

贷：库存现金　　1 000

例 4. 企业厂部管理人员购买办公用品，报销现金 520 元。

借：管理费用　　520

贷：库存现金　　520

3. 库存现金清查的核算

现金清查是指对库存现金的盘点与核对，目的是保证账款相符，防止现金丢失、发生计账差错，以及贪污盗窃、挪用公款的违法行为。包括出纳人员每日终了前进行的现金账款核对和清查小组进行的定期或不定期的现金盘点、核对。

对于现金清查的结果，应编制现金盘点报告单，注明现金溢缺的金额，并由出纳人员和盘点人员签字盖章。如果账款不符，有待查明原因的现金短缺或溢余，应通过“待处理财产损溢”科目核算，待查明原因后，应分情况处理：

（1）如为现金短缺，

借：待处理财产损溢——待处理流动资产损溢

　　贷：库存现金

属于应由责任人赔偿的部分。

借：“其他应收款——现金短缺款（××个人）”或“库存现金”等科目

　　贷：“待处理财产损溢——待处理流动资产损溢”科目

属于应由保险公司赔偿的部分。

借：“其他应收款——应收保险赔款”科目

　　贷：“待处理财产损溢——待处理流动资产损溢”科目

属于无法查明的其他原因，根据管理权限，经批准后处理。

借：“管理费用——现金短缺”科目

　　贷：“待处理财产损溢——待处理流动资产损溢”科目

例5. 企业在现金清查时，发现库存现金短缺120元。

借：待处理财产损溢——待处理流动资产损溢　　120

　　贷：库存现金　　120

经查明，现金短缺系出纳人员王芳责任，应由其赔偿。

借：其他应收款——王芳　　120

　　贷：待处理财产损溢——待处理流动资产损溢　　120

收到出纳人员王芳赔款120元。

借：库存现金　　120

　　贷：其他应收款——王芳　　120

（2）如为现金溢余，

借：库存现金

　　贷：待处理财产损溢——待处理流动资产损溢

属于应支付有关人员或单位的，

借：“待处理财产损溢——待处理流动资产损溢”科目

　　贷：“其他应付款——应付现金溢余（××个人或单位）”科目

属于无法查明原因的现金溢余，经批准后，

借：“待处理财产损溢——待处理流动资产损溢”科目

　　贷：“营业外收入——现金溢余”科日

例 6. 企业在现金清查时，发现长款 350 元。

借：库存现金　　350

　　贷：待处理财产损溢——待处理流动资产损溢　　350

无法查明上述多余款项原因，经批准予以转作营业外收入。

借：待处理财产损溢——待处理流动资产损溢　　350

　　贷：营业外收入——现金溢余　　350

第二节　银行存款

一、银行存款管理制度

（一）银行存款开户的有关规定

银行存款指企业存放于银行或其他金融机构的货币资金。按照国家有关规定，凡是独立核算的企业都必须在当地银行开设账户。《银行账户管理办法》将企业存款账户分为基本存款账户、一般存款账户、临时存款账户和专用存款账户。

（1）基本存款账户：基本存款账户是企业办理日常转账结算和现金收付的账户。一般企事业单位只能选择一家银行的一个营业机构开立一个基本存款账户。企事业单位的工资、奖金等现金的支取只能通过设账户办理。

企业在银行开立银行存款基本账户时，必须填列开户申请书，提供当地工商行政管理机构核发的《企业法人执照》和《营业执照》正本等有关证件，送交盖有企业印章的印鉴卡片，经银行审查同意后开立账户。

（2）一般存款账户：一般存款账户是企业在基本存款账户以外的银行存款转存、与基本存款账户的企业不在同一地点的附属非独立核算单位的账户。

存款人不得在一家银行的几个分支机构开立一般存款账户，但可在其他银行的一个营业机构开立一个一般存款账户，该账户可以办理转账结算和现金缴存，但不能办理现金支取。

（3）临时存款账户：存款人因临时经营活动需要开立的账户。

（4）专用存款账户：因特定用途需要开立的账户。

（二）银行结算纪律

企业应当严格遵守银行结算纪律：

（1）不准签发没有资金保证的票据或远期支票，套取银行信用。

（2）不准签发、取得和转让没有真实交易和债权债务的票据，套取银行和他人资金。

（3）不准无理拒绝付款，任意占用他人资金。

（4）不准违反规定开立和使用账户。

二、银行存款业务的会计处理

（一）银行存款总分类核算

应设置“银行存款”账户，该科目属于资产类性质，该科目的借方反映企业存款的增加，贷方反映企业存款的减少，期末余额在借方，反映企业期末存款的余额。

“银行存款”账户增加时，借记“银行存款”科目，贷记有关科目，“银行存款”账户减少时，借记有关科目，贷记“银行存款”科目。

例 7. 企业销售甲产品 100 件，每件 100 元，增值税额为 1 300 元，货款已收存银行。

借：银行存款　　11 300
　贷：主营业务收入　　10 000
　　应交税费——应交增值税（销项税额）　　1 300

例 8. 企业收回 A 公司前欠货款 56 000 元，款已存银行。

借：银行存款　　56 000
　贷：应收账款　　56 000

例 9. 企业年末以银行存款向税务部门缴纳所得税 90 000 元。

借：应交税费——应交所得税　　90 000
　贷：银行存款　　90 000

（二）银行存款的明细分类核算

企业应按开户银行、存款种类设置“银行存款日记账”，由出纳人员根据审核无误的银行存款收付款凭证，按照业务发生的先后顺序逐日逐笔登记。每日终了时应计算银行存款收入合计、银行存款支出合计及结余数，“银行存款日记账”应定期与银行转来的对账单核对相符，至少每月核对一次。

银行存款日记账的格式与现金日记账的格式基本相同。

三、银行存款的核对

（一）银行存款的核对环节

银行存款日记账的核对主要包括三个环节：

一是银行存款日记账与银行存款收、付款凭证要互相核对，做到账证相符。

银行存款日记账是根据银行存款收款、付款凭证进行登记的，因此，账目和凭证应该是完全相符的。

二是银行存款日记账与银行存款总账要互相核对，做到账账相符。

三是银行存款日记账与银行开出的银行存款对账单要互相核对，保证账实相符。以便准确地掌握企业可运用的银行存款实有数。

（二）未达账项的概念

所谓未达账项，是指企业与银行之间，由于凭证传递上的时间差，一方已登记入账，而另一方尚未入账的账项，具体有四种情况：

（1）企业送存银行的款项，企业已作为银行存款的增加入账，而银行尚未入账。

（2）企业开出的付款凭证，企业已经入账，减少银行存款，而银行尚未收到通知，未办理支付手续。

（3）银行代企业收进的款项，银行已登记入账，作为企业银行存款的增加，但企业尚未收到通知，因而尚未入账。

（4）银行代企业付出的款项，银行已作为企业存款的减少入账，企业尚未入账。

在清查中，除了对发现的错误要按规定的程序报请更正外，对于发现的未达账项也要编制出“银行存款余额调节表”来检验调整后的账面余额是否相符。

（三）银行存款余额调节表的编制

调节公式为：

银行存款日记账余额＋银行已收企业未入账的款项－银行已付企业未入账的款项＝银行对账单余额＋企业已收银行未入账的款项－企业已付银行未入账的款项

现举例说明“银行存款余额调节表”的编制：

例10. 企业6月30日的银行存款日记账账面余额为1 345 000元，而银行对账单上企业存款余额为1 340 000元，经逐笔核对，发现有以下未达账项：

（1）6月29日企业委托银行代收款项2 000元，银行已收妥入账，企业尚未接到银行的收款通知，所以企业未登账；

（2）6月29日，企业开出支票1 500元，持票人尚未到银行办理转账，银行尚未登账；

（3）6月29日，银行代企业支付电话费1 000元，企业尚未接到银行的付款通知，所以企业尚未登账；

（4）6月30日，企业送存支票7 500元，银行尚未登入企业存款账户。

表2–1　银行存款余额调节表　　单位：元

项目	金额	项目	金额
企业银行存款日记账余额	1 345 000	银行对账单	1 340 000
加：银行已收，企业未收	2 000	加：企业已收，银行未收	7 500
减：银行已付，企业未付	1 000	减：企业已付，银行未付	1 500
调节后的存款余额	1 346 000	调节后的存款余额	1 346 000

四、银行的支付结算方式

企业的一切收付款项，除制度规定可用现金支付的部分外，都必须通过银行办理支付结算。目前企业可以采用的支付结算方式主要有：支票、银行本票、银行汇票、商业汇票、信用卡、汇兑、托收承付、委托收款等。

（一）支票

支票是出票人签发的、委托办理支票存款业务的银行在见票时无条件支付确定的金额给收款人或者持票人的票据。

1. 支票的适用范围

同城票据交换地区内的单位和个人之间的一切款项结算，均可使用支票。自2007年6月25日起支票实现了全国通用，异城之间也可使用支票进行支付、结算，异地使用支票金额上限为50万元。

2. 支票的种类

支票分为现金支票、转账支票和普通支票三种。

（1）现金支票指支票上印有“现金”字样的支票。现金支票可以支取现金，也可以办理转账。

（2）转账支票指支票上印有“转账”字样的支票。转账支票只能用于转账。

（3）普通支票指支票上未印有“现金”或“转账”字样的支票。普通支票可以用于支取现金，也可以用于转账。在普通支票左上角画两条平行线的，为划线支票，划线支票只能用于转账，不得支取现金。

3. 支票的特点

（1）使用方便，手续简便、灵活。

（2）支票的提示付款期限自出票日起10天，但中国人民银行另有规定的除外。

（3）支票可以背书转让，但用于支取现金的支票不得背书转让。

（4）出票人不可签发空头支票，否则银行除将支票做退票处理外，还要按票面金额处以5%但不低于1 000元的罚款。持票人有权要求出票人赔偿支票金额2%的赔偿金。

4. 支票结算方式下双方账务处理

付款方签发支票后，根据支票存根：

借：在途物资等

　　应交税费——应交增值税（进项税额）

　　贷：银行存款

收款方根据银行盖章退回的进账单回单联：

借：银行存款

　　贷：主营业务收入、应收账款等

（二）银行本票

银行本票是申请人将款项交存银行，由银行签发的承诺自己在见票时无条件支付确定的金额给收款人或者持票人的票据。

银行本票的提示付款期限自出票日起最长不得超过 2 个月。

1. 适用范围

同城票据交换地区内的单位和个人之间的一切款项结算，均可使用本票。

2. 本票的种类

银行本票按照其金额是否固定可分为定额本票和不定额本票两种。定额银行本票面额为 1000 元、5000 元、1 万元和 5 万元。

3. 本票的特点

（1）使用方便。我国现行的银行本票使用方便灵活。单位、个体经济户和个人不管其是否在银行开户，他们之间在同城范围内的所有商品交易、劳务供应以及其他款项的结算都可以使用银行本票，银行本票见票即付，结算迅速。

（2）信誉度高，支付能力强。银行本票是由银行签发的，并于指定到期日由签发银行无条件支付，因而信誉度很高，一般不存在得不到正常支付的问题。

4. 银行本票结算方式下双方账务处理

付款方根据“银行本票申请书”存根联：

借：其他货币资金——银行本票

　　贷：银行存款

付款方用银行本票支付款项后，以发票账单：

借：物资采购等

　　应交税费——应交增值税（进项税额）

　　贷：其他货币资金——银行本票

收款方根据进账单回单等凭证：

借：银行存款

　　贷：主营业务收入等

采用银行本票结算方式，如果实际结算金额与票面金额不一致，以现金补差。

（三）银行汇票

银行汇票是汇款人将款项交存当地银行，由出票银行签发的、由其在见票时按照实际结算金额无条件支付给收款人或者持票人的票据。

1. 适用范围

银行汇票多用于办理异地转账结算和支取现金，由其在见票时，按照实际结算金额无条件支付给收款人或持票人的票据。适用于先收款后发货或钱货两清的商品交易。

2. 汇票的特点

银行汇票一律记名，无起点金额限制，付款期为1个月，有使用灵活、票随人到、兑现性强等特点。

3. 银行汇票结算方式下双方账务处理

付款方申请银行汇票时，以“银行汇票”的存根联：

借：其他货币资金——银行汇票

　　贷：银行存款

付款方用银行汇票付款后，以发票及多余款收账单：

借：在途物资、银行存款等

　　贷：其他货币资金——银行汇票

收款方根据进账单回单等凭证：

借：银行存款

　　贷：主营业务收入

（四）商业汇票

商业汇票是出票人签发的，委托付款人在指定日期无条件支付确定的金额给收款人或持票人的票据。在银行开立存款账户的法人以及其他组织之间须具有真实的交易关系或债权债务关系，才能使用商业汇票。

1. 适用范围

商业汇票在同城、异地都可以使用，而且没有结算起点的限制。

2. 汇票的种类

商业汇票分为商业承兑汇票和银行承兑汇票。商业承兑汇票由银行以外的付款人承兑（付款人为承兑人），银行承兑汇票由银行承兑。

3. 汇票的特点

记名，允许背书转让；商业汇票最长期限6个月；提示付款期——自汇票到期日起10日内。

4. 商业汇票结算方式下双方账务处理

付款方签发、承兑商业汇票并交付收款人时：

借：在途物资

　　应交税费——应交增值税（进项税额）

　　贷：应付票据

如是银行承兑，支付承兑手续费时：

借：财务费用

　　贷：银行存款

收款方收到商业汇票时：

借：应收票据

　　贷：主营业务收入、应收账款

票据到期，付款方支付票款时：

借：应付票据

　　贷：银行存款

付款方若无力支付，商业承兑汇票转作应付账款，银行承兑汇票转作短期借款：

借：应付票据

　　贷：应付账款、短期借款

收款方收回票款时：

借：银行存款

　　贷：应收票据

对于收款方来讲，若为商业承兑汇票，到期对方无力支付的，转作应收账款：

借：应收账款

　　贷：应收票据

（五）信用卡

信用卡指商业银行向单位和个人发行的，凭以向特约单位购物、消费和向银行存取现金，且具有消费信用的特制载体卡片。

企业办理信用卡时：

借：其他货币资金——信用卡存款

　　贷：银行存款

购物、消费后凭原始凭证：

借：原材料、库存商品、管理费用等

应交税费——应交增值税（进项税额）

贷：其他货币资金——信用卡存款

（六）托收承付

托收承付是根据购销合同由收款人发货后委托银行向异地付款人收取款项，由付款人向银行承认付款的结算方式。

收款方办妥托收手续后根据银行回单联：

借：应收账款

贷：主营业务收入

应交税费——应交增值税（销项税额）

付款方根据付款通知：

借：材料采购

应交税费——应交增值税（进项税额）

贷：银行存款

收款方根据收账通知：

借：银行存款

贷：应收账款

（七）委托收款

委托收款是收款人委托银行向付款人收取款项的结算方式。在同城、异地均可以办理。

（八）汇兑

汇兑是汇款人委托银行将其款项支付给异地收款人的结算方式。单位和个人各种款项的结算，均可使用汇兑结算方式。汇兑分为信汇、电汇两种。

（九）信用证

信用证是开证银行应进口商的请求，开给出口方的一种保证付款的书面凭证，在信用证条款完全得到遵守的情况下，银行承担向出口方付款的责任。

信用证是国际结算的一种主要方式，经批准商业银行也可以办理国内企业之间商品交易结算。

交纳保证金办理信用保证时：

借：其他货币资金——信用证保证金

贷：银行存款

采购结算时：

借：材料采购、在途物资

　　应交税费——应交增值税（进项税额）

　　贷：其他货币资金——信用证保证金

第三节 其他货币资金

其他货币资金主要包括外埠存款、银行汇票存款、银行本票存款、信用卡存款、信用证存款和存出投资款等。“其他货币资金”科目下应设置“外埠存款”“银行汇票存款”“银行本票存款”“信用卡存款”“信用证存款”“存出投资款”等明细项目。

一、外埠存款

外埠存款指企业为了到外地进行临时或零星采购，而汇往采购地银行开立采购专户的款项。

该账户的存款不计利息、只付不收、付完清户，除了采购人员可从中提取少量现金外，一律采用转账结算。

例 11. 方兴公司委托当地银行汇 60 000 元到采购地银行开立账户时，根据汇出款项凭证，应编制会计分录如下：

借：其他货币资金——外埠存款　　60 000

　　贷：银行存款　　60 000

公司在收到外出采购员交来的供应单位发票等报销凭证 56 500 元时，编制会计分录如下：

借：材料采购　　50 000

　　应交税费——应交增值税（进项税额）　　6 500

　　贷：其他货币资金——外埠存款　　56 500

采购员完成了采购任务，将多余的外埠存款转回当地银行时，根据银行的收账通知，核销“其他货币资金——外埠存款”账户，应编制会计分录如下：

借：银行存款　　500

　　贷：其他货币资金——外埠存款　　500

二、银行汇票存款

银行汇票存款指企业为取得银行汇票，按照规定存入银行的款项。企业填写“银行汇票委托书”、将款项交存银行，取得银行汇票时，应根据银行盖章的委托书存根联进行账务处理。

例 12. 方兴公司要求银行办理银行汇票 7 500 元，企业在填送“银行汇票委托书”将 7 500 元交存银行，取得银行汇票后，根据银行盖章的委托书存根联，编制会计分录如下：

借：其他货币资金——银行汇票存款　　7 500

　　贷：银行存款　　7 500

企业使用银行汇票支付款项后，应根据发票账单及开户银行转来的银行汇票有关副联等凭证 6 780 元，经核对无误后编制会计分录如下：

借：材料采购　　6 000

　　应交税费——应交增值税（进项税额）　　780

　　贷：其他货币资金——银行汇票存款　　6 780

企业收到开户银行转来银行汇票存款余额 720 元。

借：银行存款　　720

　　贷：其他货币资金——银行汇票　　720

三、银行本票存款

银行本票存款，指企业为取得银行本票按规定存入银行的款项。企业填写“银行本票申请书”、将款项交存银行，取得银行本票时，应当根据银行盖章退回的申请书存根联进行账务处理。

例 13. 方兴公司申请办理银行本票 6 000 元，在企业向银行提交“银行本票申请书”并将款项交存银行取得银行本票时，应根据银行盖章退回的申请书存根联，编制会计分录如下：

借：其他货币资金——银行本票存款　　6 000

　　贷：银行存款　　6 000

企业使用银行本票购入材料 5 000 元后，应根据发票单证等有关凭证，编制会计分录如下：

借：材料采购　　5 000

应交税费——应交增值税（进项税额）　650

贷：其他货币资金——银行本票存款　5 650

如企业因本票超过付款期等原因未曾使用而要求银行退款时，应填制进账单一式二联，连同本票一并交给银行，然后根据银行收回本票时盖章退回的一联进账单，编制会计分录如下：

借：银行存款　6 000

贷：其他货币资金——银行本票存款　6 000

四、信用卡存款

信用卡存款指企业为取得信用卡而存入银行信用卡专户的款项。

企业根据银行盖章退回的进账单第一联，

借："其他货币资金——信用卡"科目

贷："银行存款"科目

企业用信用卡购物或支付有关费用，收到开户银行转来的信用卡存款的付款凭证及所附发票账单，

借："管理费用"等科目

贷："其他货币资金——信用卡"科目

企业的持卡人如不需要继续使用信用卡时，应持信用卡主动到发卡银行办理销户，销卡时，单位卡科目余额转入企业基本存款户，不得提取现金，

借："银行存款"科目

贷："其他货币资金——信用卡"科目

五、信用证存款

信用证存款指采用信用证结算方式的企业为开具信用证而存入银行信用证保证金专户的款项。

企业向银行申请开立信用证，应按规定向银行提交开证申请书、信用证申请人承诺书和购销合同。企业应根据银行盖章退回的"信用证申请书"回单，

借："其他货币资金——信用证保证金"科目

贷："银行存款"科目

企业接到开证行通知，根据供货单位信用证结算凭证及所附发票账单，

借："物资采购"或"原材料""库存商品"

"应交税费——应交增值税（进项税额）"等科目

贷："其他货币资金——信用证保证金"科目

将未用完的信用证保证金存款余额转回开户银行时，

借："银行存款"科目

贷："其他货币资金——信用证保证金"科目

六、存出投资款

存出投资款指企业向证券公司划出资金时，应按实际划出的金额，借记"其他货币资金——存出投资款"账户，贷记"银行存款"账户。

购买股票、债券等时，按实际发生的金额，借记"交易性金融资产"账户，贷记"其他货币资金——存出投资款"账户。

例 14. 某企业向证券公司划出款项 5 000 元，编制会计分录如下：

借：其他货币资金——存出投资款　　5 000

贷：银行存款　　5 000

购买股票 5 000 元，编制如下会计分录：

借：交易性金融资产　　5 000

贷：其他货币资金——存出投资款　　5 000

第三章　应收及预付款项

【目的要求】

通过对本章的学习，学生应理解应收及预付款项的概念、性质和种类；掌握各应收及预付款项的基本会计处理方法。

【重点与难点】

本章的重点是带息票据、现金折扣和商业折扣的会计处理，难点是应收票据贴现和坏账准备计提的会计处理，需要学生重点关注。

第一节　应收票据

一、应收票据的概念与分类

（一）概念

应收票据指企业持有的、尚未到期兑现的商业票据。商业票据是一种载有一定付款日期、付款地点、付款金额和付款人的无条件支付的流通证券，也是一种可以由持票人自由转让给他人的债权凭证。

在我国，应收票据指商业汇票。

（二）分类

（1）按承兑人不同分为商业承兑汇票和银行承兑汇票（前面已经涉及）。

（2）按是否载明利率分类。

商业汇票按其是否载明利率分为带息票据和不带息票据。

带息票据指开出日到付款日要计算利息的票据。在票据到期时，除按票面金额支付外，还要加付一定的利息。

不带息票据指开出日到付款日不计算利息的票据。在票据到期时只支付票面金额（到期日以前任何一个时期的现值，一定小于其面值，但通常按面值入账）。

我国商业票据的期限一般较短（6个月），应收票据一般按面值计价入账。

但对于带息的应收票据，应于期末计提利息，计提的利息应增加应收票据的账面余额。

到期不能收回的应收票据，应按其账面余额转入应收账款，并不再计提利息。一般不对应收票据计提坏账准备。但到期不能收回的应收票据转入应收账款后，则可按规定计提坏账准备。

二、应收票据业务的会计处理

（一）不带息应收票据

不带息应收票据的到期价值等于应收票据的面值。企业应当设立"应收票据"科目核算应收票据的票面金额。收到应收票据时：

借：应收票据

　　贷：主营业务收入

　　　　应交税费——应交增值税（销项税额）

　　　　应收账款等

应收票据到期收回的票面金额，

借：银行存款

　　贷：应收票据

票据到期付款人无款支付（仅限于商业承兑汇票），

借：应收账款

　　贷：应收票据

例1. 甲企业向乙企业销售产品一批，货款为100 000元，尚未收到，已经办妥托收手续，增值税为13%。

借：应收账款　　113 000

　　贷：主营业务收入　　100 000

　　　　应交税费——应交增值税（销项税额）　　13 000

10日后，甲企业收到乙企业寄来一份3个月的商业承兑汇票，面值为113 000，抵付产品货款。

借：应收票据　　113 000

贷：应收账款　　113 000

3 个月后，应收票据到期收回票面金额 117 000 元，存入银行。

借：银行存款　　113 000

贷：应收票据　　113 000

票据到期付款人无款支付。

借：应收账款　　113 000

贷：应收票据　　113 000

（二）带息应收票据

对于带息应收票据，除按上述原则核算外，还应在中期期末和年度终了，按规定计算票据利息，并增加应收票据的票面价值，同时冲减财务费用。其计算公式如下：

应收票据利息 = 应收票据票面金额 × 票面利率 × 期限

式中，“票面利率”一般以年利率表示；“期限”指签发日至到期日的时间间隔（有效期），可以按月表示，也可以按日表示。

按月表示时，应以到期月份中与出票日相同的那一天为到期日。月末签发的票据，不论月份大小，以到期月份的月末那一天为到期日。

例如：3 月 20 日出票，为期 4 个月，其到期日为 7 月 20 日。再如：7 月 31 日出票，为期 2 个月，其到期日为 9 月 30 日。

票据期限按日表示时，应以出票日起按实际经历天数计算。通常出票日和到期日，只能计算其中的一天，即“算头不算尾”，或“算尾不算头”。

到期日 = 期限天数 − 当月剩余天数 − 整个月份实有天数

（持有天数 = 当月剩余天数 + 整个月份实有天数）

例如：3 月 20 日出票，为期 120 天，其到期日为：

120−（31−20）−30−31−30=18（天）

到期日为：7 月 18 日　利率采用日利率（年利率 /360）

例 2. 某企业 4 月 6 日销售一批产品，收到承兑的商业汇票一张，全额 226 000 元，期限 90 天，票面利率 6%。如果要计算到期日：

{90−（30−6）−31−30} = 到期日 7 月 5 日

借：应收票据　　226 000

贷：主营业务收入　　200 000

应交税费——应交增值税（销项税额）　　26 000

6 月 30 日计算应计利息：

持有天数 =（30−6）+31+30=85（天）

应收票据利息 =234 000 × 6% × 85 ÷ 360=3 202（元）

借：应收票据　　3 202

　　贷：财务费用　　3 202

假如：票据到期收回：

未计利息 =226 000 × 6% × 5 ÷ 360=188（元）

借：银行存款　　229 390

　　贷：应收票据　　229 202

　　　　财务费用　　188

假如：票据到期付款人无款支付（仅限于商业承兑汇票）：

借：应收账款　　229 390

　　贷：应收票据　　229 202

　　　　财务费用　　188

（三）应收票据的转让

应收票据的转让指持票人因偿还前欠货款等原因，将未到期的商业汇票背书后转让给其他单位或个人的业务活动。

背书指持票人在票据背面签字，签字人称背书人，背书人对票据的到期负连带责任。

企业将持有的应收票据背书转让，以取得所需物资时，按应计入物资成本的价值，借记“物资采购”科目、“原材料”等科目；

按取得的专用发票上注明的增值税，借记“应交税费——应交增值税（进项税额）”科目；

按应收票据的账面价值，贷记“应收票据”科目，如有差额，借记或贷记“银行存款”等科目。

例 3. 甲公司将面值 23 400 元的商业汇票背书转让给乙公司，从乙公司购买材料 18 000 元，增值税税率为 13%，原材料已验收入库。

借：原材料　　18 000

　　应交税费——应交增值税（进项税额）　　2 340

　　银行存款　　3 060

　　贷：应收票据　　23 400

三、票据贴现的会计处理

（一）应收票据贴现的含义

企业收到商业汇票，若在票据未到期之前需要资金，可持未到期的商业汇票经过背书后向其开户银行申请贴现。

贴现指企业将未到期的票据转让给银行，由银行按票据的到期值扣除贴现日至票据到期日的利息后，将余额付给企业的融资行为，是企业与贴现银行之间就票据权利所作的一种转让。也是银行对企业的一种短期贷款。

（二）应收票据贴现的计算

在贴现中，企业付给银行的利息称为贴现息，银行计算贴现息的利率称为贴现率，企业从银行获得的票据到期值扣除贴现息后的贴现所得，称为票据贴现净值。

1. 票据到期价值的确定

不带息票据：到期价值 = 票据面值

带息票据：到期价值 = 票据面值 + 利息

= 票据面值 ×（1+ 利率 × 票据到期天数 ÷360）

= 票据面值 ×（1+ 年利率 × 票据到期月数 ÷12）

2. 贴现息的计算：

贴现息 = 票据到期价值 × 贴现率 × 贴现天数 ÷360

贴现天数 = 贴现日至到期日实际天数 −1

3. 贴现净额的计算：

贴现净额 = 票据到期值 − 贴现息

（三）应收票据贴现的账务处理

企业将未到期的应收票据向银行贴现，应按扣除其贴现息后的净额，借记“银行存款”科目，按贴现息部分，借记“财务费用”科目，按应收票据的面值，贷记“应收票据”科目。

如为带息应收票据，按实际收到金额，借记“银行存款”科目，按应收票据的账面价值，贷记“应收票据”科目，按其差额，借记或贷记“财务费用”科目。

如贴现的商业汇票到期，承兑人的银行账户不足支付，银行即将已贴现的票据退回申请贴现的企业，同时从贴现企业的账户中将票据款划回，此时，贴现企业应按所付票据本息转作“应收账款”科目，借记“应收账款”科目，贷记“银行存款”科目。

如果申请贴现的企业的银行存款账户余额不足，银行将作为逾期贷款处理。借记“应收账款”科目，贷记“短期借款”科目。

第二节　应收账款

一、应收账款的范围

应收账款指企业在正常经营过程中，因销售商品、产品或提供劳务等，应向购货单位或接受劳务单位收取的款项，是企业因销售商品、产品或提供劳务等经营活动所形成的债权，其代表企业能获得的未来现金流入。主要包括企业出售商品、产品、材料、提供劳务等应向债务人收取的价款及代购货方垫付的运杂费等。

在这里应明确：

（1）应收账款是企业因销售活动引起的债权，不包括应收的其他款项。

（2）应收账款是指流动性质的债权，不包括长期性质的债权。

（3）应收账款是企业应收客户的款项，不包括企业付出的各类存出保证金。

二、应收账款的入账时间及入账价值

（一）应收账款的入账时间

由于应收账款是因为赊销业务而引起的，因此其入账时间与确认销售收入的时间一致。

（二）应收账款的入账价值

通常情况下，按历史成本计价原则，应收账款的入账价值根据买卖双方购买成交时的实际金额（包括发票金额和代购货单位垫付的运杂费等）确定，即应收账款一般是按实际发生额计价，但存在商业折扣和现金折扣的特殊情况应按相关要求处理。

1. 商业折扣

所谓商业折扣即在实际销售商品、产品或提供劳务时，从价目单的报价中给予的折扣，一般以百分数表示，其销售价格即为报价扣除商业折扣后的价格。

在有商业折扣的情况下，应收账款和销售收入按扣除商业折扣后的金额入账。

商业折扣一般在商品交易时即已确认，它仅仅是确定实际交换价格的一种手段，不需要在买卖双方任何一方的账上反映，所以商业折扣对应收账款的入账价值没有什么实质影响。因此，在存在商业折扣的情况下，企业应收账款入账金额应以扣除商业折扣的实际售价确定。

2. 现金折扣

所谓现金折扣指销货企业为了鼓励客户在一定期限内尽早偿还货款而给予客户的折扣优惠。现金折扣一般以 2/10、1/20、N/30 等来表示（即 10 天内付款折扣 2%、20 天内付款折扣 1%、30 天内全价付款）。

例如：一笔 50 000 元的赊销账款，10 天内付款折扣 2%、其数额为 49 000 元；20 天内付款折扣 1%、其数额为 49 500 元；30 天内全价付款，其数额为 50 000 元。

有现金折扣的情况下，应收账款入账金额的确定有两种方法：即总价法和净价法。

（1）总价法，是按未扣除现金折扣前的金额作为实际售价，并作为应收账款的入账价值。在以后实际发生现金折扣时，再予以确认，并计入财务费用。我国《企业会计制度》规定，现金折扣采用总价法。

因此，在总价法下，现金折扣不会影响应收账款入账价值的确定。

总价法可以较好地反映销售的总过程，但在客户可能享受现金折扣的情况下，会引起高估应收账款和销售收入。

例如，期末结账时有些应收账款还没有超过折扣期限，企业无法确切知道客户是否会享受现金折扣，如果有一部分可能会享受现金折扣，而账上并未作反映，结果便会虚增应收账款的余额。

（2）净价法，是按扣除现金折扣后的金额作为实际售价，据以作为应收账款的入账价值。这种方法是把客户取得折扣视为正常现象，认为一般客户都会提前付款，即不管以后是否会发生现金折扣，在销售时，应先考虑折扣因素进行处理，如果以后不发生现金折扣，则将扣除的折扣，视为提供信贷获得的收入。

因此，在净价法下，现金折扣会影响应收账款入账价值的确定。

净价法可以避免总价法的不足，但在客户没有享受现金折扣的情况下，由于以净额入账，从而必须再查对原销售总额。期末结账时，对已经超过期限而尚未付款的应收账款，按客户未享受现金折扣进行调整操作起来比较麻烦。

我国目前的会计实务中，在有现金折扣的情况下，所采用的基本是以总价法为主进行核算的。

三、应收账款的核算

（一）在没有商业折扣的情况下，应收账款按应收的全部金额入账

例 4. 某服装厂销售给大江百货商场一批服装，价值总计 58 000 元，适用的增值税率为 13%，另代购货单位垫付运杂费 2 000 元，已办妥委托银行收款手续。

借：应收账款——大江百货商场　　67 540
　　贷：主营业务收入　　58 000
　　　　应交税费——应交增值税（销）　　7 540
　　　　银行存款　　2 000

收到货款时：

借：银行存款　　67 540
　　贷：应收账款——大江百货商场　　67 540

（二）在有商业折扣的情况下，应收账款和销售收入按扣除商业折扣后的金额入账

例 5. 某企业销售一批产品，按价目表标明的价格计算，金额为 20 000 元，由于成批销售，销货方给购货方 10% 的商业折扣，折扣金额为 2 000 元，适用增值税率 13%。

借：应收账款　　20 340
　　贷：主营业务收入　　18 000
　　　　应交税费——应交增值税（销）　　2 340

收到货款时：

借：银行存款　　20 340
　　贷：应收账款　　20 340

（三）在有现金折扣的情况下，采用总价法核算

例 6. 某国有工业企业销售产品 10 000 元，规定的现金折扣条件为 2/10，N/30，适用增值税率 13%，产品已交付并办妥手续。

借：应收账款　　　　11 300

　　贷：主营业务收入　　　　10 000

　　　　应交税费——应交增值税（销）　　　　1 300

10 天内收到货款（不考虑增值税）：

借：银行存款　　　　11 100

　　财务费用　　　　200

　　贷：应收账款　　　　11 300

若超过了现金折扣最后期限：

借：银行存款　　　　11 300

　　贷：应收账款　　　　11 300

第三节　预付账款及其他应收款

一、预付账款

（一）预付账款的性质

预付账款指企业按照购货合同的规定，预付给供应单位的货款。如预付的材料货款、商品采购货款。

预付账款与应收账款都属于企业的短期债权，但两者产生的原因不同。应收账款是企业应收的销货款，即应向购货方客户收取的款项；预付账款是企业的购货款，即预先付给供货方客户的款项。因此，两者应分别核算。

（二）预付账款的核算

企业预付货款时，按实际付款额借记“预付账款”科目，贷记“银行存款”科目。收到预定物资时，按发票账单等列明的应计入购入物资成本的金额，借记“物资采购”科目、“原材料”等科目，按专用发票上注明的增值税，借记“应交税费——应交增值税（进项税额）”科目，按应付金额，贷记“银行存款”科目。补付货款时，借记“预付账款”科目，贷记“银行存款”科目；退回多付的货款时，借记“银行存款”科目，贷记“预付账款”科目。

期末，“预付账款”科目借方余额反映企业实际预付的款项，贷方余额反映企业尚未补付的款项。

例 7. 某国有企业预付给 Y 客户的材料款共计 12 000 元。

借：预付账款——Y 客户　　12 000

　　贷：银行存款　　12 000

收到材料和专用发票时，货款 15 000 元，增值税金 1 950 元，应补付 4 950 元。

借：材料采购　　15 000

　　应交税费——应交增值税（进）　　1 950

　　贷：预付账款——Y 客户　　16 950

补付货款时：

借：预付账款——Y 客户　　4 950

　　贷：银行存款　　4 950

如果上例中收到材料和专用发票，全部货款为 10 000 元，税额 1 300 元，应退回货款 300 元，则会计分录为：

借：材料采购　　10 000

　　应交税费——应交增值税（进）　　1 300

　　贷：预付账款——Y 客户　　11 300

退回多收货款：

借：银行存款　　700

　　贷：预付账款——Y 客户　　700

预付货款情况不多的企业，也可以将预付的货款直接记入“应付账款”科目的借方，预付货款时，借：“应付账款”科目，贷：“银行存款”科目，收到材料或商品时再予以转销。

二、其他应收款

（一）其他应收款的范围

其他应收款指企业发生的非购销活动的应收债权，指企业除应收票据、应收账款、预付账款、应收股利、应收利息等以外的其他各种应收、暂付款项。

具体包括：

（1）应收的各种赔款、罚款；

（2）应收出租包装物租金；

（3）应向职工收取的各种垫付的款项；

（4）备用金（向企业各职能科室、车间等拨出的备用金）；

（5）存出保证金，如租入包装物支付的押金；

（6）预付账款转入；

（7）其他各种应收、暂付款项。

（二）其他应收款的核算

为核算其他应收款的增减变动和结存情况，企业应设置资产类的“其他应收款”科目，借方登记其他应收款的增加，贷方登记其他应收款的收回，借方余额表示尚未收回结清的其他应收款。该科目应按不同的债务人分别设置明细科目，进行明细分类核算。

例 8. 某企业一台机器设备发生非正常报废，根据保险协议，应向保险公司收取赔偿款 25 000 元。

借：其他应收款——保险公司　　25 000

　　贷：固定资产清理　　25 000

收到保险公司赔款时：

借：银行存款　　25 000

　　贷：其他应收款——保险公司　　25 000

例 9. 企业以现金支付购货包装物押金 200 元。

借：其他应收款　　200

　　贷：库存现金　　200

退还包装物收回押金时：

借：库存现金　　200

　　贷：其他应收款　　200

第四节　应收款项的减值

一、坏账损失的确认

企业应在资产负债表日对应收及预付款项的账面价值进行检查，有客观证据表明该应收账款项发生减值的，应将该应收款项的账面价值减记至预计未来现金流量现值，减记的金额确认减值损失，计提坏账准备。

应收及预付款项减值的客观证据，包括以下各项：

第一，债务人发生严重财务困难。

第二，债务人违反合同条款。

第三，债权人出于经济或法律等方面因素的考虑，对发生财务困难的债务人作出让步。

第四，债务人很可能倒闭或进行其他财务重组。

第五，某组应收款项自初始确认以来的预计未来现金流量确已减少且可计量。

第六，其他表明应收款项发生减值的客观证据。

二、应收款项减值的会计处理

当期应计提坏账准备金额 = Σ（各账龄段应收款项余额 × 该账龄段估计坏账比例）– 计提前坏账准备账户的贷方余额

例 10. 某企业 2016 年应收款项账龄及估计坏账损失如表 3–1 所示。

表 3–1

应收账款账龄	应收账款余额	估计损失 %	估计损失金额
未到期	40 000	0.5	200
过期 1 个月	50 000	1	500
过期 2 个月	35 000	2	700
过期 3 个月	20 000	2.5	500
过期 4 个月	10 000	4	400
过期 5 个月	8 000	10	800
过期 5 个月以上	2 000	20	400
合计	165 000		3 500

企业 2016 年 12 月 31 日坏账准备的账面余额调整后应为 3 500 元，假设调整前坏账准备的余额为贷方 2 300 元，则本期应计提的坏账准备的金额为 1 200 元（3 500−2 300），会计分录为：

借：信用减值损失　　1 200

　　贷：坏账准备　　1 200

在 2017 年企业应收大华公司 3 900 元应收账款发生坏账损失。会计分录为：

借：坏账准备　　3 900

　　贷：应收账款　　3 900

2017 年年末，坏账准备余额应调整为 4 000 元。

3 500−3 900=−400（元）（借方）

本期应计提的金额是：4 000+400=4 400（元）

借：信用减值损失　　4 400

　　贷：坏账准备　　4 400

2018 年预付给大新公司的购货款 500 元由于大新公司宣告破产从而发生坏账损失，会计分录为：

借：坏账准备　　500

　　贷：预付账款　　500

2018 年年末，应调整坏账准备余额为 3 000 元。

4 000−500=3 500（元）（贷方）

3 000−3 500=−500（元）（借方）

借：坏账准备　　500

　　贷：信用减值损失　　500

例 11. 2017 年 12 月 31 日，甲公司对应收丙公司的账款进行减值测试。应收账款余额合计为 1 000 000 元，甲公司根据丙公司的资信情况确定按 10% 计提坏账准备。2017 年末计提坏账准备的会计分录为：

借：信用减值损失　　100 000

　　贷：坏账准备　　100 000

甲公司 2018 年对丙公司的应收账款实际发生坏账损失 30 000 元。确认坏账损失时，应作如下处理：

借：坏账准备　　30 000

　　贷：应收账款　　30 000

甲公司 2018 年末应收丙公司的账款余额为 1 200 000 元，经减值测试，甲公司仍按 10% 计提坏账准备。

根据甲公司坏账核算方法，其“坏账准备”科目应保持的贷方余额为：

1 200 000 × 10%=120 000

计提坏账准备前，“坏账准备”科目的实际余额为贷方：

100 000−30 000=70 000

因此，本年年末应计提的坏账准备金额为：

120 000−70 000=50 000

借：信用减值损失　　50 000

　　贷：坏账准备　　50 000

例 12. 假设甲公司 2018 年 4 月 20 日收到 2017 年已转销的坏账准备 20 000 元，已存入银行。甲公司应作如下会计处理：

借：应收账款　　20 000

　　贷：坏账准备　　20 000

借：银行存款　　20 000

　　贷：应收账款　　20 000

第四章　存　　货

【目的要求】

通过本章的学习，学生理解和掌握存货按实际成本或计划成本计价的各种方法，灵活与综合运用存货取得和发出的基本核算；掌握存货的期末计价以及盘存和清查的会计处理方法。

【重点与难点】

本章的重点是委托加工物的会计处理、包装物的核算及低值易耗品的摊销处理。难点是原材料收发及核算。

第一节　存货概述

一、存货及其特征

存货指企业在日常活动中持有以备出售的产成品或商品、处在生产过程中的在产品、在生产过程或提供劳务过程中耗用的材料和物料等。包括各种原材料、燃料、包装物、低值易耗品、在产品、外购商品、自制半成品、库存商品以及发出商品等。

存货属于流动资产，与其他资产相比具有如下特点：

第一，存货是有形资产。区别于无形资产。

第二，存货具有较强的流动性。企业存货经常处于不断地销售、耗用、购买或重置中，具有较快的变现能力和明显的流动性。

第三，存货具有时效性和潜在损失的可能性。在正常的生产经营活动下，存货能够规律地转换为货币资产或其他资产，但长期不能耗用的存货则有可能变为积压物资或降价销售，从而造成企业的损失。

企业的存货通常在流动资产或全部资产中占有很大比重，存货数量及价值的计算，直接影响到资产负债表中资产价值的真实性，存货成本与销货成本之间存在着有机的联系，存货计价还会影响当期和以后各期的财务成果。

因此，存货会计的主要目的是：

第一，确定期末存货数量，以便计算列入资产负债表中的存货价值；

第二，计算确定销货成本，以便和当期营业收入相配比，从而正确合理地确定本期损益。

二、存货的范围及其内容

（一）存货范围

存货范围的确认，应以企业对存货是否具有法定所有权为依据，凡在盘存期间，法定所有权属于企业的一切物品，不论其存放何处或者处于何种状态，都应作为企业的存货。反之，凡法定所有权不属于企业的物品，即使尚未远离企业，也不应包括在本企业存货范围之内。

具体说来，有四种情况需要注意：

（1）凡企业根据销售合同已经售出，其所有权已经转出的货物，不论货物是否运离企业，都不属于本企业的存货。如：客户已交款并开出提货单，而尚未提走的货物。

（2）货物已经运离企业，但货物的所有权尚未从本企业转出给其他单位的，也应包括在存货中。如：委托代销商品（委托人）、发出展览的产品。

（3）已经购入但货物尚未运达本企业的，或已收到货物但尚未收到销货方的结算发票的，如果货物的所有权已经转为本企业所有，应包括在存货中。如：各种在途材料和在途商品。

（4）未购入但货物在本企业的，不属于本企业的存货。如：委托代销商品（被委托人）。

按照国际会计准则第 2 号的规定，存货在企业的不同生产过程和阶段中具有不同的实物形态。即“存货，包括下列有形资产：①在正常的营业过程中置存以便出售的；②为了出售而处于生产过程中的；③为生产供销售的商品或服务的过程中消耗的。”

企业的存货可以包括三类：

（1）在正常的营业过程中置存以便出售的存货，指企业在正常的营业过程中处于待销售的各种资产，如：库存产成品、库存商品等。但特种储备以及按国家指令专项储备的资产不属于存货的范围。

（2）为了出售而处于生产过程中的存货，指处于生产加工中的资产，如在产品、半成品等。

（3）为生产供销售的商品或服务的过程中消耗的存货，指为生产耗用而储存的资产，如：产品生产所需原材料、辅助材料以及为生产产品服务的其他材料及低值易耗品等。

（二）存货的内容

在不同的企业，存货的内容和分类有所不同。存货一般根据企业性质、经营范围，结合经济用途分类，以制造业存货为例，通常分为以下五类：

制造业存货的特点是在出售前需要经过生产加工过程，改变其原有的实物形态或使用功能。具体分类如下：

（1）原材料，指企业通过采购或其他方式取得的用于制造产品并构成产品实体的物品，以及取得的供生产耗用但不构成产品的实体的辅助材料，修理用备件，燃料以及外购半成品等。

（2）周转材料，指企业能够多次使用、逐渐转移其价值但仍保持原有形态不确认为固定资产的材料，如：包装物和低值易耗品，包装物指为了包装本企业产品而储备的各种包装容器。低值易耗品是指价值低，易损耗等原因而不能作为固定资产的各种劳动资料。

（3）在产品及自制半成品，指已经经过一定生产加工过程，但尚未全部完工，在销售之前还需要进一步加工的中间产品或正在加工的产品。

（4）产成品，指企业加工生产并已完成全部生产过程，可以对外销售的制成产品。也可称其为商品。

（5）委托加工物资，指因技术和经济原因而委托外单位代为加工的各种材料。

三、存货的确认

（一）存货确认应符合的条件

（1）符合存货的定义。

（2）该存货包含的经济利益很可能流入企业。

（3）该存货的成本能够可靠地计量。

（二）下列物品不能作为存货确认

（1）工程物资。

（2）特种储备物资。

（3）专项储备物资。

（4）代管商品物资。

（5）待处理存货。

（6）约定的存货。

四、存货的初始计量

（一）存货入账价值的基础

《企业会计准则》规定："各种存货应当按取得的实际成本记账。"这表明企业在持续经营的前提下，企业存货入账价值的基础应采用历史成本原则。采用历史成本原则作为存货入账价值的基础，有如下优点：

（1）用历史成本计量存货可以反映企业取得存货时实际耗费的成本，企业活动本身并不增加存货的价值；

（2）历史成本是基于过去交易或事项而获得的，具有客观可靠性，可以进行验证；

（3）在难以确定存货的销售价格时，历史成本可以代替变现净值；

（4）按历史成本计量存货的同时，对取得存货而支付的货币资金或其他资产也采用同样计量属性，便于维护核算的平衡。

（二）存货历史成本的构成

存货的形成，主要有外购和自制两个途径，也包括其他方式。从理论上讲，企业无论从何种途径取得的存货，凡与存货形成有关的支出，均应计入存货成本之内。实际工作中，存货历史成本的构成，即影响企业存货入账价值的因素，主要有以下几个方面：

1. 存货的实际成本即采购成本包括以下内容

（1）买价。它是指购入存货发票上所列的货款金额，应除去商业折扣，但不包括现金折扣的金额，可以扣除的现金折扣，作为理财收益，冲减当期财务费用。同时也不包括应负担可抵扣的增值税。

（2）相关税费。它是指应收买方支付的税金，如消费税、资源税等，是否计入存货成本，要视具体情况而定：

1）对于价内税的处理。企业购入的存货所负担的消费税、资源税、城建税、关税等价内税，是其价格的组成部分，应当构成存货成本。

2）增值税的处理（价外税）。增值税是否计入存货成本，要看其按税法规定是否作为进项税额抵扣，不能作为进项税额抵扣的要计入存货成本，可以抵扣的计入“应交税费”科目，而不计入存货成本。

第一，小规模纳税企业采购货物支付的增值税，无论发票账单上是否单独列明，一律计入所购货物成本。

第二，一般纳税企业采购货物支付的增值税（包括所支付的运输费用），凡专用发票或完税凭证中注明的，不计入所购存货的成本，而作为进项税额单独计账；用于非应交增值税项目或免征增值税项目的以及未能取得增值税专用发票或完税证明的，其支付的增值税应计入所购存货的采购成本。

（3）其他可归属于存货购货成本的费用。包括仓储费、包装费、运输途中的合理损耗、入库前的挑选整理费用等，这些费用能分清负担对象的，应直接计入存货的采购成本，不能分清负担对象的，应选择合理的分配方法分配计入有关存货的采购成本。

分配方法通常包括按所购存货的重量或采购价格的比例进行分配。

2. 加工取得的存货成本

企业通过价格取得的存货，主要包括产成品、在产品、半成品、委托加工物资等。自行生产的存货的初始成本包括投入的原材料或半成品（直接材料费）、直接人工和按照一定方法分配的制造费用（折旧费、修理费、办公费、水电费机物料消耗、劳动保护费、停工损失费、车间管理人员薪酬）。

如果某项存货生产周期较长（一年或一年以上），而且在生产中占用了银行借款，则该存货达到预定可销售状态前发生的借款利息费用，如果符合资本化条件的，应当计入该项存货的生产成本。

3. 其他方式取得存货的成本

其他方式取得存货的成本包括委托加工存货、盘盈的存货、非货币性资产交换取得的存货、接受投资存货、债务重组取得存货。

（1）委托加工存货。委托外单位加工存货，以实际耗用的原材料或者半成品、加工费、运输费、装卸费等费用和按规定应计入成本的税金作为其实际成本。

（2）盘盈的存货。企业盘盈存货应当按重置成本作为入账价值。

（3）接受投资存货。企业接受投资人投入的存货，应按照投资合同或协议确定的价值作为实际成本。投资合同或协议确定的价值不公允的除外。

（4）债务重组取得存货。按照《企业会计准则第 12 号——债务重组》的规定进行确定。

（5）非货币性资产交换取得的存货。按照《企业会计准则第 7 号——非货币性资产交换》的规定进行确定。

特别提示：接受捐赠的存货

实际成本 = 凭据金额 + 相关税费

或 = 同类或类似存货市场价格 + 相关税费

或 = 预计未来现金流量现值

（1）捐赠方提供有关凭据的，按其金额加上相关税费作为实际成本；

（2）捐赠方未提供有关凭据的，按下列顺序确定：

第一，同类或类似存货存在活跃市场的，按同类或类似存货的市场价格估计的金额，加上应支付的相关税费，作为实际成本；

第二，同类或类似存货不存在活跃市场的，按接受捐赠存货的预计未来现金流量现值，作为实际成本。

五、存货发出和结存的计价

存货流转包括实物流转和成本流转。理论上说，存货的成本流转与其实物流转应当一致，但实务上少见，因而出现存货成本流转假设。

采用存货成本流转假设，在期末存货与发出存货之间分配成本，就产生了不同的存货成本分配方法，即发出存货的计价方法。

（一）先进先出法

先进先出法是假定先收到的存货最先发出，或先收到的存货先被耗用，并根据这种假定的成本流转次序对发出存货进行计价的一种方法。

先进先出法的特点：期末存货价值接近现行市价。如果存货的各批取得成本比较稳定，则无论对产品成本或销售成本和存货价值的影响都不大，但在物价持续上涨的情况下，则会使产品成本或销售成本偏低，利润就会虚增。

优点：期末存货的账面价值能反映最后购进存货的实际成本，使企业不能随意挑选存货计价以调整当期利润。

缺点：核算工作量比较烦琐。

（二）加权平均法

加权平均法，也叫一次加权平均法，是根据期初存货结存和本期收入存货的数量和进价成本，期末一次计算存货的本期加权平均单位成本，作为计算本期发出存货成本和期末结存存货成本的单价，以求得本期发出存货成本和结存存货价值的一种方法。计算公式：

加权平均单价 =（期初结存金额 + 本期进货金额）÷（期初结存数量 + 本期进货数量）

期末存货成本 = 加权平均单价 × 期末结存数量

本期发出存货成本 = 期初成本 + 本期进货成本 − 期末存货成本

优点：计算手续简单。

缺点：不利于核算的及时性；在物价变动幅度较大的情况下，按加权平均单价计算的期末存货价值与现行成本有较大的差异，适合物价变动幅度不大的情况。

（三）移动加权平均法

移动加权平均法，也叫移动平均法，是指每次收货以后，立即根据库存存货数量和总成本，计算出新的平均单位成本的一种方法。计算公式：

移动加权平均单价 =（以前结存存货金额 + 本期收入存货金额）÷（以前结存存货数量 + 本期收入存货数量）

发出存货成本 = 发出存货数量 × 移动平均单价

优点：存货发出时，可直接以新确定的加权平均单价乘以发出数量确定发出成本，并可以随时转账，核算的工作量可以分散在平时进行。

缺点：由于每收进一批存货就要重新计算一次单价，每发出一次存货也要按当时的平均单价计算其发出成本，因而计价的工作量比较大。

（四）个别计价法

个别计价法，又称个别认定法、具体辨认法、分批实际法，是逐一辨认各批发出存货和期末存货所属的购进批别或生产批别，分别按照其购入或生产时所确定的单位成本作为计算各批发出存货和期末存货成本的方法。计算公式：

每次（批）存货发出成本 = 该次（批）存货发出数量 × 该次（批）存货

实际收入的单位成本

优点：反映的发出存货的实际成本最为准确，而且可以随时结转成本。

缺点：采用这种方法要求具备两个必要的条件：①存货项目必须是可以辨别认定的；②必须要有详细的记录，据以了解每一个别存货或每批存货项目的具体情况。

该方法适用于容易识别品种、存货品种不多、单位成本较高的存货计价，如房产、船舶、珠宝等贵重物品。

（五）存货计价的影响

存货计价的方法不同，对企业财务状况、盈亏情况会产生不同的影响。

（1）存货计价对企业损益的计算有直接影响。期末存货如果计价（估计）过低，当期的收益可能因此而相应减少；期末存货如果计价（估计）过高，当期的收益可能因此而相应增加。期初存货计价如果过低，当期的收益可能因此而相应增加；期初存货计价如果过高，当期的收益可能因此而相应减少。

（2）存货计价对于资产负债表有关项目数额计算有直接影响，包括流动资产总额、所有者权益等项目，都会因存货计价的不同而有不同的数额。

（3）存货计价方法的选择对计算缴纳所得税的数额有一定影响。因为不同的计价方法，对结转当期销售成本的数额会有所不同，从而影响企业当期应纳税利润数额的确定。

第二节　原材料

原材料是指工业企业库存的各种材料，包括主要材料、辅助材料、外购半成品、修理用备件、包装材料、燃料等，不包括购入的低值易耗品和包装物。

一、原材料核算使用的主要会计科目

（一）“原材料”科目

为了反映和监督原材料的收入、发出和结存情况，企业应设置“原材料”科目，核算企业库存材料的实际成本。

借方登记各种途径取得材料的成本（实际成本或计划成本）；

贷方登记发出、领用、对外销售、盘亏、毁损等原因而减少的原材料

成本；

期末余额在借方，反映月末库存原材料的成本。

（二）“材料采购”科目

为了反映和监督已付款但尚未入库的原材料，企业还应设置“材料采购”科目。资产类，借方登记已经付款或已经开出承兑商业汇票但尚未入库的在途外购原材料，贷方登记已入库的在途原材料，即在途原材料的减少；偶然有期末余额在贷方的情况，反映已入库但贷款尚未支付的原材料估计成本。

（三）“材料成本差异”科目

该账户用来核算和监督各种材料的实际成本与计划成本之间的差异额。该账户属于资产类账户。

借方登记入库存材料实际成本大于计划成本的超支差额，以及调整库存材料时，调整减少计划成本的数额；

贷方登记入库材料实际成本小于计划成本的差异额（节约差），分配领用、发出或报废的各种材料的成本差异（实际成本小于计划成本的差异，用红字登记），以及调整库存材料成本时，调整增加的计划成本的数额；

期末借方余额反映各种库存材料实际成本大于计划成本的差异（超支差）；

期末贷方余额反映各种库存材料实际成本小于计划成本的差异（节约差）。

（四）“在途物资”科目

采用实际成本进行材料日常核算企业，可以不设“物资采购”科目和“材料成本差异”科目，而增设“在途物资”科目。

“在途物资”科目用于核算已付款或已开出承兑的商业汇票、但尚未到达或尚未验收入库的各种材料物资的实际成本。

借：登记购入材料物资的实际成本

　　贷：登记验收入库的材料物资的实际成本

余额在借方，反映已付款或已开出承兑的商业汇票、但尚未验收入库的在途材料。

二、按实际成本计价的材料发出核算

（一）按实际成本计价的材料明细分类核算

材料收发、库存的数量核算，由仓库人员负责；价值核算由财会人员负责。

根据这一要求，企业可以采用设置“两套账”或“一套账”的方式，进行材料的明细分类核算。

所谓两套账方式，指仓库设置材料卡片，核算各种材料收、发、结存的数量，财会部门设置材料明细分类账，核算各种材料收、发、结存的数量和金额。

这种方法的优点是两套账可以起到相互制约的作用；缺点是重复记账，工作量大。

所谓一套账方式，指仓库按品种、规格设置材料卡片与财会部门设置材料明细分类账合并为一套账，由仓库负责登记数量，财会人员定期到仓库稽核收单，并在材料收发凭证上标价，登记金额，账册平时放在仓库。

材料卡片是登记材料收、发、结存的数量的明细记录，应按材料的品种、规格开设，根据收发料凭证，按日逐笔登记，序时地反映各种材料收、发、结存的实际数量。材料卡片应按材料类别和编号顺序排列，或按类别装订成活页账，以便保管。

材料明细分类账又称数量金额式明细账，由财会部门按材料品种、规格设置，采用收、发、余三栏式。登记方法是：根据收料凭证序时逐笔登记“收入”栏；根据发料凭证序时逐笔登记“发出”栏。

从每一笔明细账中，不仅可以取得各种材料的数量资料，而且可以取得各种材料的资金增减和占有的核算资料。

（二）按实际成本计价的材料总分类核算

1. 材料收入的总分类核算

设置“原材料”账户。企业从外部购入的材料，由于采用的结算方式不同，其账务处理也不同。收料与付款一般有以下几种情况：

（1）收料与付款同时。

借：原材料

　　应交税费——应交增值税（进项税额）

　　贷：银行存款

例 1. 企业按合同规定向华中机械厂购入甲材料一批，增值税专用发票上货款为 8 000 元，增值税额为 1 040 元，全部款项用支票付讫，材料已验收入库。

借：原材料 8 000
　　应交税费——应交增值税（进） 1 040
　　贷：银行存款 9 040

（2）付款在先，收料在后。

借：在途物资
　　应交税费——应交增值税（进项税额）
　　贷：银行存款

入库时：

借：原材料
　　贷：在途物资

例 2. 某企业购入材料一批，增值税专用发票上的货款为 27 000 元，增值税额 3 510 元。发票等单据已到，货款已付，月终材料尚未到达验收入库。

借：在途物资 27 000
　　应交税费——应交增值税（进） 3 510
　　贷：银行存款 30 510

以后，这批材料到达验收入库时：

借：原材料 27 000
　　贷：在途物资 27 000

（3）收料在先，付款在后。

发生这种业务，要将已到达的材料验收入库。但由于有关结算凭证未到，故应按合用价或计划价，暂估入账。

月底暂估入账：

借：原材料
　　贷：应付账款——暂估应付账款

下月初：

借：原材料（红字）
　　贷：应付账款——暂估应付账款（红字）

收到结算凭证时：

借：原材料
　　应交税费——应交增值税（进项税额）
　　贷：银行存款

例 3. 企业购入燃料一批，已验收入库，但月末发票等结算凭证未到，货款尚未支付。该批燃料合同价格为 450 000 元。

收到燃料时不作会计处理。

月末按合同价格暂估入账时：

借：原材料　　450 000

　　贷：应付账款——暂估应付账款　　450 000

下月初用红字作相同会计分录予以冲回：

借：原材料　　450 000

　　贷：应付账款——暂估应付账款　　450 000

收到对方企业寄来的结算凭证等单据后，根据凭证，支付货款 400 000 元，增值税税额 52 000 元。

借：原材料　　400 000

　　应交税费——应交增值税（进项税额）　　52 000

　　贷：银行存款　　452 000

途中短缺与毁损，要查明原因，分清责任，分别进行会计处理：

第一，途中合理损耗计入材料实际成本，但相应提高实收材料的单价。

第二，供应单位少发或运输单位造成的短缺毁损：

未作账务处理的，按实收数量的成本入账；

已作账务处理的，应调整存货成本，同时将发生的损失转入“其他应收款”账户索赔，或冲抵尚未结清的相关“应付账款”账户余额。

第三，属于尚待查明原因的途中损耗，转入“待处理财产损溢”账户。

例如：A 单位为增值税一般纳税企业。本月购进原材料 200 千克，货款为 6 000 元，增值税为 780 元；发生的保险费为 350 元，入库前的挑选整理费用为 130 元；验收入库时发现数量短缺 10%，经查属于运输途中合理损耗。A 单位该批原材料每千克实际单位成本为多少元？

购入原材料的实际总成本 =6 000+350+130=6 480（元）

实际入库数量 =200×（1−10%）=180（千克）

所以 A 单位该批原材料实际单位成本 =6 480÷ 180=36（元 / 千克）

（4）预付货款。

预付材料款时：

借：预付账款

贷：银行存款

材料到达并验收入库时：

借：原材料

应交税费——应交增值税（进项税额）

贷：预付账款

补付余款时：

借：预付账款

贷：银行存款

例 4. 某企业为购入生产用原材料，预付给 A 单位款项 45 000 元，A 单位按购货合同向某企业发出材料一批，数量是 100 千克，单价是每千克 700 元，增值税税率为 13%，该企业材料已验收入库，并补付了相关货款。

预付材料款时：

借：预付账款　　45 000

贷：银行存款　　45 000

材料到达并验收入库时：

借：原材料　　70 000

应交税费——应交增值税（进项税额）　　9 100

贷：预付账款　　79 100

补付余款时：

借：预付账款　　34 100

贷：银行存款　　34 100

（5）企业自制、委托外单位加工完成并已验收入库的材料，按实际成本。

借：原材料

贷：生产成本

（6）从生产中回收废料。

借：原材料

贷：生产成本

（7）投资者投入的原材料。

借：原材料

应交税费——应交增值税（进项税额）

贷：实收资本（或股本）

（8）接受捐赠。

借：原材料

　　贷：营业外收入

（9）小规模纳税人。

借：原材料

　　贷：银行存款（应付账款）等

2. 材料发出的总分类核算

借：生产成本（制造费用、管理费用、营业费用、委托加工物资、其他业务支出）

　　贷：原材料

借：在建工程（应付福利费）

　　贷：原材料

　　　　应交税费——应交增值税（进项税额转出）

出售时：

借：银行存款

　　贷：其他业务收入

　　　　应交税费——应交增值税（销项税额）

借：其他业务成本

　　贷：原材料

例 5. 企业发出材料一批，根据发料凭证汇总如表 4-1 所示。

表 4–1　　单位：元

材料用途	原材料	材料用途	原材料
生产甲产品用	545 680	生产乙产品用	346 870
第一车间领用	23 120	第二车间领用	18 760
管理部门领用	64 550	扩建工程领用	650 000

借：生产成本——甲产品　　545 680

　　　　　　——乙产品　　346 870

　　制造费用——第一车间　　23 120

　　　　　　——第二车间　　18 760

　　管理费用　　64 550

在建工程 650 000

贷：原材料 1 648 980

按实际成本计价，对于材料收发业务频繁的企业，工作量非常繁重。而且看不出收发材料的实际成本与计划成本相比是节约还是超支，这种方法适用于规模较小、材料品种简单、采购业务不多的企业。

三、按计划成本计价的材料收发核算

按计划成本计价的材料收发核算指原材料的收入、发出均按预先制定的计划成本计价，同时另设“材料成本差异”账户，登记实际成本与计划成本的差额；期末再计算发出存货和结存存货应分摊的成本差异，将发出存货和结存存货由计划成本调整为实际成本的方法。

（一）材料按计划成本计价的明细分类核算

1. 原材料明细分类账

仓库应按材料的品种和规格设置一套既有数量又有金额的材料明细账或材料卡片。

由于材料的收发都按固定的计划成本计价，因而这种明细分类账或材料卡片的收入和发出栏只记数量，不记金额。结存栏分别记数量和金额，但金额栏不必逐笔计算登记，可以在月末，根据材料的结存量和计划单价计算登记。

除仓库设置的材料卡片外，企业的财会部门还应该按仓库和材料类别设置只登记金额的材料明细账。

该明细账根据仓库转来的材料收发凭证，按期归类汇总登记，反映各类材料资金的占用情况，它与仓库设置的材料卡片可以起到相互核对和相互控制的作用。

2. 材料采购明细分类账

材料采购明细分类账用来提供外购材料的实际成本与计划成本的详细核算资料。

材料采购明细分类账，采用横线登记法，根据审核后的有关凭证，序时登记。借方金额根据付款凭证等有关单据，按实际采购成本登记；贷方金额根据计划成本计价的收料单登记。

月末，将借方合计数与贷方合计数对比的差异，一次结转到材料成本差异明细分类账中去。对于只有借方余额而无贷方余额，即已付款但尚未验收入库的在途物资，应逐笔转入下月的材料采购明细分类账内，以便材料验收入库时进行财务处理。

3. 材料成本差异明细账

材料成本差异明细账是用来反映各种材料的实际成本与计划成本之间的差异额和差异率，为调整材料计划成本提供依据。它的设置应与材料采购明细账的设置口径相一致。

材料成本差异率的计算公式如下：

材料成本差异率 =（月初结存材料成本差异额 + 本月收入材料成本差异）÷（月初结存材料计划成本 + 本月收入材料计划成本）

发出材料应负担的材料成本差异额 = 发出材料的计划成本 × 材料成本差异率

发出材料的实际成本 = 发出材料计划成本 + 发出材料应负担材料成本差异额

例 6. 某企业月初结存原材料的计划成本为 24 000 元，本月收入原材料计划成本为 76 000 元，本月发出原材料计划成本为 90 000 元，月初原材料成本差异为超支 575 元，本月收入材料成本差异为节约 2 575 元。

材料成本差异率 =（575−2 575）÷（24 000+76 000）=−2%

发出材料应负担的材料成本差异额 =90 000×（−2%）=−1 800

发出材料的实际成本 =90 000−1 800=88 200

（二）材料按计划成本计价的总分类核算

采用计划成本计价方法进行材料收发核算的企业，除设置“原材料”账户外，还应设置“材料采购”账户和“材料成本差异”账户。

材料收入的总分类核算

例 7. 某企业本月发生材料采购业务如下：

（1）钱货两清的购料业务：购入甲材料一批，价款 20 000 元，增值税 2 600 元，材料已验收入库，发票账单已收到，货款已通过银行支付，该批材料的计划成本为 20 800 元。

借：材料采购	20 000	
应交税费——应交增值税（进项税额）	2 600	
贷：银行存款		22 600

借：原材料 20 800

贷：材料采购 20 800

借：材料采购 800

贷：材料成本差异 800

（2）款已付，料未收的购料业务：购入乙材料一批，发票账单已到，价款 50 000 元，增值税 8 500 元，材料尚未到达。该批材料款曾预付 30 000 元，余款已通过银行支付。

借：材料采购 50 000

应交税费——应交增值税（进项税额） 6 500

贷：银行存款 26 500

预付账款 30 000

（3）上项购入的乙材料已到达验收入库，计划成本为 49 500 元。

借：原材料 49 500

贷：材料采购 49 500

借：材料成本差异 500

贷：材料采购 500

（4）款未付，料已收的购料业务：上月在途甲材料，于本月到货，验收入库，该批材料实际采购成本为 32 000 元，货款暂欠，计划成本为 32 500 元。

借：材料采购 32 000

应交税费——应交增值税（进项税额） 4 160

贷：应付账款 36 160

根据收料单作会计分录：

借：原材料 32 500

贷：材料采购 32 500

借：材料成本差异 500

贷：材料采购 500

（5）购入丙材料一批，材料已验收入库，但发票账单到月末尚未收到，货款未付。月末按计划成本 30 000 元暂估入账。

借：原材料 30 000

贷：应付账款——暂估应付账款 30 000

月初用红字冲回：

借：原材料　　30 000（红字）

　　贷：应付账款——暂估应付账款　　30 000（红字）

补：计划成本法的账务处理举例

（1）原材料收入的会计处理。

A. 单料已到，货款已付。

例 8. 企业购入丁材料一批，增值税专用发票上注明贷款 6 000 元，增值税额 780 元，全部款项已通过银行转账付讫。该材料已验收入库，计划成本 6 050 元。

根据发票账单等单据确定采购材料实际成本：

借：材料采购——丁材料　　6 000

　　应交税费——应交增值税（进项税额）　　780

　　贷：银行存款　　6 780

结转入库材料的计划成本：

借：原材料——丁材料　　6 050

　　贷：材料采购　　6 000

　　　　材料成本差异　　50

B. 单到，料未到。

例 9. A 企业购入材料一批，增值税专用发票上贷款为 10 000 元，增值税额为 1 700 元，全部款项 A 企业当天开出并承兑商业汇票结算。

借：材料采购　　10 000

　　应交税费——应交增值税（进项税额）　　1 300

　　贷：应付票据　　11 300

以后待材料验收入库后（设计划成本 9 500 元）：

借：原材料　　9 500

　　材料成本差异　　500

　　贷：材料采购　　10 000

C. 料到，单未到。

例 10. 企业已收到上海钢厂发来的钢材 10 吨，已验收入库。但月底仍未收到结算凭证。该种钢材的计划单位成本为 2 400 元。

收到钢材时不作会计处理。

月末按计划成本暂估入账时：

借：原材料　　24 000

　　贷：应付账款——暂估应付账款　　24 000

下月初用红字作相同会计分录予以冲回：

借：原材料　　24 000

　　贷：应付账款——暂估应付账款　　24 000

D. 预付货款。

例 11. A 企业根据合同规定预付货款 4 000 元。现收到发票账单，货款 5 000 元，增值税 650 元，材料已验收入库，计划成本 5 500 元。

（1）预付货款时。

借：预付账款　　4 000

　　贷：银行存款　　4 000

（2）办理结算手续时。

借：材料采购　　5 000

　　应交税费——应交增值税（进项税额）　　650

　　贷：预付账款　　4 000

　　　　银行存款　　1 650

（3）材料入库时。

借：原材料　　5 500

　　贷：材料采购　　5 000

　　　　材料成本差异　　500

E. 材料短缺或毁损。

例 12. A 企业购入材料一批 1 100 千克，实际成本为 5 600 元，增值税额 728 元，货款已付。材料验收入库时，实收 1 090 千克，计划单位成本为 5 元 / 千克。其中短缺 10 千克，经查明属途中合理损耗。

途中合理损耗，以实收数量乘以计划单价，求得计划成本入账，不再另作账务处理。根据发票账单，确定实际采购成本：

借：材料采购　　5 600

　　应交税费——应交增值税（进项税额）　　728

　　贷：银行存款　　6 328

结转入库材料计划成本及成本差异：

借：原材料　　5 450

材料成本差异　　　　150

贷：材料采购　　　　5 600

（2）原材料发出的会计处理（与实际成本计价的核算基本相同，是根据计划成本计价的领发料凭证，按领用部门和用途进行归类汇总；同时计算发出材料应负担的材料成本差异，按月编制“发料凭证汇总表”据以填制记账凭证，月末一次登记总账）。

例 13. 企业发出材料一批，根据发料凭证汇总如表 4–2 所示。

表 4–2　　　　单位：元

材料用途	计划成本
基本生产车间生产产品领用	240 000
辅助生产车间生产产品领用	110 000
各车间一般消耗	35 000
企业管理部门领用	48 000
对外销售	67 000
合 计	500 000

“原材料”和“材料成本差异”账户资料如表 4–3 所示。

表 4–3　　　　单位：元

原材料	材料成本差异
初：150 000	初：−3 800
本期：450 000	800

材料成本差异率 =（−3 800+800）÷（150 000+450 000）=−0.5%

（1）分配发出原材料计划成本。

借：生产成本——基本生产成本　　　　240 000

　　　　　　——辅助生产成本　　　　110 000

　　制造费用　　　　35 000

　　管理费用　　　　48 000

　　其他业务支出　　　　67 000

　　贷：原材料　　　　500 000

（2）材料计划成本应负担的成本差异率为 −0.5%。

借：材料成本差异　　2 500

　　贷：生产成本——基本生产成本　　1 200

　　　　　　　　——辅助生产成本　　550

　　　　制造费用　　175

　　　　管理费用　　240

　　　　其他业务成本　　335

例 14. 某国有工厂材料存货采用计划成本记账，2017 年 10 月“原材料”账户某种材料的期初余额 56 000 元，“材料成本差异”账户期初借方余额 446 元，原材料单位计划成本 12 元，本月 10 日进货 1 500 千克，进价 10 元，运输及包装费 850 元；20 日进货 2 000 千克，进价 12.50 元，运输及包装费 900 元。本月 15 日和 25 日车间分别领用该种材料 2 000 千克。

（1）10 月 10 日。

借：材料采购　　15 850

　　应交税费——应交增值税（进项税额）　　2 550

　　贷：银行存款　　18 400

借：原材料　　18 000

　　贷：材料采购　　15 850

　　　　材料成本差异　　2 150

（2）10 月 15 日。

借：生产成本　　24 000

　　贷：原材料　　24 000

（3）10 月 20 日。

借：材料采购　　25 900

　　应交税费——应交增值税（进项税额）　　4 250

　　贷：银行存款　　30 150

借：原材料　　24 000

　　材料成本差异　　1 900

　　贷：材料采购　　25 900

（4）10 月 25 日。

借：生产成本　　24 000

　　贷：原材料　　24 000

（5）10 月 31 日。

差异率 =（446−2 150+1 900）÷（56 000+18 000+24 000）= 0.2%

本月发出材料负担成本差异

=（24 000+24 000）× 0.2%

=96（元）

借：生产成本　　96

　　贷：材料成本差异　　96

第三节　其他存货

一、包装物的核算范围

包装物指为包装本企业产品或商品而储备的各种包装容器。如箱、桶、瓶、袋、坛等。包装物核算内容包括：

（1）在生产过程中用于包装产品，作为产品组成部分的包装物。

（2）在销售过程中随同产品出售而不单独计价的包装物。

（3）在销售过程中随同产品出售并单独计价的包装物。

（4）在销售过程中出借或出租给购买单位使用的包装物。

以下物品不属于包装物核算范围：

（1）各种包装用材料。

（2）企业用于储存和保管产品、材料而不随同产品对外销售、出租或出借的包装物品。

（3）企业生产经营计划中单独列作企业商品产品的自制包装物，应作产成品处理。

二、包装物核算的账务处理

为了反映和监督包装物的收入、发出和结存的情况，企业应设置“周转材料——包装物”科目，对包装物进行总分类核算。

同时，应按照包装物的种类设置明细科目，进行明细分类核算。在五五摊销法下可设“在库包装物”“在用包装物”“出租包装物”“出借包装物”“包装物摊销”五个明细科目。对于包装物数量不多的企业，可以将包装物并入“原材料”科目内核算，不设置“包装物”科目。

企业包装物可以按实际成本计价，也可按计划成本计价。企业购入、自制、委托外单位加工完成验收入库的包装物的核算，与原材料收入的核算完全相同，可以比照原材料的核算方法进行核算。发出包装物的核算，应该按其用途的不同分别进行处理。

（一）生产领用包装物

借：生产成本

　　贷：周转材料——包装物

例 15. 某企业生产车间领用包装物一批，用于包装所生产的产品，实际成本 1 500 元。

借：生产成本　　　　1 500

　　贷：周转材料——包装物　　　　1 500

（二）随同商品出售的包装物

1. 不单独计价的

通常随产品出售不单独计价，在会计上作为销售费用处理。在包装物发出时，

借：销售费用

　　贷：周转材料——包装物

例 16. 企业销售产品，领用不单独计价的包装物，实际成本为 2 300 元。

借：销售费用　　　　2 300

　　贷：周转材料——包装物　　　　2 300

2. 单独计价的

借：银行存款

　　贷：其他业务收入

　　　　应交税费——应交增值税（进项税额）

并结转成本：

借：其他业务成本

　　贷：周转材料——包装物

例 17. 企业销售产品时，领用单独计价的包装物，实际成本为 700 元，售价 800 元，增值税 136 元。货款当即通过银行收回。

借：银行存款　　　　936

贷：其他业务收入 800

应交税费——应交增值税（进项税额） 136

并结转成本：

借：其他业务成本 700

贷：周转材料——包装物 700

（三）出租、出借包装物

1. 出租包装物

租金收入作为“其他业务收入”处理，领用包装物的成本及相应的损耗和修理支出计入“其他业务成本”。

例 18. 某企业出租包装物一批，成本为 500 元，收取租金 800 元，采用一次摊销法摊销包装物的成本。

收到出租包装物的租金：

借：银行存款 800

贷：其他业务收入 800

摊销包装物成本：

借：其他业务成本 500

贷：周转材料——包装物 500

2. 出借包装物

领用包装物及相应的包装物损耗和修理支出应计入“销售费用”。若数额不大，可在发出时一次全部计入，借记“销售费用”账户，贷记“周转材料——包装物”账户。

若数额较大时，可通过“周转材料——包装物摊销”账户核算，在发出时，借记“周转材料——包装物摊销”账户，贷记“周转材料——包装物”账户；每期摊销时，借记“销售费用”账户，贷记“周转材料——包装物摊销”账户。

例 19. A 单位领用包装物一批，出借给外单位，其实际成本为 20 000 元，收取押金 22 000 元，采用一次摊销法摊销包装物的成本。应编制会计分录如下：

收到出借包装物的押金：

借：银行存款 22 000

贷：其他应付款——存入保证金 22 000

摊销包装物成本：

借：销售费用　　20 000

　　贷：周转材料——包装物　　20 000

3. 企业出租、出借包装物

企业出租、出借包装物，收到押金时，借记“银行存款”等账户，贷记“其他应付款——存入保证金”账户。收回包装物退还押金时，借记“其他应付款——存入保证金”账户，贷记“银行存款”账户。

对于客户逾期未归还包装物，按规定没收其押金，税法规定，没收的押金应交增值税，没收的押金金额扣除应交税费后的金额计入“其他业务收入”账户。

（1）一次摊销法。

例 20. 某企业出租给购货单位新包装物一批，成本 6 000 元，收到押金 6 600 元，租金 2 260 元，采用一次摊销法摊销包装物的成本。

发出出租包装物时：

借：周转材料——出租包装物　　6 000

　　贷：周转材料——在库包装物　　6 000

收到押金时：

借：银行存款　　6 600

　　贷：其他应付款——存入保证金　　6 600

收到租金时：

借：银行存款　　2 260

　　贷：其他业务收入　　2 000

　　　　应交税费——应交增值税（销项税额）　　260

摊销其成本：

借：其他业务成本　　6 000

　　贷：周转材料——出租包装物摊销　　6 000

（2）五五摊销法。

采用五五摊销法是在领用包装物时，将其价值的 50% 摊入有关费用成本；在其报废时，将价值的另外 50% 部分摊入有关费用成本。

例 21. 某企业出借给购货单位新包装物一批，成本 6 000 元，收到押金 6 600 元，采用五五摊销法摊销包装物的成本。

发出出借包装物时：

借：周转材料——出借包装物　　6 000

　　贷：周转材料——在库包装物　　6 000

收到押金时：

借：银行存款　　6 600

　　贷：其他应付款——存入保证金　　6 600

摊销其包装物 50% 的价值：

借：销售费用　　3 000

　　贷：周转材料——包装物摊销　　3 000

例 22. 某公司将周转用的包装物 40 件，出租给甲单位，其实际成本为 8 000 元，采用五五摊销法进行摊销。每月租金 1 600 元，收取押金 9 360 元（234 元 / 件），编制分录：

领用包装物：

借：周转材料——出租包装物　　8 000

　　贷：周转材料——在库包装物　　8 000

收到押金时：

借：银行存款　　9 360

　　贷：其他应付款——存入保证金　　9 360

收到租金时：

借：银行存款　　1 600

　　贷：其他业务收入　　1 415.9

　　　　应交税费——应交增值税（销项税额）　　184.1

月末摊销其价值的 50%：

借：其他业务成本　　4 000

　　贷：周转材料——出租包装物摊销　　4 000

若甲单位退回包装物 35 件，其余 5 件已无法退回（没收押金）：

借：其他应付款——存入保证金　　8 190

　　贷：银行存款　　8 190

没收 5 件包装物的押金：

借：银行存款　　1 170

　　贷：其他业务收入　　1 073

　　　　应交税费——应交增值税（销项税额）　　97

无法收回的 5 件作报废处理（每件成本是 200 元）（8 000 ÷ 40=200）：

借：其他业务成本 500（200 × 5 × 50%）

　　贷：周转材料——出租包装物摊销 500

同时注销无法收回的 5 件包装物的成本 1 000 元（200 × 5）：

借：周转材料——出租包装物摊销 1 000

　　贷：周转材料——出租包装物 1 000

收回的 35 件包装物入库转账：

借：周转材料——在库包装物 7 000

　　贷：周转材料——出租包装物 7 000

三、低值易耗品的核算

（一）低值易耗品的定义

低值易耗品指单项价值比较低或使用年限比较短，不能作为固定资产核算的各种用具物品。如工具、管理用具、玻璃器皿，以及在经营过程中周转使用的包装容器等。

性质：属于劳动资料，可以多次使用且不改变实物形态。其价值随着磨损逐渐转移到成本、费用中去。

（二）低值易耗品的分类

（1）一般工具指车间生产产品用的工具等。

（2）专用工具指为了生产某种产品所专用的工具等。

（3）管理用具指在管理工作中使用的各种物品。

（4）劳防用品指为安全生产而发给职工的防护用品。

（5）替换设备。

（6）其他低值易耗品。

（三）低值易耗品的摊销方法

1. 一次摊销法

在领用低值易耗品时，将其全部价值一次摊入有关费用成本。只适用于价值较小或容易损坏的低值易耗品。

借方记“制造费用”“管理费用”，贷方记“周转材料——低值易耗品”。

例 23. 甲公司的基本生产车间领用小型工具一批，实际成本为 2 000 元，采用一次摊销法。

借：制造费用　　2 000

　　贷：周转材料——低值易耗品　　2 000

2. 五五摊销法

采用五五摊销法是在领用低值易耗品时，将其价值的 50% 摊入有关费用成本；在其报废时，将价值的另外 50% 部分（扣除收回残料的价值）摊入有关费用成本。适用于单位价值较低，使用期限较短或每月领用与报废在数量上大体相同的低值易耗品。

在“周转材料”科目下，设置“在库低值易耗品”“在用低值易耗品”“低值易耗品摊销”三个二级科目。

例 24. 企业第一基本生产车间领用低值易耗品 50 件，单位成本为 400 元。预计使用期限为 8 个月，使用期满时，40 件仍可使用，10 件报废，总残值为 60 元。

（1）领用低值易耗品时。

借：周转材料——在用低值易耗品　　20 000

　　贷：周转材料——在库低值易耗品　　20 000

（2）同时摊销 50% 的价值。

借：制造费用　　10 000

　　贷：周转材料——低值易耗品摊销　　10 000

（3）10 件报废时。

借：制造费用　　1 940

　　原材料　　60

　　贷：周转材料——低值易耗品摊销　　2 000

（4）注销报废低值易耗品价值。

借：周转材料——低值易耗品摊销　　4 000

　　贷：周转材料——在用低值易耗品　　4 000

3. 分期摊销法

分期摊销法是在低值易耗品领用后，将其全部价值在一定期限内分次摊入有关费用成本。适用于单位价值较高或一次领用量较大、使用期限较长的低值易耗品。

四、委托加工物资的核算

（一）委托加工物资的含义

在企业的生产经营过程中，往往会因企业自身工艺设备等条件的限制或为降低成本等方面的考虑，需要将一些物资，如材料、半成品等委托外单位进行加工，制造成为具有另一种性能和用途的物资，这种委托外单位加工的物资，就是委托加工物资。

1. 委托加工物资的实际成本

委托加工物资的实际成本包括：加工中耗用物资的实际成本；支付的加工费用；按规定应计入成本的税金；加工物资的往返运杂费等。

2. 相关税费的处理

（1）增值税作为价外税，如为一般纳税人，在取得完税凭证时不计入存货成本。

（2）如果委托加工物资属于应纳消费税的应税消费品，应由受托方在向委托方交货时代收代缴消费税。

委托方交纳消费税时，应区分不同情况处理：

凡属加工物资收回后直接用于销售的，应将受托方代收代交的消费税计入委托加工物资的成本，借记“委托加工物资”账户，贷记“银行存款”等账户。

凡属加工物资收回后用于连续生产应税消费品的，所纳税款按规定准予抵扣以后销售环节应交纳的消费税，借记“应交税费——应交消费税”账户，贷记“银行存款”等账户。

（二）委托加工物资的会计处理

设置“委托加工物资”账户，用于核算委托加工物资的增减变动情况。借方登记发出委托加工物资的实际成本；贷方登记收回委托加工物资的实际成本；借方余额表示尚未加工完成的委托加工物资的实际成本。

例 25. A 企业委托 B 企业加工材料一批，该材料属于应税消费品。发出加工用原材料的成本为 100 000 元，应支付加工费 80 000 元，应支付增值税 10 400 元，应支付消费税 20 000 元。材料加工完毕验收入库，加工费用和税金等已通过银行转账支付。

（1）发出加工用材料时：

借：委托加工物资　　100 000
　　贷：原材料　　100 000

（2）支付加工费用和税金时：

1）若收回后用于连续生产应税消费品，则：

借：委托加工物资　　80 000
　　应交税费——应交增值税（进项税额）　　10 400
　　　　　　——应交消费税　　20 000
　　贷：银行存款　　110 400

收回委托加工物资：

借：原材料　　180 000
　　贷：委托加工物资　　180 000

2）若收回后直接用于销售，则：

借：委托加工物资　　100 000
　　应交税费——应交增值税（进项税额）　　10 400
　　贷：银行存款　　110 400

收回委托加工物资：

借：原材料　　200 000
　　贷：委托加工物资　　200 000

第四节　存货期末计价与清查

一、存货期末计价

（一）存货期末计价原则

存货期末计价的目的是在资产负债表日，确定其在资产负债表中揭示的价值，以真实、客观、准确地反映企业期末存货的价值。一般情况下，企业期末存货价值是以历史成本确定的。

依据谨慎性原则的要求，企业期末存货应当按照成本与可变现净值孰低计量，对可变现净值低于存货成本的差额，计提存货跌价准备，计入当期损益。

成本与可变现净值孰低是指对期末存货按照成本与可变现净值之中较低

者计价的方法。即当成本低于可变现净值时，期末存货按成本计价；当存货可变现净值低于成本时，期末存货按可变现净值计价。

“成本”指存货的实际成本，即按前面所介绍的以历史成本为基础的存货计价方法计算得出的期末存货价值。

“可变现净值”指企业在正常生产经营过程中，以估计售价减去估计完工成本及销售所必须的估计费用后的价值，而不是指存货的现行售价。

企业预计的销售存货现金流量，并不完全等于存货的可变现净值。存货在销售过程中可能发生的销售费用和相关税费，和为达到预定可销售状态还可能发生的加工成本等相关支出，构成现金流入的抵减项目，企业预计销售现金流量，扣除这些抵减项目后，才能确定存货的可变现净值。企业应以确凿证据为基础计算确定存货的可变现净值。

（二）存货减值迹象的判断

当存货在下列情况之一时，表明存货的可变现净值低于成本：

（1）市价持续下跌，并且在可预见的未来无回升的希望；

（2）企业使用该原材料生产的产品的成本大于产品的销售价格；

（3）企业因产品更新换代，原有库存材料已不适用新产品的需要，而该原材料的市场价格又低于其账面成本；

（4）因企业所提供的商品或劳务过时，或消费者偏好改变而使市场的需求发生变化，导致市场价格逐渐下降；

（5）其他足以证明该项存货实质上已经发生减值的情形。

存货在下列情况之一时，表明存货的可变现净值为零：

（1）已经霉烂变质的存货；

（2）已经过期且无转让价值的存货；

（3）生产中已不需要，并且已无使用价值和转让价值的存货；

（4）其他足以证明已无使用价值时应考虑的因素。

（三）成本与可变现净值孰低法的运用

采用成本与可变现净值孰低法对存货进行期末计价时，期末结存存货的价值通常采用以下三种方法确定：

（1）单项比较法，又称个别比较法或逐项比较法。指对库存中每一种存货的成本与可变现净值逐项进行比较，每项存货均取较低数确定存货的期末成本。

（2）分类比较法，也称类比法，指按存货类别的成本与可变现净值进行比较，每类存货均取较低数确定存货的期末成本。

（3）总额比较法，又称综合比较法，指按全部存货的总成本与可变现净值总额进行比较，以较低者作为期末全部存货的成本。

下面举例说明上述三种方法的运用：

例如：某公司有 A、B、C、D 存货，按其性质不同分为甲、乙两大类。各种存货的成本与可变现净值已经确定，如下表所示。现分别按三种比较法确定期末结存存货的价值。

项目	成本	可变现净值	单项比较法	分类比较法	综合比较法
甲类存货	6 000	6 600		6 000	
A 存货	2 000	2 800	2 000		
B 存货	4 000	3 800	3 800		
乙类存货	14 000	13 800		13 800	
C 存货	6 000	6 200	6 000		
D 存货	8 000	7 600	7 600		
总计	20 000	20 400	19 400	19 800	20 000

由上表可见，单项比较法确定的期末存货成本最低（19 400 元），分类比较法次之（19 800 元），综合比较法最高（20 000 元）。其原因是单项比较法所确定的均是各项存货的最低价。

通过对三种方法的比较，可见，单项比较法的确定结果最为准确，但工作量也最大；综合比较法的工作量最小，但确定结果相对较差；分类比较法的优缺点介于两者之间。因此，在应用成本与可变现净值孰低法时，一般采用单项比较法或分类比较法来确定期末存货价值。

我国股份有限公司会计制度规定："存货跌价损失准备应按单个项目的成本低于其可变现净值的差额提取。"

（四）存货可变现净值的确定

企业确定存货可变现净值时，应以取得的确凿证据为基础，如与客户签订的销售合同、销售部门提供的市场价格资料、企业的生产成本资料、账簿记录结果等，同时应考虑持有存货的目的、资产负债表日后事项的影响等因素。

1. 可供出售存货可变现净值的确定

可供出售存货不需要加工，包括商品和直接用于对外销售的材料等。

可变现净值为：

可变现净值 = 期末存货估计售价 – 估计销售费用 – 销售税金

其中，估计售价的确定应考虑存货是否订有销售合同。

（1）可供出售存货没有签订销售合同，其估计售价应当以该存货的市场一般销售价格确定。

例如：2019 年甲企业根据市场需求的变化，决定停止生产 T 型号机器。为减少不必要的损失，甲公司决定将原材料中专门用于生产 T 型号机器的外购原材料——钢材全部出售。2019 年 12 月 31 日，其账面价值（成本）为 800 000 元，数量为 5 吨。根据市场调查，此种钢材的市场销售价格为 700 000 元 / 吨。同时销售这 5 吨钢材可能发生的销售费用和税金为 10 000 元。

本例中，由于企业已决定不再生产 T 型号机器。因此，该批钢材的可变现净值不能再以 T 型号机器的销售价格作为其计量基础，而应按钢材的市场销售价格计量，期末该材料的市场一般销售价格为 3 500 000 元，可变现净值为 3 490 000 元（3 500 000–10 000）。由于该材料账面成本为 4 000 000 元，高于可变现净值为 3 490 000 元，所以该材料期末应当计提减值准备 510 000 元。

（2）可供出售存货订有销售合同的，其估计售价应当以该存货合同规定的销售单价确定。

如果期末存货数量小于或等于合同中的销售数量，则期末存货估计售价等于期末存货数量乘以合同中的销售单价；

如果期末存货数量大于合同中的销售数量，则期末存货估计售价等于合同中销售数量乘以合同中的销售单价，再加上超出的数量乘以市场销售单价。

需要注意的是，如果同一类存货，其中一部分是由合同约定的存货，另一部分不存在合同价格，则企业应区分有合同价格约定的和没有合同价格约定的存货，分别确定期末可变现净值，并与相对应的成本比较，从而分别确定是否需要计提存货跌价准备。

例 26. A 公司期末库存材料 20 吨，每吨实际成本 1 600 元，售价 1 500 元，20 吨甲材料将全部用于生产甲产品 10 件，甲产品每件加工成本为 2 000 元，每件售价 5 000 元，甲产品有 8 件已签订销售合同，合同规定每件售价 4 500 元，假定无论是否订有销售合同，甲产品的销售税费均为售价的 10%。

甲产品的期末价值计算过程如下：

（1）订有合同存货的期末计价：

甲产品的估计售价 =8×4 500=36 000（元）

甲产品的可变现净值 =360 00−36 000×10%=32 400（元）

甲产品的生产成本 =（20×1 600+2 000×10）÷10×8=41 600（元）

因为 41 600 ＞ 32 400，所以甲产品发生减值，应当计提减值准备 9 200 元。

（2）没有签订合同存货的期末计价：

甲产品的估计售价 =2×5 000=10 000（元）

甲产品的可变现净值 =10 000−10 000×10%=9 000（元）

甲产品的生产成本 =（20×1 600+2 000×10）÷10×2=10 400（元）

因为 10 400 ＞ 9 000，所以甲产品发生减值，应当计提减值准备 1 400 元。

2. 可供生产耗用存货可变现净值的确定

可供生产耗用存货如原材料、在产品、委托加工材料等，由于持有该材料的目的是用于生产产成品，而不是销售，该存货的价值将体现在其生产的产成品上。因此，在确定需要经过加工的材料存货的可变现净值时，需要用以其生产的产成品的可变现净值与该产成品的成本进行比较，如果该产品的可变现净值高于成本，则该材料按成本计量。

如果材料价格的下降表明以其生产的产成品的可变现净值低于成本，则该材料按可变现净值计量，其可变现净值为在正常生产经营过程中，以该材料所生产的产成品的估计售价减去至完工时估计将要发生的成本，估计的销售费用和相关税费后的金额确定。

例 27. 2019 年 12 月 31 日，A 企业库存材料——C 材料的账面价值为 60 000 元，市场购买价格为 55 000 元，假如不发生其他费用，由于 C 材料的市场销售价格下降，用 C 材料生产的 L 型机器的市场销售价格总额由 150 000 元下降到 135 000 元，但其生产成本仍为 140 000 元，将 C 材料加工成 L 型机器尚需投入 80 000 元，估计销售费用和税金为 5 000 元，确定 2019 年 12 月 31 日 C 材料的价值。

根据上述材料，可按以下步骤进行确定：

（1）计算用该原材料生产的产成品的可变现净值：

L 型机器的可变现净值 =L 型机器估计售价 − 估计销售费用和税金

=135 000−5 000=130 000（元）

（2）将用该原材料所生产的产成品的可变现净值与其成本进行比较：

L 型机器的可变现净值 130 000 元小于其成本 140 000 元，即 C 材料价格的下降和 L 型机器销售价格的下降表明 L 型机器的可变现净值低于其成本，因此 C 材料应当按可变现净值计量。

（3）计算该材料的可变现净值，并确定其期末价值。

C 材料的可变现净值 =L 型机器的估计售价 – 将 C 材料加工成 L 型机器尚需投入的成本 – 估计销售费用和税金

=135 000−80 000−5 000=50 000（元）

C 材料的可变现净值 50 000 元小于其成本 60 000 元，因此，C 材料的期末价值应为其可变现净值 50 000 元，即 C 材料应按 50 000 元列示在 2007 年 12 月 31 日资产负债表的存货项目之中。

例 28. 2019 年 12 月 31 日，C 原材料的账面成本为 100 万元，C 原材料的估计售价为 90 万元；C 原材料用于生产甲商品，假设用 C 原材料 100 万元生产成甲商品的成本为 140 万元，甲商品的估计售价为 160 万元，估计的甲商品销售费用及相关税金为 8 万元。则年末计提存货跌价准备如下：

甲商品可变现净值 =160−8=152（万元）

因甲商品的可变现净值 152 万元高于甲商品的成本 140 万元，C 原材料按其本身的成本计量，不计提存货跌价准备。

例 29. 2019 年 12 月 31 日，D 原材料的账面成本为 100 万元，D 原材料的估计售价为 80 万元；D 原材料用于生产乙商品，假设用 D 原材料 100 万元生产成乙商品的成本为 140 万元（即至完工估计将要发生的成本为 40 万元），乙商品的估计售价仅为 135 万元，估计乙商品销售费用及相关税金为 7 万元。则年末计提存货跌价准备如下：

乙商品可变现净值 =135−7=128（万元）

因乙商品的可变现净值 128 万元低于乙商品的成本 140 万元，D 原材料应当按照原材料的可变现净值计量：

D 原材料可变现净值 =135−40−7=88（万元）

D 原材料的成本为 100 万元，可变现净值为 88 万元，计提跌价准备 12 万元：

借：资产减值损失　　12

　　贷：存货跌价准备　　12

（五）存货跌价准备的计提

资产负债表日，当存货成本低于可变现净值时，存货按成本计量，为此在编制会计报表时，不需要计提存货跌价准备。当存货成本高于可变现净值时，期末存货按可变现净值计量，编制会计报表前，需要对存货计提跌价准备。

企业通常应按照单个存货项目计提存货跌价准备；对于数量繁多、单价较低的存货，可以按照存货类别进行计提存货跌价准备；与在同一地区生产和销售的产品系列相关、具有相同或类似最终用途或目的，且难以与其他项目分开计量的存货，可以合并计提存货跌价准备。资产负债表日企业计提存货跌价准备时，按照实际提取额，

借：资产减值损失

　　贷：存货跌价准备

在以后会计期间，计提存货减值的因素消除后可变现净值有所回升时，应当转回前已计提的跌价准备，但转回额最高不得超过前已计提数。

转回时，按照实际转回额，

借：存货跌价准备

　　贷：资产减值损失

例 30. 某企业 2019 年 3 月 12 日取得 A 类存货，成本为 10 000 元，假定该企业按季度对外提供财务报表。2017 年 3 月 31 日确定的 A 类存货可变现净值为 9 500 元，2019 年 6 月 30 日，该存货的减值因素部分消除，其可变现净值为 9 700 元。2019 年 9 月 30 日，该存货的减值因素完全消除，其可变现净值为 11 000 元，则某企业编制的会计分录如下：

（1）2019 年 3 月末计提存货跌价准备时，因此存货的账面成本 10 000 元大于可变现净值为 9 500 元，所以应当计提 500 元的减值准备。

借：资产减值损失　　500

　　贷：存货跌价准备　　500

（2）2019 年 6 月末转回减值准备时，因为存货的账面成本 10 000 元大于可变现净值 9 700 元，所以应当计提 300 元的减值准备，又因为 2017 年 3 月末已计提 500 元的减值准备，所以本期应当转回 200 元的减值准备。

借：存货跌价准备　　200

　　贷：资产减值损失　　200

2019 年 9 月末转回减值准备时，因为存货的账面成本 10 000 元小于可变现净值 11 000 元，所以本期不应当减值准备，又因为 2017 年 3 月已计提 500 元的减值准备，2017 年 6 月末转回 200 元，所以本期应当再转回 300 元的减值准备。

借：存货跌价准备　　300

　　贷：资产减值损失　　300

需要注意的是，导致存货跌价准备转回的是以前会计期间减记存货价值影响因素的消失，而不是在当期造成存货可变现净值高于其成本的影响因素。如果本期导致存货可变现净值高于其成本的影响因素不是以前减记该存货价值的影响因素，则企业会计准则不允许将该存货跌价准备转回。

例 31. 某企业采用“成本与可变现净值孰低法”进行计价核算，2019 年年末某存货的账面成本为 200 000 元，预计可变现净值为 190 000 元，应计提的存货跌价准备为 10 000 元（200 000−190 000）。

借：资产减值损失　　10 000

　　贷：存货跌价准备　　10 000

假设 2020 年年末该存货的可变现净值为 186 000 元，则应计提的存货跌价准备为 4 000 元：（200 000−186 000）−10 000。

借：资产减值损失　　4 000

　　贷：存货跌价准备　　4 000

2021 年年末，该存货可变现净值有所恢复，可变现净值为 195 000 元，则应冲减跌价准备 9 000 元：（200 000−195 000）−14 000 。

借：存货跌价准备　　9 000

　　贷：资产减值损失　　9 000

2022 年年末该存货的可变现净值为 204 000 元，则应冲减计提的存货跌价准备 5 000 元，使存货跌价准备账户余额为零。

借：存货跌价准备　　5 000

　　贷：资产减值损失　　5 000

二、存货数量的清查

企业确定存货的实物数量盘存方法有两种方法：一种是实地盘存制；另一种是永续盘存制。

（一）实地盘存制

实地盘存制也称定期盘存制，指会计期末通过对全部存货进行实地盘点，以确定期末存货的结存数量，然后分别乘以各项存货的单价，计算出期末存货的总金额，计入各有关存货科目，再倒轧出本期已耗用或已销售存货的成本。

采用这种方法，平时对有关存货科目只记借方，不记贷方，每一期末，通过实地盘点确定存货数量，据以计算期末存货成本，然后计算出当期耗用或销货成本，计入有关存货科目的贷方。

期初存货 + 本期购货 = 本期耗用或销货 + 期末存货

用历史成本计价，则上述公式可以改写为：

本期耗用或销货成本 = 期初存货成本 + 本期购货成本 − 期末存货成本

（二）永续盘存制

永续盘存制又称账面盘存制，指对存货项目设置经常性的库存记录，即分别品名规格设置存货明细账，逐笔或逐日地记录存货收入、发出的数量、金额，并随时列结存数的一种盘存方法。

通过会计账簿资料，可以完整地反映存货的收、发、存的情况。在没有发生丢失和被盗的情况下，存货账户的余额应当与实际库存相符。

采用永续盘存制，并不排除对存货实物的盘点，为了核对存货账面记录，加强对存货的管理，每年至少应对存货进行一次全面的盘点，具体次数视企业内部控制要求而定。

（三）两种盘存制的比较

1. 实地盘存制

优点：简化日常核算。

缺点：不能随时反映存货收入、发出和结存的动态情况；容易掩盖存货管理中存在的自然和人为的损失；不能随时结转成本。

2. 永续盘存制

优点：有利于加强对存货的管理。能及时提供存货的收、发、存信息；及时发现余缺；及时采取购销行为，降低库存。

缺点：存货明细分类核算的工作量大。

（四）存货盘盈盘亏的处理

企业进行存货盘点，应编制“存货盘存报告单”，并将其作为存货清查的原始凭证。账面数小于实存数为盘盈，账面数大于实存数为盘亏。

对于盘盈、盘亏的存货要计入“待处理财产损溢”科目，查明原因进行处理。

1. 存货的盘盈

企业在财产清查中盘盈的存货，根据“存货盘存报告单”所列金额，编制会计分录如下：

借：原材料

　　包装物

　　低值易耗品

　　库存商品等

　　贷：待处理财产损溢——待处理流动资产损溢

盘盈的存货，通常是由企业日常收发计量或计算上的差错所造成的，其盘盈的存货，可冲减管理费用，编制会计分录如下：

借：待处理财产损溢——待处理流动资产损溢

　　贷：管理费用

2. 存货的盘亏

企业在财产清查中盘亏的存货，根据“存货盘存报告单”所列金额，编制会计分录如下：

借：待处理财产损溢——待处理流动资产损溢

　　贷：原材料

　　　　包装物

　　　　低值易耗品

　　　　库存商品等

对于购进的货物、在产品、产成品发生非正常损失引起盘亏存货应负担的增值税，应一并转入“待处理财产损溢”科目。

借：待处理财产损溢——待处理流动资产损溢

　　贷：应交税费——应交增值税

3. 针对不同的原因进行处理

（1）属于定额内耗损以及存货日常收发计量上的差错，经批准后转作管理费用。

借：管理费用

贷：待处理财产损溢——待处理流动资产损溢

（2）属于应由过失人赔偿的损失，编制会计分录如下：

借：其他应收款

贷：待处理财产损溢——待处理流动资产损溢

（3）属于自然灾害等不可抗拒的原因发生的损失，编制会计分录如下：

借：营业外支出——非常损失

贷：待处理财产损溢——待处理流动资产损溢

（4）属于无法收回的其他损失，经批准后转作管理费用：

借：管理费用

贷：待处理财产损溢——待处理流动资产损溢

企业存货的清查盘点，可分为定期盘点和不定期盘点，定期盘点一般在月末、季末、年终进行；不定期盘点是指临时性的盘点以及发生事故损失、会计交接、存货调价等而进行的盘点清查。企业应当做好存货的清查工作，加强管理，防止存货的呆滞积压或毁损。

第五章　金融资产

【目的要求】

通过本章的学习，学生能理解和掌握金融资产的概念和分类，并能够对金融资产根据不同情况进行初始计量和后续计量。

【重点与难点】

本章的重点是金融资产的分类，难点是不同类金融资产的会计处理，特别是后续计量的会计处理方法。

第一节　金融资产概述

一、金融资产定义

金融资产，指企业持有的现金、其他方的权益工具以及符合下列条件之一的资产：

（1）从其他方收取现金或其他金融资产的合同权利。如：银行存款、应收账款、应收票据和贷款等。

（2）在潜在有利条件下，与其他方交换金融资产或金融负债的合同权利。如：企业持有的看涨期权或看跌期权等。

（3）将来须用或可用企业自身权益工具进行结算的非衍生工具合同，且企业根据该合同将收到可变数量的自身权益工具。

（4）将来须用或可用企业自身权益工具进行结算的衍生工具合同，但以固定数量的自身权益工具交换固定金额的现金或其他金融资产的衍生工具合同除外。

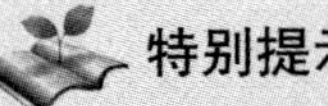

特别提示：

（1）预付账款不是金融资产，因其产生的未来经济利益是商品或服务，不是收取现金或其他金融资产的权利。

（2）在金融资产中，企业自身权益工具不包括应当按照《企业会计准则第 37 号——金融工具列报》分类为权益工具的可回售工具或发行方仅在清算时才有义务向另一方按比例交付其净资产的金融工具，也不包括本身就要求在未来收取或交付企业自身权益工具的合同。

（3）本章不涉及以下金融资产的会计处理：

1）长期股权投资（即企业对外能够形成控制、共同控制和重大影响的股权投资）；

2）货币资金（即现金、银行存款、其他货币资金）。

二、金融资产的分类

企业应当根据其管理金融资产的业务模式和金融资产的合同现金流量特征，对金融资产进行合理的分类。对金融资产分类一经确定，不得随意变更。金融资产一般划分为以下三类：

第一，以摊余成本计量的金融资产；

第二，以公允价值计量且其变动计入其他综合收益的金融资产；

第三，以公允价值计量且其变动计入当期损益的金融资产。

（一）以摊余成本计量的金融资产

（1）企业管理该金融资产的业务模式是以收取合同现金流量为目标的。

（2）该金融资产的合同条款规定，在特定日期产生的现金流量，仅为对本金和以未偿付本金金额为基础的利息的支付。如：银行向企业客户发放的固定利率的贷款。

（3）涉及的会计科目主要有：银行存款、贷款、应收账款、债权投资等。

（二）以公允价值计量且其变动计入其他综合收益的金融资产

（1）企业管理该金融资产的业务模式既以收取合同现金流量为目标又以出售该金融资产为目标。

（2）该金融资产的合同条款规定，在特定日期产生的现金流量，仅为对本金和以未偿付本金金额为基础的利息的支付。

（3）涉及的会计科目主要有：其他债权投资、其他权益工具投资等。

（三）以公允价值计量且其变动计入当期损益的金融资产，含直接指定的金融资产

（1）按照上述（一）和（二）分类之外的金融资产。主要包括：股票、基金、可转换债券。

（2）涉及的会计科目主要有：交易性金融资产。

（3）金融资产满足下列条件之一的，表明企业持有该金融资产的目的是交易性的：

1）取得相关金融资产的目的，主要是为了近期出售。

2）相关金融资产在初始确认时属于集中管理的可辨认金融工具组合的一部分，且有客观证据表明近期实际存在短期获利模式。

3）相关金融资产属于衍生工具。但符合财务担保合同定义的衍生工具以及被指定为有效套期工具的衍生工具除外 。

（4）直接指定为以公允价值计量且其变动计入当期损益的金融资产应当满足下列条件之一（该指定一经做出不得撤销）：

1）金融资产或金融负债能够消除或显著减少会计错配。

2）根据正式书面文件载明的企业风险管理或投资策略，以公允价值为基础对金融负债组合或金融资产和金融负债组合进行管理和业绩评价，并在企业内部以此为基础向关键管理人员报告。

第二节　以摊余成本计量的金融资产

一、初始计量原则

企业初始确认以摊余成本计量的金融资产应当按照公允价值计量。其相关交易费用应计入初始确认金额。

交易费用是指可直接归属于购买、发行或处置金融工具的增量费用。包括支付给代理机构、咨询公司、券商、证券交易所、政府有关部门等的手续费、佣金、相关税费以及其他必要支出。但不包括债券溢价、折价、融资费用、内部管理成本和持有成本等与交易不直接相关的费用。

企业取得金融资产所支付的价款中包含的已宣告但尚未发放的债券利息的，应单独确认为应收利息进行处理。

二、以摊余成本计量的金融资产初始计量

（一）会计科目的设置

企业一般应当设置“贷款”“应收账款”“债权投资”等科目核算分类为以摊余成本计量的金融资产，其中债权投资涉及三个明细科目，即：债权投资——成本（面值）；债权投资——利息调整（差额）；债权投资——应计利息（一次还本付息）。设置“应收利息”，核算分期付息，到期还本的利息计付情况。

（二）初始计量原则和会计处理

1. 初始计量原则

按照公允价值计量，交易费用计入初始入账金额（即计入利息调整明细科目），但初始入账金额不包括已到付息期，但尚未领取的债券利息，该利息应当单独确认为应收利息。

入账价值 = 实际支付价款（包含交易费用）– 到期未收到的利息

或者 = 购买价款 + 交易费用 – 到期未收到的利息

2. 取得时会计处理（以债权投资为例）

借：债权投资——成本（面值）

应收利息（支付的价款中包含的已到付息期但尚未领取的利息）

债权投资——利息调整（按其差额，或贷方）

贷：银行存款（实际支付的金额包含交易费用）

特别提示：

“债权投资——成本”科目只反映债券面值；支付的价款中包含的佣金、手续费等，应计入“债权投资——利息调整”科目。所以“债权投资——利息调整”科目不仅包括债券溢（折）价，还包括佣金、手续费等。

例 1. 2017 年 12 月 21 日，甲公司从二级市场购入乙公司分期付息、到期还本的债券 12 万张，以银行存款支付价款 1 110 万元，包含已宣告但尚未

支付的利息，另支付相关交易费用12万元。该债券系乙公司于2017年1月1日发行，每张债券面值为100元，期限为3年，票面年利率为5%，每年年末支付当年度利息。甲公司将该债券分类为以摊余成本计量的金融资产，不考虑其他因素，甲公司持有乙公司债券应进行的初始计量的会计分录为（万元为单位）：

借：债权投资——成本　　1 200

　　应付利息　　60

　　贷：银行存款　　1 122

　　　　债权投资——利息调整　　138

三、以摊余成本计量的金融资产后续计量

（一）摊余成本（以债权投资为例）

金融资产的摊余成本，应当以该金融资产的初始确认金额经下列调整后的结果确定：

（1）扣除已偿还的本金。

（2）加上或减去采用实际利率法将该初始确认金额与到期日金额之间的差额进行摊销形成的累计摊销额。

（3）扣除累计计提的损失准备（仅适用于金融资产）。

账面余额 = 初始入账金额 ± 利息调整累计摊销额

　　　　= 面值 ± 利息调整的摊余金额

摊余成本 =“债券投资”科目的账面余额 –“债券投资减值准备”科目的账面余额

特别提示：

本期期末摊余成本即下期期初的摊余成本。付息方式不同给计算结果带来不同影响。

（二）实际利率

（1）实际利率法，指计算金融资产的摊余成本以及将利息收入或利息费用分摊计入各会计期间的方法。

（2）实际利率，指将金融资产在预计存续期的估计未来现金流量，折现

为该金融资产账面余额或摊余成本所使用的利率。

在确定实际利率时，应当在考虑金融资产所有合同条款的基础上估计预期现金流量，但不应当考虑预期信用损失。

（三）利息收入

企业应当按照实际利率法确认利息收入。利息收入应根据金融资产账面余额乘以实际利率计算确定，但下列情况除外：

（1）对于购入或衍生的已发生信用减值的金融资产，企业应自初始确认起，按照该金融资产的摊余成本和经信用调整的实际利率计算确定其利息收入。

经信用调整的实际利率，指将购入或衍生的已发生信用减值的金融资产在预计存续期的估计未来现金流量，折现为该金融资产摊余成本的利率。

在确定经信用调整的实际利率时，应在考虑金融资产的所有合同条款以及初始预期信用损失的基础上估计预期现金流量。

（2）对于购入或衍生的未发生信用减值但在后续期间成为已发生信用减值的金融资产，企业应在后续期间，按照该金融资产的摊余成本和实际利率计算确定其利息收入。

若该金融工具在后续期间不再存在信用减值，应转按实际利率乘以该金融资产账面余额来计算确定利息收入。

（四）会计处理（以债权投资为例）

1. 资产负债表日

借：应收利息（分期付息）

　　债权投资——应计利息

　　　贷：投资收益（期初账面余额或期初摊余成本乘以实际利率或经信用调整的实际利率计算）

　　　　　债权投资——利息调整（差额，可能在借方）

特别提示：

（1）分期付息情况下，计提的利息计入“应收利息”科目，到期一次还本付息情况下，计提的利息计入“债权投资——应计利息”科目。

（2）做这笔分录时，一般是先确定应收利息或债权投资——应计利息，然后，确定根据期初摊余成本与实际利率的乘积确定投资收益。利息调整可以根据借贷平衡原理来做（最后一年除外）。

如果不存在减值时，其摊余成本就是债权投资一级科目的账面余额数，即“债权投资——成本”“债权投资——应计利息”和“债权投资——利息调整”的合计数。如果存在减值的话，其摊余成本就是其一级科目的账面余额减去计提的累计计提的债权投资损失准备。

2. 以摊余成本计量的金融资产到期或提前处置的会计处理

处置净损益 = 处置收入净额 – 处置时（债权投资）账面价值 – 应收利息（已到期未收到）

其中：债权投资账面价值 = 债权投资账面余额 – 债权投资损失准备余额。

会计分录：

借：银行存款等

　　债权投资损失准备

　　贷：债权投资——成本

　　　　　　　　——利息调整（或借方）

　　　　　　　　——应计利息（到期一次还本付息）

　　　　应收利息（分期付息）

　　　　投资收益（差额，也可能在借方）

例 2. 2×19 年 1 月 1 日，甲公司支付价款 1 000 万元（含交易费用）从上海证券交易所购入 A 公司同日发行的 5 年期公司债券 12 500 份，债券票面价值总额为 1 250 万元，票面年利率为 4.72%，实际利率为 10%，于年末支付本年度债券利息（即每年利息为 59 万元），本金在债券到期时一次性偿还。

合同约定：A 公司在遇到特定情况时可以将债券赎回，且不需要为提前赎回支付额外款项。甲公司在购买该债券时，预计 A 公司不会提前赎回。甲公司根据其管理该债券的业务模式和该债券的合同现金流量特征，将该债券分类为以摊余成本计量的金融资产。假定不考虑所得税、减值损失等因素。

表 5-1　　单位：万元

年份	期初摊余成本（a）	实际利息（b）（按 10% 计算）	现金流入（c）	摊余成本（d）d=a+b−c
2×19 年	1 000	100	59	1 041
2×20 年	1 041	104	59	1 086
2×21 年	1 086	109	59	1 136
2×22 年	1 136	114	59	1 191
2×23 年	1 191	118*	1 309	0

甲公司的账务处理如下（单位：万元）

2×19 年 1 月 1 日，购入 A 公司债券：

借：债权投资——成本　　1 250

　　贷：银行存款　　1 000

　　　　债权投资——利息调整　　250

2×19 年 12 月 31 日，确认 A 公司债券实际利息收入、收到债券利息：

借：应收利息　　59

　　债权投资——利息调整　　41

　　贷：投资收益　　100

借：银行存款　　59

　　贷：应收利息　　59

2×20 年 12 月 31 日，确认 A 公司债券实际利息收入、收到债券利息：

借：应收利息　　59

　　债权投资——利息调整　　45

　　贷：投资收益　　104

借：银行存款　　59

　　贷：应收利息　　59

2×21 年 12 月 31 日，确认 A 公司债券实际利息收入、收到债券利息：

借：应收利息　　59

　　债权投资——利息调整　　50

　　贷：投资收益　　109

借：银行存款　　59

　　贷：应收利息　　59

2×22 年 12 月 31 日，确认 A 公司债券实际利息收入、收到债券利息：

借：应收利息　　59

　　债权投资——利息调整　　55

　　贷：投资收益　　114

借：银行存款　　59

　　贷：应收利息　　59

2×23 年 12 月 31 日，确认 A 公司债券实际利息收入、收到债券利息和本金：

"债权投资——利息调整"=250−41−45−50−55=59（万元）

借：应收利息　　59

　　债权投资——利息调整　　59

　　贷：投资收益　　118*

借：银行存款　　59

　　贷：应收利息　　59

借：银行存款　　1 250

　　贷：债权投资——成本　　1 250

【扩展】承上例，如果购买的债券不是分次付息，而是到期一次还本付息，且利息不是以复利计算：

（1）假设重新计算实际利率为 9.05%。

（2）期末摊余成本 = 期初摊余成本 + 本期利息收入 −0（最后一期除外）。

（3）每期应计利息通过"债权投资——应计利息"科目核算，不再计入"应收利息"科目。

借：债权投资——应计利息

　　　　　　——利息调整

　　贷：投资收益

据此，调整相关数据后如表 5−2 所示。

表 5-2 单位：万元

年份	期初摊余成本（a）	实际利息（b）（按 9.05% 计算）	现金流入（c）	摊余成本（d）d=a+b−c
2×19 年	1 000	90.5	0	1 090.5
2×20 年	1 090.5	98.69	0	1 189.19
2×21 年	1 189.19	107.62	0	1 296.81
2×22 年	1 296.81	117.36	0	1 414.17
2×23 年	1 414.17	130.83*	59×5+1 250	0

甲公司的相关账务处理如下（单位：万元）

2×19 年 1 月 1 日，购入 A 公司债券：

借：债权投资——成本　　1 250

　　贷：银行存款　　1 000

　　　　债权投资——利息调整　　250

2×19 年 12 月 31 日，确认 A 公司债券实际利息收入：

借：债权投资——应计利息　　59

　　　　　　——利息调整　　31.5

　　贷：投资收益　　90.5

2×20 年 12 月 31 日，确认 A 公司债券实际利息收入：

借：债权投资——应计利息　　59

　　　　　　——利息调整　　36.69

　　贷：投资收益　　98.69

2×21 年 12 月 31 日，确认 A 公司债券实际利息收入：

借：债权投资——应计利息　　59

　　　　　　——利息调整　　48.62

　　贷：投资收益　　107.62

2×22 年 12 月 31 日，确认 A 公司债券实际利息收入：

借：债权投资——应计利息　　59

　　　　　　——利息调整　　58.36

　　贷：投资收益　　117.36

2×23 年 12 月 31 日，确认 A 公司实际利息、收到债券本息：

“债权投资——利息调整” =250−31.5−39.69−48.62−58.36=71.83（万元）

借：债权投资——应收利息　　59
　　　　　　——利息调整　　71.83
　　贷：投资收益　　130.83*

借：银行存款　　1 545
　　贷：债权投资——成本　　1 250
　　　　　　　　——应计利息　　295

第三节　以公允价值计量且其变动计入其他综合收益的金融资产

一、其他债权投资的初始计量

（一）会计科目设置

企业一般应设置“其他债权投资”科目核算分类为以公允价值计量且其变动计入其他综合收益的金融资产，其他债权投资有四个明细科目，分别是其他债权投资——成本（面值）；其他债权投资——利息调整（差额）；其他债权投资——应计利息（一次还本付息）；其他债权投资——公允价值变动。设置“应收利息”，核算分期付息，到期还本的利息计付情况；设置“其他综合收益”核算公允价值变动情况。

（二）初始计量原则和会计处理

1. 初始计量原则

分类为以公允价值计量且其变动计入其他综合收益的金融资产按公允价值进行初始计量，交易费用计入初始确认金额。企业取得该金融资产所支付的价款中包含已到付息期但尚未领取的债券利息应单独确认为应收项目（应收利息）。

2. 取得时会计处理

借：其他债权投资——成本（债券面值）
　　应收利息（支付价款中包含的已到付息期但尚未领取的利息）
　　其他债权投资——利息调整（按差额，可能在贷方）
　　贷：银行存款（按实际支付的金额）

**特别提示：**

购买的债券投资或股票投资分类为以公允价值计量且其变动计入其他综合收益的金融资产，会计处理类似以摊余成本计量的金融资产处理。若购买的债券为到期一次还本付息债券，则购买价款中包含的利息，计入“其他债权投资——应计利息”科目。

例 3. 20×8 年 12 月 15 日甲公司支付价款 1 068 万元（包含已到付息期但尚未领取的利息 36 万），购入某企业持有的 20×8 年 1 月 1 日发行的 3 年期公司债券，该公司债券的票面总金额为 900 万元，票面年利率为 4%，实际年利率为 3%，利息的付息方式为每年年末支付，本金到期支付。甲公司将该公司债券分类为以公允价值计量且其变动计入其他综合收益的金融资产。其初始计量的会计分录为（单位：万元）：

借：其他债权投资——成本　　900
　　　　　　　　——利息调整　　132
　　应收利息　　36
　　贷：银行存款　　1 068

二、其他债权投资的后续计量

（一）持有期间确认利息收入

采用实际利率法计算的该金融资产的利息应当计入当期损益。该金融资产计入各期损益的金额应当与视同其一直按摊余成本计量而计入各期损益的金额相等。

本期应计利息 = 面值 × 票面利率

本期利息收入 = 期初账面余额或摊余成本 × 实际利率计算确定的利息收入

会计分录：

借：应收利息（分期付息）
　　其他债权投资——应计利息（到期时一次还本付息）
　　贷：投资收益
　　　　其他债权投资——利息调整（差额，可能在借方）

（二）期末公允价值变动

分类为以公允价值计量且其变动计入其他综合收益的金融资产所产生的所有利得或损失，除减值损失或利得和汇兑损益之外，均应计入其他综合收益，直至该金融资产终止确认或被重分类。

1. 公允价值上升

借：其他债权投资——公允价值变动

　　贷：其他综合收益

2. 公允价值下降

借：其他综合收益

　　贷：其他债权投资——公允价值变动

（三）处置的处理

1. 取得处置收入

借：银行存款

　　贷：其他债权投资——成本

　　　　　　　　　　——利息调整（或借记）

　　　　　　　　　　——应计利息

　　　　　　　　　　——公允价值变动（或借记）

　　　　应收利息

　　　　投资收益（差额，或借记）

2. 结转其他综合收益

该金融资产终止确认时，之前计入其他综合收益的累计利得或损失应从其他综合收益中转出，计入当期损益。

借：其他综合收益

　　贷：投资收益

或作相反会计分录。

合并作会计分录：

借：银行存款

　　其他综合收益（或贷记）

　　贷：其他债权投资——成本

　　　　　　　　　　——利息调整（或借记）

　　　　　　　　　　——应计利息

——公允价值变动（或借记）

应收利息

投资收益（差额，或借记）

例 4. 20×7 年 1 月 1 日甲保险公司支付价款 1 028.24 万元购入某公司发行的 3 年期公司债券，该公司债券的票面总金额为 1 000 万元，票面年利率为 4%，实际年利率为 3%，利息每年年末支付，本金到期支付。甲保险公司将该公司债券分类为以公允价值计量且其变动计入其他综合收益的金融资产。20×7 年 12 月 31 日，该债券的市场价格为 1 000.09 万元。假定无交易费用和其他因素的影响。

甲保险公司的账务处理如下：

（1）20×7 年 1 月 1 日，购入债券：

借：其他债权投资——成本　　1 000

——利息调整　　28.24（差额）

贷：银行存款　　1 028.24

（2）20×7 年 12 月 31 日：

应计利息 =1 000×4%=40（万元）

利息收入 =1 028.24×3%=30.85（万元）

利息调整摊销 =40−30.85=9.15（万元）

年末摊余成本 =1 028.24+30.85−40=1 019.09（万元）

借：应收利息　　40

贷：投资收益　　30.85

其他债权投资——利息调整　　9.15

借：银行存款　　40

贷：应收利息　　40

公允价值变动 =1 000.09−1 019.09=−19（万元）

借：其他综合收益　　19

贷：其他债权投资——公允价值变动　　19

年末账面价值 =1 019.09−19=1 000.09（万元）

（3）20×8 年 12 月 31 日：

应计利息 =1 000×4%=40（元）

利息收入 =1 019.094×3%=30.57（元）

利息调整摊销 =40−30.57=9.43（元）

年末摊余成本 =1 019.09+30.57−40=1 009.66（万元）

借：应收利息　40

　贷：投资收益　30.57

　　其他债权投资——利息调整　9.43

借：银行存款　40

　贷：应收利息　40

20×8 年 12 月 31 日，该债券市场价格为 995.66 万元。

公允价值变动 =（995.66−1 009.66）−（−19）=5（万元）

借：其他债权投资——公允价值变动　5

　贷：其他综合收益　5

年末账面价值 =1 009.66−14=995.66（万元）。

（4）20×9 年 1 月 6 日，甲公司将该债券以 999.66 万元出售。

借：银行存款　999.66

　其他债权投资——公允价值变动　14

　贷：其他债权投资——成本　1 000

　　　——利息调整　9.66

　　投资收益　4

注：利息调整 =28.24−9.15−9.43=9.66（万元）

借：投资收益　14

　贷：其他综合收益　14

三、其他权益工具投资的初始计量

（一）会计科目设置

企业一般应设置“其他权益工具投资”科目核算指定为以公允价值计量且其变动计入其他综合收益的金融资产，其他权益工具投资有两个明细科目，分别是其他权益工具投资——成本；其他权益工具投资——公允价值变动。设置“其他综合收益”核算公允价值变动情况。

（二）初始计量的原则和会计处理

1. 初始计量原则

指定为以公允价值计量且其变动计入其他综合收益的金融资产按公允价

值进行初始计量，交易费用计入初始确认金额。企业取得该金融资产所支付的价款中包含已宣告但尚未发放的现金股利，应单独确认为应收项目（应收股利）。

2. 取得时会计处理

借：其他权益工具投资——成本（公允价值＋交易费用）

　　应收股利（包含的已宣告但尚未发放的现金股利）

　　贷：银行存款（按实际支付的金额）

例 5. 甲公司 2018 年 3 月 25 日支付价款 2 230 万元（含已宣告但尚未发放的现金股利 60 万元）取得一项股权投资，另支付交易费用 10 万元，甲公司将其指定为以公允价值计量且其变动计入其他综合收益的金融资产核算。甲公司购入该项金融资产初始计量的会计分录为（万元为单位）：

借：其他权益工具投资——成本　　2 180

　　应收股利　　60

　　贷：银行存款　　2 240

特别提示：

（1）对于该类投资的利息收入、汇兑利得和损失以及减值利得和损失应当计入损益，而所有其他利得或损失（即公允价值变动）均应计入其他综合收益。计入其他综合收益的全部累计利得或损失将在终止确认时（或者重分类）至损益。

（2）该类别金融工具的利息收入及减值利得和损失的确认和计量方式与以摊余成本计量的金融资产相同，从而计入其他综合收益的金额代表摊余成本价值与公允价值之间的差额。因此，该类资产在损益中反映的信息与金融资产按摊余成本计量时一样，但资产负债表将反映债务工具的公允价值。

四、其他权益工具投资的后续计量

（一）持有期间取得的现金股利

企业只有在同时符合下列条件时，才能确认股利收入并计入当期损益：

（1）企业收取股利的权利已经确立；

（2）与股利相关的经济利益很可能流入企业；

（3）股利的金额能够可靠计量。

会计分录：

借：应收股利

　　贷：投资收益

（二）期末公允价值变动

期末该金融资产公允价值有变动，所形成的利得或损失，应当直接计入“其他综合收益”科目；且后续不得转入当期损益。当其终止确认时，之前计入其他综合收益的累计利得或损失应当从其他综合收益中转出，计入留存收益。

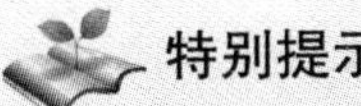

特别提示：

该类金融资产公允价值变动不影响损益，也不需要计提减值准备，除了股利以外，其余利得或损失不再计入损益。

1. 公允价值上升

借：其他权益工具投资——公允价值变动

　　贷：其他综合收益

2. 公允价值下降

借：其他综合收益

　　贷：其他权益工具投资——公允价值变动

（三）处置的会计处理

借：银行存款等

　　贷：其他权益工具投资——成本

　　　　　　　　　　　——公允价值变动（或借方）

　　　盈余公积（或借方）

　　　利润分配——未分配利润（或借方）

同时：

借：其他综合收益

　　贷：盈余公积

　　　利润分配——未分配利润

或相反分录。

合并会计分录：

借：银行存款等

　　其他综合收益（或贷方）

　　贷：其他权益工具投资——成本

　　　　　　　　　　　　——公允价值变动（或借方）

　　　　盈余公积（或借方）

　　　　利润分配——未分配利润（或借方）

特别提示：

与以公允价值计量且其变动计入其他综合收益的金融资产（债务工具）比较，均存在持有期间累计公允价值变动转出的问题，所不同的是，前者是将累计公允价值变动计入的其他综合收益转入投资收益，后者是将累计公允价值变动计入的其他综合收益转入留存收益。

例6. 2×16年5月6日，甲公司支付价款1 016万元（含交易费用1万元和已宣告发放现金股利15万元），购入乙公司发行的股票200万股，占乙公司有表决权股份的0.5%。甲公司将其指定为以公允价值计量且其变动计入其他综合收益的非交易性权益工具投资。

2×16年5月10日，甲公司收到乙公司发放的现金股利15万元。

2×16年6月30日，该股票市价为每股5.2元。

2×16年12月31日，甲公司仍持有该股票；当日，该股票市价为每股5元。

2×17年5月9日，乙公司宣告发放股利4 000万元。

2×17年5月13日，甲公司收到乙公司发放的现金股利。

2×17年5月20日，甲公司由于某特殊原因，以每股4.9元的价格将股票全部转让。

假定不考虑其他因素，甲公司的账务处理如下（金额单位：万元）：

（1）2×16年5月6日，购入股票：

借：其他权益工具投资——成本　　　　1 001

　　应收股利　　　　15

　　贷：银行存款　　1 016

（2）2×16 年 5 月 10 日，收到现金股利：

借：银行存款　　15

　　贷：应收股利　　15

（3）2×16 年 6 月 30 日，确认股票价格变动：

借：其他权益工具投资——公允价值变动　　39（200×5.2−1 001）

　　贷：其他综合收益——其他权益工具投资公允价值变动　　39

（4）2×16 年 12 月 31 日，确认股票价格变动：

借：其他综合收益——其他权益工具投资公允价值变动　　40

　　贷：其他权益工具投资——公允价值变动　　40

（5）2×17 年 5 月 9 日，确认应收现金股利：

借：应收股利　　20（4 000×0.5%）

　　贷：投资收益　　20

（6）2×17 年 5 月 13 日，收到现金股利：

借：银行存款　　20

　　贷：应收股利　　20

（7）2×17 年 5 月 20 日，出售股票：

借：银行存款　　980

　　其他权益工具投资——公允价值变动　　1

　　盈余公积——法定盈余公积　　2.1

　　利润分配——未分配利润　　18.9

　　贷：其他权益工具投资——成本　　1 001

　　　　其他综合收益——其他权益工具投资公允价值变动　　1

第四节　以公允价值计量且其变动计入当期损益的金融资产

一、以公允价值计量且其变动计入当期损益的金融资产初始计量

（一）会计科目的设置

企业一般应设置“交易性金融资产”科目核算以公允价值计量且其变动计

入当期损益的金融资产，交易性金融资产有两个明细科目，分别是交易性金融资产——成本；交易性金融资产——公允价值变动。设置“公允价值变动损益”核算公允价值变动情况。

（二）初始计量的原则和会计处理

1. 初始计量的原则

该金融资产按公允价值进行初始计量，交易费用计入当期损益（投资收益）。企业取得以公允价值计量且其变动计入当期损益的金融资产所支付的价款中包含已宣告但尚未发放的现金股利或已到付息期但尚未领取的债券利息，应当单独确认为应收项目（应收股利或应收利息）。

特别提示：

其他两类金融资产对于已宣告但尚未发放的现金股利或已到付息期但尚未领取的债券利息的处理和此处一致。

入账价值 = 实际支付价款 – 交易费用 – 已经宣告未发放的股利（或 – 已经到期未收到的利息）

2. 取得时会计处理

借：交易性金融资产——成本（公允价值）
　　投资收益（交易费用）
　　应收利息（已到付息期但尚未领取的利息）
　　应收股利（已宣告但尚未发放的现金股利）
　　贷：银行存款（实际支付的金额）

例 7. 甲公司 2017 年 10 月 10 日自证券市场购入乙公司发行的股票 100 万股，共支付价款 860 万元，其中包括交易费用 4 万元。购入时，乙公司已宣告但尚未发放的现金股利为每股 0.16 元。甲公司将购入的乙公司股票作为以公允价值计量且其变动计入当期损益的金融资产核算。

借：交易性金融资产——成本	8 400 000	
应收股利	160 000	
投资收益	40 000	
贷：银行存款		8 600 000

二、以公允价值计量且其变动计入当期损益的金融资产后续计量

（一）持有期间取得的现金股利

企业只有在同时符合下列条件时，才能确认股利收入并计入当期损益：

（1）企业收取股利的权利已经确立；

（2）与股利相关的经济利益很可能流入企业；

（3）股利的金额能够可靠计量。

会计分录：

借：应收股利

　　贷：投资收益

特别提示：

关于该类金融资产中的债券投资计息问题：

（1）合同现金流量仅为对本金和以未偿付本金金额为基础的利息的支付：

借：应收利息

　　贷：投资收益

（2）合同现金流量不是仅为对本金和以未偿付本金金额为基础的利息的支付：

借：银行存款

　　贷：投资收益

（二）以公允价值进行后续计量

资产负债表日其公允价值变动计入当期损益，计入“公允价值变动损益”科目，不考虑减值问题。

借：交易性金融资产——公允价值变动

　　贷：公允价值变动损益

或作相反会计分录。

（三）处置的会计处理

将收入与账面价值的差额，确认为投资收益，同时将公允价值变动损益科目余额转至投资收益（反方向结转）。

借：银行存款（处置收入净额）

贷：交易性金融资产——成本

——公允价值变动（或借方）

投资收益

例 8. 2017 年 5 月 13 日，甲公司支付价款 1 060 000 元从二级市场购入乙公司发行的股票 100 000 股，每股价格 10.60 元（含已宣告但尚未发放的现金股利 0.60 元），另支付交易费用 1 000 元。甲公司将持有的乙公司股票划分为以公允价值计量且其变动计入当期损益的金融资产，且持有乙公司股权后对其无重大影响。甲公司其他相关资料如下：

（1）5 月 23 日，收到乙公司发放的现金股利；

（2）6 月 30 日，乙公司股票价格涨到每股 13 元；

（3）8 月 15 日，将持有的乙公司股票全部售出，每股售价 15 元。假定不考虑其他因素。

甲公司的账务处理如下（单位：万元）：

5 月 13 日，购入乙公司股票：

借：交易性金融资产——成本　　100

应收股利　　6

投资收益　　0.1

贷：银行存款　　106.1

5 月 23 日，收到乙公司发放的现金股利：

借：银行存款　　6

贷：应收股利　　6

6 月 30 日，确认股票价格变动：

借：交易性金融资产——公允价值变动　　30

贷：公允价值变动损益　　30

8 月 15 日，乙公司股票全部售出：

借：银行存款　　150

公允价值变动损益　　30

贷：交易性金融资产——成本　　100

——公允价值变动　　30

投资收益　　50

第六章 长期股权投资

【目的要求】

通过本章的学习，学生能理解和掌握长期股权投资初始计量的原则，企业合并形成的长期股权投资，长期股权投资核算方法，长期股权投资减值的会计处理。

【重点与难点】

本章的重点是同一控制下和非同一控制下形成的长期股权投资的核算要求，难点是长期股权投资核算的成本法和权益法。

第一节 长期股权投资的初始计量

一、长期股权投资初始计量原则

按新准则规定，长期股权投资核算的范围包括：①企业持有的能够对被投资单位实施控制的权益性投资，即对子公司投资；②企业持有的能够与其他合营方一同对被投资单位实施共同控制的权益性投资，即对合营企业投资；③企业持有的能够对被投资单位施加重大影响的权益性投资，即对联营企业投资。

应说明的是，企业对被投资单位不具有控制、共同控制或重大影响、在活跃市场上有报价、公允价值能够可靠计量的权益性投资，应按《企业会计准则 22 号：金融工具确认和计量》相关规定进行会计核算（作为交易性金融资产或其他权益工具投资核算）。

特别提示：

（1）长期股权投资也属于金融资产。

（2）要考虑持有的目的和意图，只要持有的目的是控制、共同控制或重大影响，不管有没有报价，就要作为长期股权投资来计量，而不是作为金融工具。

（3）长期股权投资应按初始投资成本入账。

二、企业合并形成的长期股权投资

企业合并的三种形式：吸收合并、控股合并、新设合并。本章所涉及的是控股合并。

（一）同一控制下的企业合并形成的长期股权投资

同一控制下的企业合并，合并方以支付现金、转让非现金资产或承担债务方式作为合并对价的，应在合并日按照取得被合并方所有者权益账面价值的份额作为长期股权投资的初始投资成本。长期股权投资初始投资成本与支付的现金、转让的非现金资产以及所承担债务账面价值之间的差额，应调整资本公积；资本公积（资本溢价或股本溢价）不足冲减的，调整留存收益。

合并方以发行权益性证券作为合并对价的，应在合并日按照取得被合并方所有者权益账面价值的份额作为长期股权投资的初始投资成本。按照发行股份的面值总额作为股本，长期股权投资初始投资成本与所发行股份面值总额之间的差额，应当调整资本公积；资本公积（资本溢价或股本溢价）不足冲减的，调整留存收益。

特别提示：

（1）同一控制下控股合并形成的长期股权投资遵循非市场交易理念，不以公允价值计量，不确认损益。

（2）无论同一控制或非同一控制，审计、法律服务、评估、咨询等中介费用以及其他相关管理费用均不计入初始投资成本，应于发生时计入当期损益（管理费用）。

例 1. 甲公司和乙公司同为 A 集团的子公司，2017 年 6 月 1 日，甲公司以银行存款取得乙公司所有者权益的 80%，同日乙公司所有者权益的账面价值为 1 000 万元。

（1）若甲公司支付银行存款 720 万元：

借：长期股权投资 800

贷：银行存款 720

资本公积——资本溢价 80

（2）若甲公司支付银行存款 900 万元：

借：长期股权投资 800

资本公积——资本溢价 100

贷：银行存款 900

如资本公积不足冲减，冲减留存收益。

例 2. A 企业集团内部甲公司于 2017 年 8 月 1 日以一项专利权作为合并对价，取得同一集团内部另外一家企业 60% 的股权。该专利权入账价值为 1 300 万元，累计摊销 300 万元，公允价值为 1 600 万元。合并日，被合并企业的账面所有者权益总额为 1 500 万元。A 企业账面上确认的股本溢价为 80 万元，盈余公积为 10 万元，期末未分配利润为 600 万元。

借：长期股权投资 9 000 000

累计摊销 3 000 000

资本公积——股本溢价 800 000

盈余公积 100 000

利润分配——未分配利润 100 000

贷：无形资产——专利权 13 000 000

如果合并日，被合并企业账面所有者权益总额为 1 800 万元。则会计分录为：

借：长期股权投资 10 800 000

累计摊销 3 000 000

贷：无形资产 13 000 000

资本公积——股本溢价 800 000

例 3. 甲公司和乙公司同为 A 集团的子公司，2017 年 8 月 1 日甲公司发行 600 万股普通股（每股面值 1 元）作为对价取得乙公司 60% 的股权，同日乙企业账面净资产总额为 1 300 万元。

借：长期股权投资　　780（1 300×60%）

　贷：股本　　600

　　资本公积——股本溢价　　180

例 4. 2017 年 6 月 30 日，P 公司向同一集团内 S 公司的原股东定向增发 1 500 万股普通股（每股面值为 1 元，市价为 13.02 元），取得 S 公司 100% 的股权，并于当日起能够对 S 公司实施控制。合并后 S 公司仍维持其独立法人资格继续经营。两公司在企业合并前采用的会计政策相同。合并日，S 公司的账面所有者权益的总额为 6 606 万元。

S 公司在合并后维持其法人资格继续经营，合并日 P 公司在其账簿及个别财务报表中应确认对 S 公司的长期股权投资，账务处理为：

借：长期股权投资　　66 060 000

　贷：股本　　15 000 000

　　资本公积——股本溢价　　51 060 000

（二）非同一控制下的企业合并

购买方在购买日应区别下列情况确定合并成本，并将其作为长期股权投资的初始投资成本。

合并成本为购买方在购买日为取得对被购买方的控制权而付出的资产、发生或承担的负债以及发行的权益性证券的公允价值。

非同一控制下企业合并形成的长期股权投资，应在购买日按企业合并成本，借记“长期股权投资”科目，按支付合并对价的账面价值，贷记或借记有关资产、负债科目，按发生的直接相关费用，贷记“银行存款”等科目，投出资产公允价值与其账面价值的差额应分别对不同资产进行会计处理。

（1）投出资产为固定资产、无形资产的，公允价值与账面价值的差额，计入资产处置损益。

（2）投出资产为长期股权投资或金融资产的，公允价值与其账面价值的差额，计入投资收益。指定以公允价值计量且其变动计入其综合收益的金融资产（权益工具）除外。

（3）投出资产为存货的，应当作为销售处理，按其公允价值确认主营业务收入或其他业务收入，按其成本结转主营业务成本或其他业务成本。

（4）投出资产为投资性房地产的，以其公允价值确认其他业务收入，同时结转其他业务成本。

特别提示：

（1）换出资产为长期股权投资还应将计入“其他综合收益”（可以转损益部分）、“资本公积——其他资本公积”科目金额对应部分转入“投资收益”科目。

（2）换出资产为以公允价值计量且其变动计入其综合收益的金融资产（债务工具）的，还应将原计入“其他综合收益”科目金额对应部分转入“投资收益”科目。

（3）投出资产与出售资产的会计处理相同，即将资产公允价值与其账面价值的差额计入当期损益。

例 5. 2017 年 1 月 1 日，甲公司以一台固定资产和银行存款 200 万元向乙公司投资（甲公司和乙公司不属于同一控制的两个公司），占乙公司注册资本的 60%，该固定资产的账面原价为 8 000 万元，已计提累计折旧 500 万元，已计提固定资产减值准备 200 万元，公允价值为 7 600 万元。不考虑其他相关税费。甲公司的会计处理如下：

借：固定资产清理　7 300
　　累计折旧　500
　　固定资产减值准备　200
　　贷：固定资产　8 000
借：长期股权投资　7 800（200+7 600）
　　贷：固定资产清理　7 300
　　　　银行存款　200
　　　　资产处置损益　300

例 6. 2017 年 5 月 1 日，甲公司以一项专利权和银行存款 200 万元向丙公司投资（甲公司和丙公司不属于同一控制的两个公司），占乙公司注册资本的 70%，该专利权的账面原价为 5 000 万元，已计提累计摊销 600 万元，已计提无形资产减值准备 200 万元，公允价值为 4 000 万元。不考虑其他相关税费。甲公司的会计处理如下：

借：长期股权投资　4 200（200+4 000）

累计摊销　　600

无形资产减值准备　　200

资产处置损益　　200

贷：无形资产　　5 000

银行存款　　200

例 7. 甲公司 2017 年 4 月 1 日与乙公司原投资者 A 公司签订协议，甲公司和乙公司不属于同一控制下的公司。甲公司以存货和承担 A 公司的短期还贷款义务换取 A 持有的乙公司股权，2017 年 7 月 1 日合并日乙公司可辨认净资产公允价值为 1 000 万元，甲公司取得 70% 的份额。甲公司投出存货的公允价值为 500 万元，增值税 65 万元，账面成本 400 万元，承担归还贷款义务 200 万元。会计处理如下：

借：长期股权投资　　765

贷：短期借款　　200

主营业务收入　　500

应交税费——应交增值税（销项税额）　　65

借：主营业务成本　　400

贷：库存商品　　400

注：合并成本 =500+65+200=765（万元）

例 8. A 公司于 2017 年 3 月 31 日取得 B 公司 70% 的股权。为核实 B 公司的资产价值，A 公司聘请专业资产评估机构对 B 公司的资产进行评估，支付评估费用 300 万元。合并中，A 公司支付的有关资产在购买日的账面价值与公允价值如表 6-1 所示。

表 6-1　2017 年 3 月 31 日　　单位：万元

项　目	账面价值	公允价值
土地使用权（自用）	6 000	9 600
专利技术	2 400	3 000
银行存款	2 400	2 400
合　计	10 800	15 000

假定合并前 A 公司与 B 公司不存在任何关联方关系，A 公司用作合并对价的土地使用权和专利技术原价为 9 600 万元，至企业合并发生时已累计摊销

1 200 万元。

分析：

本例中，因 A 公司与 B 公司在合并前不存在任何关联方关系，应作为非同一控制下的企业合并处理。

A 公司对于合并形成的对 B 公司的长期股权投资，应按确定的企业合并成本作为其初始投资成本。A 公司应进行如下账务处理：

借：长期股权投资　　150 000 000
　　管理费用　　3 000 000
　　累计摊销　　12 000 000
　　贷：无形资产　　96 000 000
　　　　银行存款　　27 000 000
　　　　资产处置损益　　42 000 000

例 9. 2017 年 5 月 1 日，甲公司以一项分类以公允价值计量且其变动计入其综合收益的金融资产向丙公司投资（甲公司和丙公司不属于同一控制的两个公司），占丙公司注册资本的 70%，该金融资产的账面价值为 3 000 万元（其中成本为 2 500 万元，公允价值变动为 500 万元），公允价值为 3 200 万元。不考虑其他相关税费。要求：编制甲公司相关会计分录。

甲公司的会计处理如下：

借：长期股权投资　　3 200
　　贷：其他债权投资——成本　　2 500
　　　　　　　　　　——公允价值变动　　500
　　　　投资收益　　200
借：其他综合收益　　500
　　贷：投资收益　　500

三、以企业合并以外的方式取得的长期股权投资

除企业合并形成的长期股权投资以外，其他方式取得的长期股权投资，应按照下列规定确定其初始投资成本。

（一）以支付现金取得的长期股权投资

应当按照实际支付的购买价款作为初始投资成本。初始投资成本包括与取得长期股权投资直接相关的费用（审计、评估咨询费用等）、税金及其他必

要支出。企业取得长期股权投资，实际支付的价款或对价中包含的已宣告但尚未发放的现金股利或利润，应作为应收项目处理。

例10. 2017年4月1日，甲公司从证券市场上购入丁公司发行在外1 000万股股票作为长期股权投资，每股8元（含已宣告但尚未发放的现金股利0.5元），实际支付价款8 000万元，另支付相关税费40万元。

甲公司的会计处理如下：

借：长期股权投资　　7 540

　　应收股利　　500

　　贷：银行存款　　8 040

（二）以发行权益性证券取得的长期股权投资

应按照发行权益性证券的公允价值作为初始投资成本。为发行权益性证券支付的手续费、佣金等应自权益性证券的溢价发行收入中扣除，溢价收入不足的，应冲减盈余公积和未分配利润。

例11. 2017年3月，A公司通过增发9 000万股本公司普通股（每股面值1元）取得B公司20%的股权，按照增发前后的平均股价计算，该9 000万股股份的公允价值为15 600万元。为增发该部分股份，A公司向证券承销机构等支付了600万元的佣金和手续费。假定A公司取得该部分股权后，能够对B公司的生产经营决策施加重大的影响。

A公司应以所发行股份的公允价值作为取得长期股权投资的成本，账务处理为：

借：长期股权投资　　156 000 000

　　贷：股本　　90 000 000

　　　　资本公积——股本溢价　　66 000 000

发行权益性证券过程中支付的佣金和手续费，应冲减权益性证券的溢价发行收入，账务处理为：

借：资本公积——股本溢价　　6 000 000

　　贷：银行存款　　6 000 000

（三）投资者投入的长期股权投资，应当按照投资合同或协议约定的价值作为初始投资成本，但合同或协议约定价值不公允的除外

例12. A公司设立时，其主要出资方之一甲公司以其持有的对B公司的长期股权投资作为出资投入A公司。投资各方在投资合同中约定，作为出资的该项长期股权投资作价 6 000 万元。该作价是按照 B 公司股票的市价经考虑相关调整因素后确定的。A 公司注册资本为 24 000 万元。甲公司出资占 A 公司注册资本的 20%。取得该项投资后，甲公司根据其持股比例，能够派人参与 A 公司的财务和生产经营决策。

A 公司应进行的账务处理为：

借：长期股权投资　　60 000 000

　　贷：实收资本　　48 000 000

　　　　资本公积——资本溢价　　12 000 000

（四）以债务重组、非货币性资产交换等方式取得的长期股权投资，其初始投资成本应按照《企业会计准则第 12 号——债务重组》和《企业会计准则第 7 号——非货币性资产交换》的规定确定

第二节　长期股权投资的后续计量

长期股权投资在持有期间，根据投资企业对被投资单位的影响程度进行划分，应当分别采用成本法和权益法进行核算。

一、长期股权投资的成本法

（一）成本法的定义及其适用范围

成本法，指投资按成本计价的方法。

企业应运用成本法核算长期股权投资的范围包括：投资企业能够对被投资单位实施控制，被投资企业为投资企业的子公司时，投资企业对子公司的长期股权投资的后续计量应采用成本法核算，但编制合并财务报表时按照权益法进行调整。

（二）成本法核算

采用成本法核算的长期股权投资，除取得投资时实际支付的价款或对价中包含的已宣告但尚未发放的现金股利或利润外，投资企业应当按照享有被投资单位宣告发放的现金股利或利润确认投资收益，不再划分是否属于投资前和投资后被投资单位实现的净利润。

企业按照上述规定确认自被投资单位应分得的现金股利或利润后，应考虑长期股权投资是否发生减值。在判断该类长期股权投资是否存在减值迹象时，应当关注长期股权投资的账面价值是否大于享有被投资单位净资产（包括相关商誉）账面价值的份额等类似情况。出现类似情况时，企业应当按照《企业会计准则第 8 号——资产减值》对长期股权投资进行减值测试，可收回金额低于长期股权投资账面价值的，应当计提减值准备。

例 13. 甲公司于 20×8 年 4 月 10 日取得乙公司 60% 股权，成本为 12 000 000 元。20×9 年 2 月 6 日，乙公司宣告分派利润，甲公司按照持股比例可取得 100 000 元。假定甲公司在取得乙公司股权后，对乙公司的财务和经营决策不具有控制、共同控制或重大影响，且该投资不存在活跃的交易市场、公允价值无法可靠取得。乙公司于 20×9 年 2 月 12 日实际分派利润。

甲公司应进行的账务处理为：

借：长期股权投资——乙公司　　12 000 000
　　贷：银行存款　　12 000 000

借：应收股利　　100 000
　　贷：投资收益　　100 000

借：银行存款　　100 000
　　贷：应收股利　　100 000

进行上述处理后，如相关长期股权投资存在减值迹象的，应进行减值测试。

例 14. 甲公司与 A 公司 2016—2018 年与投资有关资料如下：

（1）2016 年 1 月 1 日甲公司支付现金 800 万元取得 A 公司 55% 的股权，形成控制。

（2）2016 年 4 月 1 日，A 公司宣告分配 2015 年实现的净利润，分配现金股利 100 万元。

（3）甲公司于 2016 年 4 月 10 日收到现金股利。

（4）2016 年，A 公司发生亏损 200 万元。

（5）2017 年 A 公司发生巨额亏损，2017 年年末甲公司对 A 公司的投资按当时市场收益率对未来现金流量折现确定的现值为 500 万元。

（6）2018 年 1 月 20 日，甲公司将持有的 A 公司的全部股权转让给乙企业，收到股权转让款 520 万元。

要求：编制甲公司上述与投资有关业务的会计分录。（答案中的金额单位用万元表示）

（1）借：长期股权投资——A 公司　　800
　　贷：银行存款　　800
（2）借：应收股利　　5（100×5%）
　　贷：投资收益　　5
（3）借：银行存款　　5
　　贷：应收股利　　5
（4）甲公司采用成本法核算，不作账务处理。
（5）借：资产减值损失　　300（800−500）
　　贷：长期股权投资减值准备　　300
（6）借：银行存款　　520
　　长期股权投资减值准备　　300
　　贷：长期股权投资——A 公司　　800
　　　　投资收益　　20

二、长期股权投资的权益法

（一）权益法的定义及其适用范围

权益法，指投资以初始投资成本计量后，在投资持有期间根据投资企业享有被投资单位所有者权益份额的变动对投资的账面价值进行调整的方法。

投资企业对被投资单位具有共同控制或重大影响的长期股权投资，即对合营企业投资及联营企业投资，应采用权益法核算。

（二）权益法核算

本教材的权益法核算采用的是完全权益法，即在购买法的基础上，还要消除内部交易。

核算使用的明细科目：

长期股权投资——投资成本。
　　　　　　——损益调整。
　　　　　　——其他综合收益。
　　　　　　——其他权益变动。

1. 投资成本

长期股权投资的初始投资成本大于投资时应享有被投资单位可辨认净资

产公允价值份额的，不调整长期股权投资的初始投资成本。

长期股权投资的初始投资成本小于投资时应享有被投资单位可辨认净资产公允价值份额的，应按其差额，借记“长期股权投资——××公司（成本）”科目，贷记“营业外收入”科目。

例 15. A 公司以银行存款 1 000 万元取得 B 公司 30% 的股权，取得投资时被投资单位可辨认净资产的公允价值为 3 000 万元。

（1）如 A 公司能够对 B 公司施加重大影响，则 A 公司应进行的会计处理为：

借：长期股权投资——B 公司（投资成本）　　1 000

　　贷：银行存款　　1 000

注：商誉 100 万元（1 000−3 000×30%）体现在长期股权投资成本中，因此不需要调整。

（2）如投资时 B 公司可辨认净资产的公允价值为 3 500 万元，则 A 公司应进行的处理为：

借：长期股权投资——B 公司（投资成本）　　1 000

　　贷：银行存款　　1 000

借：长期股权投资——B 公司（投资成本）　　50

　　贷：营业外收入　　50

例 16. A 企业于 2015 年 1 月取得 B 公司 30% 的股权，支付价款 9 000 万元。取得投资时被投资单位净资产账面价值为 22 500 万元（假定被投资单位各项可辨认资产、负债的公允价值与其账面价值相同）。

在 B 公司的生产经营决策过程中，所有股东均按持股比例行使表决权。A 企业在取得 B 公司的股权后，派人参与了 B 公司的生产经营决策。因能够对 B 公司施加重大影响，A 企业对该投资应当采用权益法核算。取得投资时，A 企业应进行以下账务处理：

借：长期股权投资——成本　　90 000 000

　　贷：银行存款　　90 000 000

长期股权投资的初始投资成本 9 000 万元大于取得投资时应享有被投资单位可辨认净资产公允价值的份额 6 750（22 500×30%）万元，两者之间的差额不调整长期股权投资的账面价值。

如果本例中取得投资时被投资单位可辨认净资产的公允价值为 36 000 万元，

A 企业按持股比例 30% 计算确定应享有 10 800 万元，则初始投资成本与应享有被投资单位可辨认净资产公允价值份额之间的差额 1 800 万元应计入取得投资当期的营业外收入，账务处理如下：

借：长期股权投资——成本　　108 000 000

　　贷：银行存款　　90 000 000

　　　　营业外收入　　18 000 000

2. 损益调整

（1）投资企业取得长期股权投资后，应按照应享有或应分担的被投资单位实现的净损益的份额，确认投资损益并调整长期股权投资的账面价值。投资企业按照被投资单位宣告分派的利润或现金股利计算应分得的部分，相应减少长期股权投资的账面价值。

被投资单位获得盈利：

借：长期股权投资——损益调整

　　贷：投资收益

被投资单位发生亏损：

借：投资收益

　　贷：长期股权投资——损益调整

被投资单位宣告分配现金股利：

借：应收股利

　　贷：长期股权投资——损益调整

例 17. 2017 年 1 月 2 日，甲公司以货币资金取得乙公司 30% 的股权，初始投资成本为 4 000 万元；当日，乙公司可辨认净资产公允价值为 14 000 万元，与其账面价值相同。甲公司取得投资后即派人参与乙公司的生产经营决策，但未能对乙公司形成控制。乙公司 2017 年实现净利润 1 000 万元，2018 年 3 月 18 日宣告分配现金股利 600 万元，假定不考虑所得税等其他因素，2017 年甲公司下列各项与该项投资相关的会计处理：

2017 年 1 月 2 日

借：长期股权投资——成本　　4 000

　　贷：银行存款　　4 000

借：长期股权投资——成本　　200

　　贷：营业外收入　　200

2017 年 12 月 31 日

借：长期股权投资——损益调整　　300（1 000×30%）

　　贷：投资收益　　300

2018 年 3 月 18 日

借：应收股利　　180

　　贷：长期股权投资——损益调整　　180

（2）投资企业在确认应享有被投资单位实现的净损益的份额时，应以取得投资时被投资单位各项可辨认资产等的公允价值为基础，对被投资单位的净利润进行调整后确认。

比如，以取得投资时被投资单位固定资产、无形资产的公允价值为基础计提的折旧额或摊销额，相对于被投资单位已计提的折旧额、摊销额之间存在差额的，应按其差额对被投资单位净损益进行调整，并按调整后的净损益和持股比例计算确认投资损益。在进行有关调整时，应考虑具有重要性的项目。

例 18. 某投资企业于 2017 年 1 月 1 日取得对联营企业 30% 的股权，取得投资时被投资单位的固定资产公允价值为 500 万元，账面价值为 300 万元，固定资产的预计使用年限为 10 年，净残值为零，按照直线法计提折旧。

被投资单位 2017 年度利润表中净利润为 300 万元，其中被投资单位当期利润表中已按其账面价值计算扣除的固定资产折旧费用为 30 万元，按照取得投资时固定资产的公允价值计算确定的折旧费用为 50 万元。假定不考虑其他因素。

按该固定资产的公允价值计算的净利润为 280（300−20）万元，投资企业按照持股比例计算确认的当期投资收益应为 84（280×30%）万元。

借：长期股权投资——损益调整　　840 000

　　贷：投资收益　　840 000

例 19. 企业于 2017 年 12 月 1 日取得对联营企业 30% 的股份，取得投资时被投资单位的固定资产公允价值为 1 200 万元，账面价值为 600 万元，固定资产的预计使用年限为 10 年，净残值为 0，按照直线折旧法计提折旧。被投资单位 2007 年度利润表中净利润为 500 万元。

调整后的净利润 =500−（1 200−600）/10=440（万元）

应确认的投资收益 =440×30%=132（万元）

借：长期股权投资——损益调整　　1 320 000

　　贷：投资收益　　1 320 000

例 20. 甲公司于 2017 年 1 月 10 日购入乙公司 30% 的股份，购买价款为 3 300 万元，并自取得投资之日起派人参与乙公司的生产经营决策。取得投资当日，乙公司可辨认净资产公允价值为 9 000 万元，除表 6–2 所列项目外，乙公司其他资产、负债的公允价值与账面价值相同。

表 6–2　　　　单位：万元

项目	账面原价	已提折旧或摊销	公允价值	乙公司预计使用年限	甲公司取得投资后剩余使用年限
存货	750		1 050		
固定资产	1 800	360	2 400	20	16
无形资产	1 050	210	1 200	10	8
合计	3 600	570	4 650		

假定乙公司于 20×7 年实现净利润 900 万元，其中，在甲公司取得投资时的账面存货有 80% 对外出售。甲公司与乙公司的会计年度及采用的会计政策相同。固定资产、无形资产均按直线法提取折旧或摊销，预计净残值均为 0。假定甲、乙公司间未发生任何内部交易。

甲公司在确定其应享有的投资收益时，应在乙公司实现净利润的基础上，根据取得投资时乙公司有关资产的账面价值与其公允价值差额的影响进行调整（假定不考虑所得税影响）：

存货账面价值与公允价值的差额应调减的利润 =（1 050−750）×80%=240（万元）

固定资产公允价值与账面价值差额应调整增加的折旧额 =2 400÷16−1 800÷20=60（万元）

无形资产公允价值与账面价值差额应调整增加的摊销额 =1 200÷8−1 050÷10=45（万元）

调整后的净利润 =900−240−60−45=555（万元）

甲公司应享有份额 =555×30%=166.50（万元）

确认投资收益的账务处理为：

借：长期股权投资——乙公司（损益调整）　　166.50

贷：投资收益 166.50

若考虑所得税影响，假定税率为 25%。

调整后的净利润 =900-（240+60+45）×（1-25%）=641.25（万元）

甲公司应享有份额 = 641.25×30%=192.375（万元）

（3）在确认投资收益时，除考虑公允价值的调整外，对于投资企业与其联营企业及合营企业之间发生的未实现内部交易损益应予以抵销。即投资企业与联营企业及合营企业之间发生的未实现内部交易损益按照持股比例计算归属于投资企业的部分应予以抵销，在此基础上确认投资损益。

应注意的是，投资企业与其联营企业及合营企业之间发生的未实现内部交易损失，属于所转让资产发生减值损失的，有关的未实现内部交易损失不应予以抵销。

例 21. A 公司 2018 年 1 月取得 B 公司 30% 有表决权股份，能够对 B 公司施加重大影响。假定 A 公司取得该项投资时，B 公司各项可辨认资产、负债的公允价值与其账面价值相同。2018 年 8 月 20 日，B 公司将其成本为 800 万元的商品以 1 000 万元的价格出售给 A 公司，A 公司将取得的商品作为存货。至 2018 年 12 月 31 日，A 公司将上述商品对外出售 40%，2019 年 A 公司将剩余商品对外全部出售。B 公司 2018 年实现净利润为 2 000 万元，2019 年实现净利润 2 200 万元。

A 公司的会计处理如下：

2018 年内部交易存货中未实现内部销售利润 =（1 000-800）×60%=120（万元）

2018 年应确认的投资收益 =（2 000-120）×30%=564（万元）

借：长期股权投资——B 公司（损益调整） 564

贷：投资收益 564

2019 年内部交易损益已经实现，2019 年应确认的投资收益 =（2 200+120）×30%=696（万元）

借：长期股权投资——B 公司（损益调整） 696

贷：投资收益 696

在确认投资收益时，除考虑公允价值的调整外，对于投资企业与其联营企业及合营企业之间发生的未实现内部交易损益应予以抵销。即投资企业与联营企业及合营企业之间发生的未实现内部交易损益按照持股比例计算归属于投资企业的部分应予以抵销，在此基础上确认投资损益。投资企业与被投资单位发生的内部交易损失，按照《企业会计准则第 8 号——资产减值》等规定属于资产减值损失的，应全额确认。投资企业对于纳入其合并范围的子公司与其联营企业及合营企业之间发生的内部交易损益，也应当按照上述原则进行抵销，在此基础上确认投资损益。

应注意的是，该未实现内部交易损益的抵销既包括顺流交易也包括逆流交易，其中，顺流交易是指投资企业向其联营企业或合营企业出售资产，逆流交易是指联营企业或合营企业向投资企业出售资产。当该未实现内部交易损益体现在投资企业或其联营企业、合营企业持有的资产账面价值中时，相关的损益在计算确认投资损益时应予以抵销。

例 22. 甲企业于 2017 年 1 月取得乙公司 20% 有表决权股份，能够对乙公司施加重大影响。假定甲企业取得该项投资时，乙公司各项可辨认资产、负债的公允价值与账面价值相同。2017 年 8 月，乙公司将其成本为 600 万元的某商品以 1 000 万元的价格出售给甲企业，甲企业将取得的商品作为存货。至 2017 年资产负债表日，甲企业仍未对外出售该存货。乙公司 2017 年实现净利润为 3 200 万元。假定不考虑所得税因素。

甲公司在按照权益法确认应享有乙公司 2017 年净损益时，应进行以下账务处理：

借：长期股权投资——损益调整（28 000 000 × 20%）　　5 600 000

　　贷：投资收益　　5 600 000

进行上述处理后，投资企业有子公司，需要编制合并财务报表的，在合并财务报表中，因该未实现内部交易损益体现在投资企业持有存货的账面价值当中，应在合并财务报表中进行以下调整：

借：长期股权投资——损益调整　　800 000

　　贷：存货　　800 000

假定在 2018 年，甲企业将该商品以 1 000 万元的价格对外部独立第三方出售，因该部分内部交易损益已经实现，甲企业在确认应享有乙公司 2018 年净损益时，应考虑将原未确认的该部分内部交易损益计入投资损益，即应在考虑其他因素计算确定的投资损益基础上调整增加 80 万元。

对于投资企业向联营企业或合营企业出售资产的顺流交易，在该交易存在未实现内部交易损益的情况下（即有关资产未对外部独立第三方出售），投资企业在采用权益法计算确认应享有联营企业或合营企业的投资损益时，应抵销该未实现内部交易损益的影响，同时调整对联营企业或合营企业长期股权投资的账面价值。当投资企业向联营企业或合营企业出资或是将资产出售给联营企业或合营企业，同时有关资产由联营企业或合营企业持有时，投资方因投出或出售资产应确认的损益仅限于与联营企业或合营企业其他投资者交易的部分。即在顺流交易中，投资方投出资产或出售资产给其联营企业或合营企业产生的损益中，按照持股比例计算确定归属于本企业的部分不予确认。

例 23. 甲企业持有乙公司 20% 有表决权股份，能够对乙公司生产经营决策施加重大影响。2017 年，甲公司将其账面价值为 600 万元的商品以 1 000 万元的价格出售给乙公司。至 2017 年资产负债表日，该批商品尚未对外部第三方出售。假定甲企业取得该项投资时，乙公司各项可辨认资产、负债的公允价值与其账面价值相同，两者在以前期间未发生过内部交易。乙公司 2017 年净利润为 2 000 万元。假定不考虑所得税因素。

甲企业在该项交易中实现利润 400 万元，其中的 80（400×20%）万元是针对本企业持有的对联营企业的权益份额，在采用权益法计算确认投资损益时应予以抵销，即甲企业应当进行的账务处理为：

借：长期股权投资——损益调整［（2 000−400）×20%］ 32 00 000

　　贷：投资收益 3 200 000

甲企业如需编制合并财务报表，在合并财务报表中对该未实现内部交易损益应在个别报表已确认投资损益的基础上进行以下调整：

借：营业收入（1 000×20%） 2 000 000

　　贷：营业成本（600×20%） 1 200 000

　　　　投资收益 800 000

应说明的是，投资企业与其联营企业及合营企业之间发生的无论是顺流交易还是逆流交易产生的未实现内部交易损失，属于所转让资产发生减值损失的，有关的未实现内部交易损失不应予以抵销。

按照权益法核算的长期股权投资，投资企业自被投资单位取得的现金股利或利润，应抵减长期股权投资的账面价值。在被投资单位宣告分派现金股利或利润时，投资单位借记“应收股利”科目，贷记“长期股权投资”科目。

例 24. 假设某 A 企业某年 1 月 1 日收购某 B 企业所持有的 C 公司 40% 的股权。收购日，C 公司账面净资产 10 000 万元，可辨认净资产公允价值

12 000万元。该年度，C公司实现净利润（账面）1 000万元。A公司按取得股权时C公司可辨认净资产公允价值为基础对C公司的账面净利润进行调整，调整后的净利润应为800万元。第二年宣告发放现金股利500万元，则：

借：长期股权投资——损益调整　　3 200 000（800×40%）

　　贷：投资收益　　3 200 000

借：应收股利　　2 000 000（500×40%）

　　贷：长期股权投资——损益调整　　2 000 000

（4）投资企业确认被投资单位发生的净亏损，应以长期股权投资的账面价值以及其他实质上构成对被投资单位净投资的长期权益减记至零为限，投资企业负有承担额外损失义务的除外。

其他实质上构成对被投资单位净投资的长期权益，通常指长期应收项目。比如，企业对被投资单位的长期债权，该债权没有明确的清收计划、且在可预见的未来期间不准备收回的，实质上构成对被投资单位的净投资。

在确认应分担被投资单位发生的亏损时，应按照以下顺序进行处理：

（1）冲减长期股权投资的账面价值。

（2）长期股权投资的账面价值不足以冲减的，应以其他实质上构成对被投资单位净投资的长期权益账面价值为限继续确认投资损失，冲减长期应收项目等的账面价值。

（3）经过上述处理，按照投资合同或协议约定企业仍承担额外义务的，应按预计承担的义务确认预计负债，计入当期投资损失。

除上述情况仍未确认的应分担被投资单位的损失，应在账外备查登记。

被投资单位以后期间实现盈利的，企业扣除未确认的亏损分担额后，应按与上述相反的顺序处理，减记账外备查登记的金额、已确认预计负债的账面余额、恢复其他实质上构成对被投资单位净投资的长期权益及长期股权投资的账面价值，同时确认投资收益。

注意：除按上述顺序已确认的投资损失外仍有额外损失的，应在账外备查登记。

被投资单位以后期间实现盈利的，扣除未确认的亏损分担额后，应按与上述相反的顺序处理，即：先冲减原已确认的预计负债；再恢复长期权益的账面价值；最后恢复长期股权投资的账面价值。

例25. 甲企业持有乙企业40%的股权，能够对乙企业施加重大影响。2017

年 12 月 31 日该项长期股权投资的账面价值为 6 000 万元。乙企业 2018 年由于一项主要经营业务市场条件发生变化，当年度亏损 9 000 万元。假定甲企业在取得该投资时，乙企业各项可辨认资产、负债的公允价值与其账面价值相等，双方所采用的会计政策及会计期间也相同。则甲企业当年度应确认的投资损失为 3 600 万元。确认上述投资损失后，长期股权投资的账面价值变为 2 400 万元。

借：投资收益　　36 000 000

　　贷：长期股权投资——损益调整　　36 000 000

上述如果乙企业当年的亏损额为 18 000 万元，则甲企业按其持股比例确认应分担的损失为 7 200 万元，但长期股权投资的账面价值仅为 6 000 万元，如果没有其他实质上构成对被投资单位净投资的长期权益项目，则甲企业应确认的投资损失仅为 6 000 万元，超额损失在账外进行备查登记；在确认了 6 000 万元的投资损失，长期股权投资的账面价值减记至零以后，如果甲企业账上仍有应收乙企业的长期应收款 2 400 万元，该款项从目前情况看，没有明确的清偿计划（并非产生于商品购销等日常活动），则在长期应收款的账面价值大于 1 200 万元的情况下，应以长期应收款的账面价值为限进一步确认投资损失 1 200 万元。甲企业应进行的账务处理为：

借：投资收益　　60 000 000

　　贷：长期股权投资——损益调整　　60 000 000

借：投资收益　　12 000 000

　　贷：长期应收款　　12 000 000

例 26. 甲公司持有乙公司 40% 的股权，2017 年 12 月 31 日投资的账面价值为 2 000 万元。甲公司有应收乙公司长期应收款为 800 万元。投资时被投资单位各资产公允价值等于账面价值，双方采取的会计政策、会计期间相同。

如果乙公司 2018 年度亏损 3 000 万元。

借：投资收益　　12 000 000

　　贷：长期股权投资——损益调整　　12 000 000

如果乙公司 2018 年度的亏损额为 6 000 万元。

借：投资收益　　20 000 000

　　贷：长期股权投资——损益调整　　20 000 000

借：投资收益　　4 000 000

　　贷：长期应收款　　4 000 000

如果乙公司 2018 年度的亏损额为 10 000 万元。

借：投资收益　　　　　　　　　　　　　20 000 000

　　贷：长期股权投资——损益调整　　　　　　20 000 000

借：投资收益　　　　　　　　　　　　　8 000 000

　　贷：长期应收款　　　　　　　　　　　　8 000 000

借：投资收益　　　　　　　　　　　　　12 000 000

　　贷：预计负债　　　　　　　　　　　　　12 000 000

如果乙公司 2019 年净盈利 7 000 万元，甲公司应享有的份额为 2 800 万元。

借：预计负债　　　　　　　　　　　　　12 000 000

　　贷：投资收益　　　　　　　　　　　　　1 200 000

借：长期应收款　　　　　　　　　　　　8 000 000

　　贷：投资收益　　　　　　　　　　　　　8 000 000

借：长期股权投资——损益投资　　　　　　8 000 000

　　贷：投资收益　　　　　　　　　　　　　8 000 000

3. 其他综合收益

被投资单位其他综合收益发生变动的，投资方应按照归属于本企业的部分，相应调整长期股权投资的账面价值，同时增加或减少其他综合收益。

借：长期股权投资——其他综合收益

　　贷：其他综合收益

或做一个相反会计处理。

特别提示：

投资方全部处置权益法核算的长期股权投资时，原权益法核算的相关其他综合收益应当在终止采用权益法核算时，采用与被投资方直接处置该项股权投资相同的基础全部进行处理；

投资方部分处置权益法核算的长期股权投资，剩余股权仍采用权益法核算的，原权益法核算的相关其他综合收益按采用与被投资方直接处置该项股权投资相同的基础部分进行处理。

但由于被投资方重新计量设定受益计划净负债或净资产变动而产生的其他综合收益除外。

例 27. 甲公司持有乙公司 25% 的股份，并能对乙公司施加重大影响。当期，乙公司将作为存货的房地产转换为以公允价值模式计量的投资性房地产，转换日公允价值大于账面价值 1 500 万元，计入了其他综合收益。

不考虑其他因素，甲公司当期按照权益法核算应确认的其他综合收益的会计处理如下：

按权益法核算甲公司应确认的其他综合收益 = 1 500 × 25%= 375（万元）

借：长期股权投资 ——其他综合收益　　3 750 000

　　贷：其他综合收益　　3 750 000

《企业会计准则解释第 9 号》是对原企业会计准则的一项补充，明确了由于被投资方发生的其他综合收益减少净额而产生未确认投资净损失，也按照《企业会计准则第 2 号——长期股权投资》规定的原则进行会计处理，即对于投资方在权益法下因确认被投资单位发生的其他综合收益减少净额而产生未确认投资净损失，在以后期间被投资单位实现净利润或其他综合收益增加净额时，应依次减记备查簿中的未确认投资净损失，恢复其他长期权益和长期股权投资的账面价值。

例 28. A 公司为一家房地产企业，持有 B 公司 20% 的股权，并对其具有重大影响，采用权益法核算。A 公司对 B 公司的初始投资成本为 1 000 万元。B 公司的主营业务原为经营一家酒店，并将酒店作为固定资产核算。2017 年之前，B 公司因经营不善发生巨额亏损，导致 A 公司对 B 公司的长期股权投资已经减记至零，并且存在未确认的投资损失（净亏损）100 万元。

2017 年 1 月 1 日起，B 公司业务发生变化，B 公司将酒店改为写字楼出租，因此将固定资产转换为投资性房地产。B 公司对投资性房地产采用公允价值计量，在转换日公允价值和原账面价值的差额 400 万元计入其他综合收益，A 公司在该金额中享有的份额为 80 万元。2017 年度 B 公司全年实现净损益 200 万元，A 公司在该金额中享有的份额为 40 万元。

表 6–3　　单位：万元

项目	以前年度	2017 年度	累计影响
未确认的净亏损	−100	40	−60
未确认的其他综合收益	0	80	80
合计	−100	120	20

借：长期股权投资　　80

　　贷：其他综合收益　　80

借：投资收益　　60（−100+40）

　　贷：长期股权投资　　60

4. 其他权益变动

（1）被投资单位除净损益、其他综合收益以及利润分配以外的所有者权益的其他变动的因素，主要包括被投资单位接受其他股东的资本性投入、被投资单位发行可分离交易的可转债中包含的权益成分、以权益结算的股份支付等。

（2）投资方应按所持股权比例计算应享有的份额，调整长期股权投资的账面价值，同时计入资本公积（其他资本公积）。

会计处理：

借：长期股权投资——其他权益变动

　　贷：资本公积——其他资本公积

或作相反会计处理。

特别提示：

投资方在后续处置股权投资但对剩余股权仍采用权益法核算时，应按处置比例将这部分资本公积转入当期投资收益；对剩余股权终止权益法核算时，将这部分资本公积全部转入当期投资收益。

（3）如果在投资后被投资单位仅就所有者权益各项目所作调整，并不影响所有者权益总额的变化，则长期股权投资账面价值保持不变。例如，被投资企业分配的股票股利；被投资企业提取盈余公积；被投资单位以股本溢价转增股本；被投资单位以税后利润补亏；被投资单位以盈余公积金弥补亏损。

例 29. A 公司对 C 公司的投资占其有表决权资本的比例为 40%，C 公司 2017 年 8 月 20 日将自用房地产转换为采用公允价值模式计量的投资性房地产，该项房地产在转换日的公允价值大于其账面价值的差额为 100 万元，不考虑所得税的影响。

A 公司的会计处理如下：

借：长期股权投资——C 公司（其他权益变动）　　40

　　贷：资本公积——其他资本公积　　40

例 30. A 企业持有 B 企业 30% 的股份，能够对 B 企业施加重大影响。B 企业为上市公司，当期 B 企业的母公司给予 B 公司捐赠 1 000 万元，该捐赠实质上属于资本性投入，B 公司将其计入资本公积（股本溢价）。不考虑其他因素，A 企业按权益法作如下会计处理：

A 企业在确认应享有被投资单位所有者权益的其他变动 =1 000×30%=300（万元）

借：长期股权投资——其他权益变动　　3 000 000

　　贷：资本公积——其他资本公积　　3 000 000

5. 股票股利的处理

被投资单位分派的股票股利，投资企业不作账务处理，但应于除权日注明所增加的股数，以反映股份的变化情况。

三、长期股权投资的减值

发生减值时，借记“资产减值损失”科目，贷记“长期股权投资减值准备”科目。长期股权投资的减值准备在提取以后，不允许转回。

第三节　长期股权投资的处置

一、长期股权投资的处置

企业处置长期股权投资时，应相应结转与所售股权相对应的长期股权投资的账面价值，出售所得价款与处置长期股权投资账面价值之间的差额，应确认为处置损益。

借：银行存款

　　长期股权投资减值准备

　　贷：长期股权投资

　　　　投资收益（或借方）

二、其他综合收益、资本公积（其他资本公积）的处理

1. 投资方全部处置权益法核算的长期股权投资

原权益法核算的相关其他综合收益应当在终止采用权益法核算时采用与

被投资单位直接处置相关资产或负债相同的基础进行会计处理。

因被投资方除净损益、其他综合收益和利润分配以外的其他所有者权益变动而确认的所有者权益，应在终止采用权益法核算时全部转入当期投资收益。

2. 投资方部分处置权益法核算的长期股权投资

（1）剩余股权仍采用权益法核算的，原权益法核算的相关其他综合收益应当采用与被投资单位直接处置相关资产或负债相同的基础处理并按比例结转，因被投资方除净损益、其他综合收益和利润分配以外的其他所有者权益变动而确认的所有者权益，应按比例结转入当期投资收益。

（2）终止采用权益法核算，原权益法核算的相关其他综合收益应在终止采用权益法核算时采用与被投资单位直接处置相关资产或负债相同的基础进行会计处理。因被投资方除净损益、其他综合收益和利润分配以外的其他所有者权益变动而确认的所有者权益，应当在终止采用权益法核算时全部转入当期投资收益。

会计处理如下：

借：其他综合收益

　　贷：投资收益（可转损益）

　　　　盈余公积（不可转损益）

　　　　利润分配——未分配利润（不可转损益）

借：资本公积——其他资本公积

　　贷：投资收益

或作一个相反会计处理。

例 31. A 公司持有 B 公司 40% 的股权并采用权益法核算。2016 年 7 月 1 日，A 公司将 B 公司 20% 的股权出售给第三方 C 公司，对剩余 20% 的股权仍采用权益法核算。A 公司取得 B 公司股权至 2016 年 7 月 1 日期间，确认的相关其他综合收益为 200 万元（其中：175 万元为按比例享有的 B 公司因投资性房地产转换增加的金额，25 万元为按比例享有的 B 公司重新计量设定受益计划净负债或净资产所产生的变动），享有 B 公司除净损益、其他综合收益和利润分配以外的其他所有者权益变动为 50 万元。不考虑相关税费等其他因素影响。

A 公司原持有股权相关的其他综合收益和其他所有者权益变动应按如下

方法进行会计处理：

（1）其他综合收益

1）允许转入当期损益的部分。175 万元的其他综合收益属于被投资单位因投资性房地产转换增加的金额，由于剩余股权仍继续根据长期股权投资准则采用权益法进行核算，因此，应按处置比例（20%/40%）相应结转计入当期投资收益的金额 =175 ÷ 2=87.5（万元）。

借：其他综合收益　　87.5

　　贷：投资收益　　87.5

2）不允许转入当期损益的部分。25 万元的其他综合收益属于被投资单位重新计量设定受益计划净负债或净资产所产生的变动，由于剩余股权仍继续根据长期股权投资准则采用权益法进行核算，因此，应按处置比例（20%/40%）并按照被投资单位处置相关资产或负债相同的基础进行会计处理。

（2）其他所有者权益变动。由于剩余股权仍继续根据长期股权投资准则采用权益法进行核算，因此应按处置比例（20%/40%）相应结转计入当期投资收益的金额 =50 ÷ 2=25（万元）。

借：资本公积——其他资本公积　　25

　　贷：投资收益　　25

承前例，再假设，2016 年 12 月，A 公司再向第三方公司处置 B 公司 15% 的股权，剩余 5% 股权作为以公允价值计量且其变动计入当期损益的金融资产，按金融资产确认和计量准则进行会计处理。

A 公司原持有股权相关的其他综合收益和其他所有者权益变动应按以下方法进行会计处理：

（1）其他综合收益。

1）允许转入当期损益的部分。处置后的剩余股权改按金融资产确认和计量准则进行会计处理。其他综合收益 87.5 万元属于被投资单位因投资性房地产转换增加的金额，应在转换日全部结转，同时计入当期投资收益。

借：其他综合收益　　87.5

　　贷：投资收益　　87.5

2）不允许转入损益的部分。处置后的剩余股权改按金融资产确认和计量准则进行会计处理，其他综合收益 12.5 万元属于被投资单位重新计量设定受益计划净负债或净资产所产生的变动，按照被投资单位处置相关资产或负债相同的基础进行会计处理。

（2）其他所有者权益变动。

由于剩余股权改按金融资产确认和计量准则进行会计处理，因此，应在转换日全部结转，计入当期投资收益 25 万元。

借：资本公积——其他资本公积　　25

　　贷：投资收益　　25

第七章　固定资产

【目的要求】

通过本章的学习，学生能理解固定资产概念、特征及分类。熟悉并掌握固定资产基本业务的会计处理。

【重点与难点】

本章的重点是固定资产折旧方法、固定资产的清理、固定资产减值。难点是固定资产外购和后续支出的会计处理。

第一节　固定资产的确认和初始计量

一、固定资产的定义和确认条件

（一）固定资产的定义

固定资产，指为生产商品、提供劳务、出租或经营管理而持有的、使用寿命超过一个会计年度的有形资产。如房屋、建筑物、机器、运输工具等。

固定资产具有下列特征：

（1）固定资产为有形资产；

（2）可供企业长期使用；

（3）不以投资和销售为目的；

（4）具有可衡量的未来经济利益。

（二）固定资产的确认条件

固定资产同时满足下列条件的，才能予以确认：

（1）与该固定资产有关的经济利益很可能流入企业；

（2）该固定资产的成本能够可靠地计量。

固定资产的各组成部分具有不同使用寿命或者以不同方式为企业提供经

济利益，适用不同折旧率或折旧方法的，应当分别将各组成部分确认为单项固定资产。

二、固定资产的初始计量

固定资产应当按照成本进行初始计量。

固定资产的成本，指企业购建某项固定资产达到预定可使用状态前所发生的一切合理、必要的支出。这些支出包括直接发生的价款、运杂费、包装费和安装成本等，也包括间接发生的，如应承担的借款利息、外币借款折算差额以及应分摊的其他间接费用。

对于特殊行业的特定固定资产，确定其初始入账成本时还应考虑弃置费用。

（一）外购固定资产

企业外购固定资产的成本，包括购买价款、相关税费、使固定资产达到预定可使用状态前所发生的可归属于该项资产的运输费、装卸费、安装费和专业人员服务费等。外购固定资产分为购入不需要安装的固定资产和购入需要安装的固定资产两类。

1. 购入不需要安装的固定资产

相关支出直接计入固定资产成本。

例 1. 某企业购入一台不需安装的设备，增值税专用发票上注明价款 20 000 元，增值税额为 2 600 元，支付运输费 2 000 元，取得货物运输业增值税专用发票上注明的进项税额为 180 元，会计分录：

根据上述资料，应抵扣的固定资产进项税额计算如下：

2 600+180=2 780（元）

借：固定资产　　22 000

　　应交税费——应交增值税（进项税额）　　2 780

　　贷：银行存款　　24 780

2. 购入需要安装的固定资产

通过“在建工程”科目核算。

例 2. 甲企业从国内乙企业采购机器设备一台给生产部门使用，专用发票上注明价款 50 万元，增值税 6.5 万元，购进固定资产所支付的运输费用 0.5 万元，取得货物运输业增值税专用发票上注明的进项税额为 450 元，另支付安装费 1 万元，取得合法发票，均用银行存款支付。甲企业会计分录：

购入需安装固定资产：

借：在建工程　　505 000

　　应交税费——应交增值税（进项税额）　　65 450

　　贷：银行存款　　570 450

支付安装费：

借：在建工程　　10 000

　　贷：银行存款　　10 000

达到预计可使用状态时：

借：固定资产　　515 000

　　贷：在建工程　　515 000

例 3. 甲公司为增值税一般纳税人，2019 年 2 月 1 日，购入一台需要安装的生产用机器设备，取得的增值税专用发票上注明的设备价款为 500 000 元，增值税进项税额为 65 000 元，支付的运输费为 2 500 元，取得货物运输业增值税专用发票上注明的进项税额为 225 元，款项已通过银行支付；安装设备时，领用本公司原材料一批，价值 30 000 元，购进该批原材料时支付的增值税进项税额为 3 900 元；支付安装工人的工资为 4 900 元。假定不考虑其他相关税费。

甲公司的账务处理如下：

（1）支付设备价款、增值税、运输费合计为 587 775 元：

借：在建工程　　502 500

　　应交税费——应交增值税（进项税额）　　65 225

　　贷：银行存款　　567 725

（2）领用本公司原材料、支付安装工人工资等费用合计为 34 900 元：

借：在建工程　　34 900

　　贷：原材料　　30 000

　　　　应付职工薪酬　　4 900

（3）设备安装完毕达到预定可使用状态：

借：固定资产　　537 400

　　贷：在建工程　　537 400

例 4. 2019 年 5 月 15 日，甲企业购买一栋楼，用于公司行政管理，增值税专用发票注明 1 500 万元，增值税 195 万元。

甲企业的会计处理为：

2019 年 5 月购入时：

借：固定资产——办公楼　　1 500

　　应交税费——应交增值税（进项税额）　　195

　　　贷：银行存款　　1 695

3. 外购固定资产的特殊考虑

（1）以一笔款项购入多项没有单独标价的固定资产，应当按照各项固定资产的公允价值比例对总成本进行分配，分别确定各项固定资产的成本。

例 5. A 公司为一家制造型企业。2×20 年 5 月 1 日，为降低采购成本，向 B 公司一次购进了三套不同型号且有不同生产能力的设备 X、Y 和 Z。A 公司以银行存款支付货款 880 000 元、增值税税额 153 000 元、包装费 20 000 元。X 设备在安装过程中领用生产用原材料账面成本 20 000 元，支付安装费 30 000 元。假定设备 X、Y 和 Z 分别满足固定资产的定义及其确认条件，公允价值分别为 300 000 元、250 000 元、450 000 元。假设不考虑其他相关税费，则 X 设备的入账价值为多少元？

X 设备的入账价值 =（880 000+20 000）÷（300 000+250 000+450 000）× 300 000+20 000+30 000=320 000（元）。

（2）购买固定资产的价款超过正常信用条件延期支付，实质上具有融资性质的，固定资产的成本以购买价款的现值为基础确定。实际支付的价款与购买价款的现值之间的差额，应在信用期间内采用实际利率法进行摊销，摊销金额除满足借款费用资本化条件的应计入固定资产成本外，均应在信用期间内确认为财务费用，计入当期损益。

借：在建工程（或固定资产）（购买价款现值）

　　未确认融资费用（未来应付利息）

　　贷：长期应付款（未来应付本金和利息）

“未确认融资费用”是“长期应付款”的备抵科目，“未确认融资费用”科目的借方余额，会减少“长期应付款”项目的金额。

未确认融资费用摊销 = 期初应付本金余额 × 实际利率 =（期初长期应付款余额 – 期初未确认融资费用余额）× 实际利率

特别提示：

（1）“长期应付款”科目，反映未来应付本金和利息；

（2）“未确认融资费用”科目，反映未来应付利息，是“长期应付款”的备抵科目，不是资产类科目；

（3）应付本金余额＝长期应付款余额－未确认融资费用余额；

（4）应付本金余额在资产负债表中应作为负债通过下列两个项目列报：

1）“一年内到期的非流动负债”项目＝资产负债表日后一年内到期的应付本金余额＝一年内减少的长期应付款－一年内未确认融资费用摊销数。

2）“长期应付款”项目＝资产负债表日应付本金余额－资产负债表日后一年内到期的应付本金余额。

例 6. A 公司 2×18 年 1 月 1 日从 C 公司购入一台不需要安装的 N 型机器作为固定资产使用，该机器已收到。购货合同约定，N 型机器的总价款为 2 000 万元，A 公司分 3 年支付，2×18 年 12 月 31 日支付 1 000 万元，2×19 年 12 月 31 日支付 600 万元，2×20 年 12 月 31 日支付 400 万元。假定 A 公司 3 年期银行借款年利率为 6%，不考虑固定资产折旧的计提等其他因素。

已知：（P/F，6%，1）=0.943 4；（P/F，6%，2）=0.890 0；（P/F，6%，3）=0.839 6。

要求：编制 A 公司购入固定资产、2×18 年至 2×20 年未确认融资费用摊销和支付长期应付款的会计分录。

A 公司的会计分录如下：

（1）2×18 年 1 月 1 日：

固定资产入账价值 =1 000×0.943 4+600×0.890 0+400×0.839 6 =1 813.24（万元）；

长期应付款入账价值为 2 000 万元；

未确认融资费用金额 =2 000−1 813.24=186.76（万元）。

借：固定资产　　1 813.24

　　未确认融资费用　　186.76

贷：长期应付款　　2 000

（2）2×18 年 12 月 31 日：

未确认融资费用摊销金额 = 期初应付本金余额 × 实际利率 =（期初长期应付款余额 − 期初未确认融资费用余额）× 实际利率 =（2 000−186.76）×6%=108.79（万元）。

借：财务费用　　108.79

贷：未确认融资费用　　108.79

借：长期应付款　　1 000

贷：银行存款　　1 000

2×18 年 12 月 31 日应付本金余额 =（2 000−1 000）−（186.76−108.79）=922.03（万元）。

（3）2×19 年 12 月 31 日未确认融资费用摊销金额 =922.03×6%=55.32（万元）。

借：财务费用　　55.32

贷：未确认融资费用　　55.32

借：长期应付款　　600

贷：银行存款　　600

2×19 年应付本金减少额 =600−55.32=544.68（万元），在编制 2×18 年 12 月 31 日资产负债表时，该减少额应在“一年内到期的非流动负债”项目列报；2×18 年 12 月 31 日“长期应付款”项目列报金额 =922.03−544.68=377.35（万元）。

（4）2×20 年 12 月 31 日未确认融资费用摊销金额 =186.76−108.79−55.32=22.65（万元）。

借：财务费用　　22.65

贷：未确认融资费用　　22.65

借：长期应付款　　400

贷：银行存款　　400

若处置固定资产时，合同要求购买方同时承担尚未支付的应付款，则应同时终止确认“长期应付款”和尚未摊销的“未确认融资费用”，否则，应继续作为负债核算。

（二）自行建造固定资产

自行建造的固定资产，其成本由建造该项资产达到预定可使用状态前所发生的必要支出构成，包括工程用物资成本、人工成本、缴纳的相关税费、应予资本化的借款费用以及应分摊的间接费用等。企业自行建造规定资产包括自营建造和出包建造两种方式。无论采用何种方式，所建工程都应按照实际发生的支出确定其工程成本并单独核算。

特别提示：

企业为建造固定资产通过出让方式取得土地使用权而支付的土地出让金不计入在建工程成本，应确认为无形资产（土地使用权）。

1. 自营方式建造固定资产

（1）企业为建造固定资产准备的各种物资，应当按照实际支付的买价、运输费、保险费等相关税费作为实际成本，列入工程物资。

（2）工程完工后，剩余的工程物资，如转作本企业存货的，按其实际成本或计划成本进行结转。

（3）盘亏、报废、毁损的工程物资，减去残料价值（原材料）以及保险公司、过失人等赔款（其他应收款）后的差额：

第一，工程项目尚未完工的，计入或冲减工程项目的成本；

第二，工程项目已经完工的，计入当期营业外收入或营业外支出；

第三，非常原因造成的工程物资的盘亏、报废、毁损，直接计入营业外支出。

（4）所建造的固定资产已达到预定可使用状态，但尚未办理竣工结算的，应当自达到预定可使用状态之日起，根据工程预算、造价或者工程实际成本等，按暂估价值转入固定资产，并按有关计提固定资产折旧的规定，计提固定资产折旧。待办理竣工决算手续后再调整原来的暂估价值（追溯调整），但不需要调整原已计提的折旧额。

2. 自营建造固定资产相关会计处理

（1）购入工程物资。

借：工程物资

　　应交税费——应交增值税（进项税额）

贷：银行存款等

（2）领用工程物资。

借：在建工程

贷：工程物资

（3）领用材料。

借：在建工程

贷：原材料

（4）领用产品。

借：在建工程

贷：库存商品

（5）工程应负担的职工薪酬。

借：在建工程

贷：应付职工薪酬

（6）辅助生产部门的劳务。

借：在建工程

贷：生产成本

（7）满足资本化条件的借款费用。

借：在建工程

贷：长期借款——应计利息 / 应付利息

（8）达到预定可使用状态。

借：固定资产

贷：在建工程

例 7. 某企业自建厂房一幢，购入为工程准备的各种物资 50 万元，支付的增值税额为 6.5 万元，全部用于工程建设。领用本企业原材料一批，实际成本为 4 万元，增值税税率 13%；领用本企业生产的水泥一批，实际成本为 8 万元；工程人员应计工资 10 万元，支付的其他费用 3 万元。工程完工并达到预定可使用状态。该企业应作如下会计处理：

（1）购入工程物资时：

借：工程物资　　500 000

应交税费——应交增值税（进项税额）　　65 000

贷：银行存款　　565 000

（2）领用工程物资时：

借：在建工程　　500 000

　　贷：工程物资　　500 000

（3）领用本企业的原材料时：

借：在建工程　　40 000

　　贷：原材料　　40 000

（4）领用本企业生产的水泥：

借：在建工程　　80 000

　　贷：库存商品　　80 000

（5）应负担的职工薪酬：

借：在建工程　　100 000

　　贷：应付职工薪酬　　100 000

（6）支付工程发生的其他费用时：

借：在建工程　　30 000

　　贷：银行存款　　30 000

（7）工程完工达到预定可使用状态：

转入固定资产成本为：500 000+40 000+80 000+100 000+30 000=750 000（元）

借：固定资产　　750 000

　　贷：在建工程　　750 000

特别提示：

企业的在建工程在达到预定可使用状态前，因进行负荷联合试车而形成的、能够对外销售的产品，其发生的成本计入在建工程成本；销售或转为库存商品时，按其实际销售收入或预计售价冲减在建工程成本。

3. 出包方式建造固定资产

采用出包工程方式建造固定资产的企业，按照应支付的建筑工程支出、安装工程支出、安装设备支出、分摊的待摊支出等计量。

（1）待摊支出：指在建设期间发生的，不能直接计入某项固定资产价值、而应由所建造固定资产共同负担的相关费用。包括为建造工程发生的管理费、可行性研究费、临时设施费、公证费、监理费、应负担的税金、符合资本化条件的借款费用、建设期间发生的工程物资盘亏、报废及毁损净损失，以及负荷联合试车费等。

（2）待摊支出的分摊方法。

待摊支出分摊率＝累计发生的待摊支出 ÷（建筑工程支出＋安装工程支出＋在安装设备支出）×100%

某工程应分配的待摊支出＝某工程的建筑工程支出、安装工程支出和在安装设备支出合计 × 待摊支出分配率

特别提示：

试车期间取得的收入，冲减工程成本。

借：银行存款等

　　贷：在建工程

例 8. 甲公司是一家化工企业，2×19 年 5 月经批准启动硅酸钠项目建设工程，整个工程包括建造新厂房和冷却循环系统以及安装生产设备等 3 个单项工程。2×19 年 6 月 1 日，甲公司与乙公司签订合同，将该项目出包给乙公司承建。根据双方签订的合同，建造新厂房的价款为 6 000 000 元，建造冷却循环系统的价款为 4 000 000 元，安装生产设备需支付安装费用 500 000 元。上述价款中均不含增值税。假定不考虑其他相关费用。

要求：根据下列事项，编制甲公司相关的账务处理。

（1）2×19 年 6 月 10 日，甲公司按合同约定向乙公司预付 10% 备料款 1 000 000 元，其中厂房 600 000 元，冷却循环系统 400 000 元。

借：预付账款——乙公司　　　　1 000 000

　　贷：银行存款　　　　1 000 000

（2）2×19 年 11 月 2 日，建造厂房和冷却循环系统的工程进度达到 50%，甲公司与乙公司办理工程价款结算 5 000 000 元，其中厂房 3 000 000 元，冷却循环系统 2 000 000 元。乙公司开具的增值税专用发票上注明的价款为 5 000 000 元，增值税税额为 550 000 元。甲公司抵扣了预付备料款后，将余款用银行存款付讫。

借：在建工程——乙公司——建筑工程——厂房　　　　3 000 000

——冷却循环系统 2 000 000

应交税费——应交增值税（进项税额） 550 000

贷：银行存款 4 550 000

预付账款 1 000 000

（3）2×19 年 12 月 8 日，甲公司购入需安装的设备，取得增值税专用发票，价款总计 4 500 000 元，增值税进项税额为 585 000 元，已用银行存款付讫。

借：工程物资——××设备 4 500 000

应交税费——应交增值税（进项税额） 585 000

贷：银行存款 5 085 000

（4）2×20 年 3 月 10 日，建筑工程主体已完工，甲公司与乙公司办理工程价款结算 5 000 000 元。其中，厂房 3 000 000 元，冷却循环系统 2 000 000 元。乙公司开具的增值税专用发票上注明的价款为 5 000 000 元，增值税税额为 550 000 元。甲公司已通过银行转账支付了上述款项。

借：在建工程——乙公司——建筑工程——厂房 3 000 000

——冷却循环系统 2 000 000

应交税费——应交增值税（进项税额） 550 000

贷：银行存款 5 550 000

（5）2×20 年 4 月 1 日，甲公司将生产设备运抵现场，交乙公司安装。

借：在建工程——乙公司——安装工程——××设备 4 500 000

贷：工程物资——××设备 4 500 000

（6）2×20 年 5 月 10 日，生产设备安装到位，甲公司与乙公司办理设备安装价款结算。乙公司开具的增值税专用发票上注明的价款为 500 000 元，增值税税额为 55 000 元。甲公司已通过银行转账支付了上述款项。

借：在建工程——乙公司——安装工程——××设备 500 000

应交税费——应交增值税（进项税额） 55 000

贷：银行存款 555 000

（7）整个工程项目发生管理费、可行性研究费、公证费、监理费共计 300 000 元，已用银行存款转账支付。

借：在建工程——乙公司——待摊支出 300 000

贷：银行存款 300 000

（8）2×20 年 6 月 1 日，完成验收，各项指标达到设计要求。

1）计算分摊待摊支出：

待摊支出分摊率 =300 000÷（厂房 6 000 000+ 冷却循环系统 4 000 000+ 生产设备 4 500 000+ 安装费 500 000）×100%=2%

a. 厂房应分摊的待摊支出 =6 000 000×2%=120 000（元）

b. 循环系统应分配的待摊支出 =4 000 000×2%=80 000（元）

c. 安装工程应分配的待摊支出 =（4 500 000+500 000）×2%=100 000（元）

结转在建工程：

借：在建工程——乙公司——建筑工程——厂房　　　　120 000

　　　　　　　　　　　　　　　　　——冷却循环系统　80 000

　　　　　　　　　　　——安装工程——×× 设备　　100 000

　　贷：在建工程——乙公司——待摊支出　　　　　　300 000

2）计算完工固定资产的成本：

a. 厂房的成本 =6 000 000+120 000=6 120 000（元）

b. 冷却循环系统的成本 =4 000 000+80 000=4 080 000（元）

c. 生产设备的成本 =（4 500 000+500 000）+100 000=5 100 000（元）

借：固定资产——厂房　　　　　　　　　　　　6 120 000

　　　　　　——冷却循环系统　　　　　　　　4 080 000

　　　　　　——×× 设备　　　　　　　　　　5 100 000

　　贷：在建工程——乙公司——建筑工程——厂房　　6 120 000

　　　　　　　　　　　　　　　　　　——冷却循环系统

　　　　　　　　　　　　　　　　　　　　　　　4 080 000

　　　　　　　　　　　——安装工程——×× 设备 5 100 000

（三）其他方式取得的固定资产的成本

（1）投资者投入固定资产的成本；

（2）通过非货币性资产交换、债务重组、企业合并等方式取得的固定资产的成本；

（3）盘盈的固定资产，作为前期差错处理。

（四）存在弃置费用的固定资产

弃置费用通常指根据国家法律和行政法规、国际公约等规定，企业承担的环境保护和生态恢复等义务所确定的支出，如核电站核设施等的弃置和恢复环境等义务。一般工商企业的固定资产发生的报废清理费用，不属于弃置费用，应在发生时作为固定资产处置费用处理。

第二节　固定资产的后续计量

一、固定资产折旧

（一）固定资产折旧的定义

折旧指在固定资产的使用寿命内，按照确定的方法对应计折旧额进行的系统分摊。应计折旧额，是指应当计提折旧的固定资产的原价扣除其预计净残值后的金额。如果已对固定资产计提减值准备，还应扣除已计提的固定资产减值准备累计金额。

（二）影响固定资产折旧的因素

1. 固定资产原价

固定资产原价指固定资产的成本。

2. 预计净残值

预计净残值指假定固定资产预计使用寿命已满并处于使用寿命终了时的预期状态，企业目前从该项资产处置中获得的扣除预计处置费用后的金额。

3. 固定资产减值准备

固定资产减值准备指固定资产已计提的固定资产减值准备累计金额。固定资产计提减值准备后，应在剩余使用寿命内根据调整后的固定资产账面价值（固定资产账面余额扣减累计折旧和累计减值准备后的金额）和预计净残值重新计算确定折旧率和折旧额。

4. 固定资产的使用寿命

固定资产的使用寿命指企业使用固定资产的预计期间，或者该固定资产所能生产产品或提供劳务的数量。企业确定固定资产使用寿命时，应考虑下列因素：

（1）该项资产预计生产能力或实物产量。

（2）该项资产预计有形损耗，指固定资产在使用过程中，由于正常使用和自然力的作用而引起的使用价值和价值的损失，如设备使用中发生磨损、房屋建筑物受到自然侵蚀等。

（3）该项资产预计无形损耗，指由于科学技术的进步和劳动生产率的提高而带来的固定资产价值上的损失，如因新技术的出现而使现有的资产技术水平相对陈旧、市场需求变化使其所生产的产品过时等。

（4）法律或者类似规定对该项资产使用的限制。某些固定资产的使用寿命可能受法律或类似规定的约束。如对于融资租赁的固定资产，根据《企业会计准则第21号——租赁》规定，能够合理确定租赁期届满时将会取得租赁资产所有权的，应当在租赁资产使用寿命内计提折旧；如果无法合理确定租赁期届满时能够取得租赁资产所有权的，应当在租赁期与租赁资产使用寿命两者中较短的期间内计提折旧。

（三）固定资产折旧范围

1. 已达到预定可使用状态的固定资产

无论是否交付使用，尚未办理竣工决算的，应按照估计价值确认为固定资产，并计提折旧；待办理了竣工决算手续后，再按实际成本调整原来的暂估价值，但不需要调整原已计提的折旧额。

2. 处于更新改造过程停止使用的固定资产

应将其账面价值转入在建工程，不再计提折旧。更新改造项目达到预定可使用状态转为固定资产后，再按重新确定的折旧方法和该项固定资产尚可使用寿命计提折旧。

3. 因进行大修理而停用的固定资产

应照提折旧，计提的折旧额应计入相关资产成本或当期损益。

特别提示：

（1）固定资产应当按月计提折旧，当月增加的固定资产，当月不计提折旧，从下月起计提折旧；当月减少的固定资产，当月仍计提折旧，从下月起不计提折旧。

（2）固定资产提足折旧后，不论能否继续使用，均不再计提折旧，提前报废的固定资产也不再补提折旧。

（3）下列固定资产不计提折旧：①已提足折旧仍继续使用的固定资产；②按照规定单独估计作为固定资产入账的土地。

（四）固定资产折旧方法

企业应根据与固定资产有关的经济利益的预期消耗方式，合理选择固定资产折旧方法。

可选用的折旧方法包括年限平均法、工作量法、双倍余额递减法和年数总和法等。固定资产的折旧方法一经确定，不得随意变更。

特别提示：

企业在选择固定资产折旧方法时，应根据与固定资产有关的经济利益的预期消耗方式做出决定。由于收入可能受到投入、生产过程、销售等因素的影响，这些因素与固定资产有关经济利益的预期消耗方式无关，因此，企业不应以包括使用固定资产在内的经济活动所产生的收入为基础进行折旧。

1. 年限平均法

年限平均法又称直线法，指将固定资产的应计折旧额均衡地分摊到固定资产预计使用寿命内的一种方法。采用这种方法计算的每期折旧额均相等。

年折旧额 =（原价 – 预计净残值）÷ 预计使用年限

= 原价 ×（1– 预计净残值 / 原价）÷ 预计使用年限

= 原价 × 年折旧率

例 9. 某企业有设备一台，原价为 50 000 元，预计可使用 5 年，预计报废时的净残值率为 4%。该设备的折旧率和折旧额是多少？

年折旧率 =（1−4%）÷ 5 × 100%=19.2%

月折旧率 =19.2% ÷ 12=1.6%

月折旧额 =50 000 × 1.6%=800（元）

2. 工作量法

工作量法，是根据实际工作量计算每期应提折旧额的一种方法。

例 10. 甲公司的一台机器设备原价为 800 000 元，预计生产产品产量为 4 000 000 个，预计净残值率为 5%，本月生产产品 40 000 个。假设甲公司没有对该机器设备计提减值准备，则该台机器设备的本月折旧额计算如下：

单个折旧额 =800 000 ×（1−5%）÷ 4 000 000=0.19（元 / 个）

本月折旧额 =40 000 × 0.19=7 600（元）

例 11. 某企业一台汽车原值 60 000 元，预计净残值率为 5%，预计可行驶 100 000 千米，本月实际行驶 2 000 千米，则本月折旧额计算如下：

每公里折旧额 =60 000×（1−5%）÷100 000=0.57（元 / 千米）

月折旧额 =0.57×2 000=1 140（元 / 千米）

3. 双倍余额递减法

双倍余额递减法，指在不考虑固定资产预计净残值的情况下，根据每期期初固定资产原价减去累计折旧后的金额（即固定资产净值）和双倍的直线法折旧率计算固定资产折旧的一种方法。

年折旧额 = 期初固定资产净值 ×2÷ 预计使用年限

不考虑净残值，最后两年改为年限平均法。

例 12. 甲公司某项设备原价为 120 万元，预计使用寿命为 5 年，预计净残值率为 4%。假设甲公司没有对该机器设备计提减值准备。

（1）甲公司按双倍余额递减法计算折旧，每年折旧额计算如下：

年折旧率 =2÷5×100%=40%

第一年应提的折旧额 =120×40%=48（万元）

第二年应提的折旧额 =（120−48）×40%=28.8（万元）

第三年应提的折旧额 =（120−48−28.8）×40%=17.28（万元）

从第四年起改按年限平均法（直线法）计提折旧：

第四、五年应提的折旧额 =（120−48−28.8−17.28−120×4%）÷2=10.56（万元）

（2）若该设备是甲公司于 2018 年 9 月购入的不需安装的设备，其他条件不变。

第 1 年（2018 年 10 月～ 2019 年 9 月）

第 2 年（2019 年 10 月～ 2020 年 9 月）

2018 年计提折旧 =48×3÷12=12（万元）

2019 年计提折旧 =48×9÷12+28.8×3÷12=43.2（万元）

4. 年数总和法

年数总和法，又称年限合计法，是将固定资产的原价减去预计净残值的余额乘以一个以固定资产尚可使用寿命为分子、以预计使用寿命逐年数字之和为分母的逐年递减的分数计算每年的折旧额。

年折旧额 =（原价 − 预计净残值）× 年折旧率

年折旧率用一递减分数表示，将逐期年数相加作为递减分数的分母，将逐期年数倒转顺序分别作为各年递减分数的分子。

例 13. 某企业有设备一台，原值 100 000 元，预计净残值为 4 000 元，预计使用年限为 5 年，采用年数总和法计算折旧。

年数总和 =1+2+3+4+5=15 年

表 7–1 固定资产折旧表（年数总和法）

折旧年度	计提折旧总额	尚可使用年限	折旧率	年折旧额
1	96 000	5	5/15	32 000
2	96 000	4	4/15	25 600
3	96 000	3	3/15	19 200
4	96 000	2	2/15	12 800
5	96 000	1	1/15	6 400

（五）固定资产折旧的会计处理

（1）生产车间所使用的固定资产折旧费计入“制造费用”科目，不能是“生产成本”科目。

（2）行政办公用固定资产折旧费计入“管理费用”科目。

（3）经营租赁方式租出的固定资产折旧费计入“其他业务成本”科目。

（4）专设销售机构固定资产的折旧费计入“销售费用”科目。

（5）未使用、不需用固定资产折旧费计入“管理费用”科目。但税前不能扣除，需要纳税调整。

（6）自营工程施工中使用自己的设备折旧费计入“在建工程”科目。

借：制造费用

　　管理费用

　　销售费用

　　在建工程

　　其他业务成本

　　贷：累计折旧

例 14. 某企业本月计提固定资产折旧 9 600 元，其中车间固定资产折旧 4 000 元，行政管理部门固定资产折旧 4 600 元，专设销售机构固定资产折旧 1 000 元。编制会计分录如下：

借：制造费用　　4 000

　　管理费用　　4 600

销售费用　　1 000

贷：累计折旧　　9 600

（六）固定资产预计使用寿命、预计净残值和折旧方法的复核

（1）企业至少应当于每年年度终了，对固定资产的使用寿命、预计净残值和折旧方法进行复核。

（2）如有确凿证据表明，使用寿命预计数与原先估计数有差异的，应当调整固定资产使用寿命。

（3）如有确凿证据表明，预计净残值预计数与原先估计数有差异的，企业应调整预计净残值。

（4）固定资产使用过程中所处经济环境、技术环境以及其他环境的变化也可能致使与固定资产有关的经济利益预期消耗方式有重大改变，企业应相应改变固定资产折旧方法。

（5）固定资产使用寿命、预计净残值和折旧方法的改变应当作为会计估计变更。

特别提示：

固定资产使用寿命、预计净残值和折旧方法改变后，固定资产以改变时点的账面价值（原值－累计折旧－固定资产减值准备）作为以后期间计提折旧的基数。

二、固定资产后续支出

固定资产后续支出，指固定资产在使用过程中发生的更新改造支出、修理费用等。

后续支出的处理原则：符合固定资产确认条件的，应计入固定资产成本，同时将被替换部分的账面价值扣除；不符合固定资产确认条件的，应当计入当期损益。

（一）资本化的后续支出

固定资产发生可资本化的后续支出时，企业一般应将该固定资产的原价、已计提的累计折旧和减值准备转销，将固定资产的账面价值转入在建工程，并在此基础上重新确定固定资产原价。因已转入在建工程，因此停止计提折旧。在固定资产发生的后续支出完工并达到预定可使用状态时，再从在建工程转为固定资产，并按重新确定的固定资产原价、使用寿命、预计净残值和折旧方法计提折旧。固定资产发生的可资本化的后续支出，通过“在建工程”科目核算。

例 15. 甲公司有关固定资产更新改造的资料如下：

（1）2017 年 12 月 30 日，该公司自行建成了一条生产线，建造成本为 1 136 000 元；采用年限平均法计提折旧；预计净残值率为 3%，预计使用寿命 6 年。

（2）2019 年 12 月 31 日，由于生产的产品适销对路，现有生产线的生产能力已难以满足公司生产发展的需要，但若新建生产线则建设周期过长。甲公司决定对现有生产线进行改扩建，以提高其生产能力。假定该生产线未发生减值。

（3）2019 年 12 月 31 日至 2020 年 3 月 31 日，经过 3 个月的改扩建，完成了对这条印刷生产线的改扩建工程，共发生支出 537 800 元，全部以银行存款支付。

（4）该生产线改扩建工程达到预定可使用状态后，大大提高了生产能力，预计将其使用寿命延长 4 年，即为 10 年。假定改扩建后的生产线的预计净残值率为改扩建后固定资产账面价值的 3%；折旧方法仍为年限平均法。

（5）为简化计算过程，整个过程不考虑其他相关税费；公司按年度计提固定资产折旧。

分析：本例中，生产线改扩建后，生产能力将大大提高，能够为企业带来更多的经济利益，改扩建的支出金额也能可靠计量，因此该后续支出符合固定资产的确认条件，应计入固定资产的成本。有关的账务处理如下：

（1）固定资产后续支出发生前：

该条生产线的应计折旧额 =1 136 000×（1−3%）=1 101 920（元）

年折旧额 =1 101 920÷6 ≈ 183 653.33（元）

2018 年和 2019 年这两年计提固定资产折旧的账务处理为：

借：制造费用　　183 653.33

　　贷：累计折旧　　183 653.33

（2）2019 年 12 月 31 日，固定资产的账面价值 =1 136 000−（183 653.33×2）

=768 693.34（元）

固定资产转入改扩建：

借：在建工程——×× 生产线　　768 693.34

　　累计折旧　　367 306.66（183 653.33×2）

　　贷：固定资产——×× 生产线　　1 136 000

（3）2019 年 12 月 31 日至 2020 年 3 月 31 日，发生改扩建工程支出：

借：在建工程——×× 生产线　　537 800

　　贷：银行存款等　　537 800

（4）2020 年 3 月 31 日，生产线改扩建工程达到预定可使用状态，固定资产的入账价值 =768 693.34+537 800=1 306 493.34（元）

借：固定资产——×× 生产线　　1 306 493.34

　　贷：在建工程——×× 生产线　　1 306 493.34

（5）2020 年 3 月 31 日，转为固定资产后，按重新确定的使用寿命、预计净残值和折旧方法计提折旧：

应计折旧额 =1 306 493.34×（1−3%）=1 267 298.54（元）

月折旧额 =1 267 298.54÷（7×12+9）=13 626.87（元）

2020 年应计提的折旧额 =13 626.87×9=122 641.83（元）

会计分录为：

借：制造费用　　122 641.83

　　贷：累计折旧　　122 641.83

企业发生的某些固定资产后续支出可能涉及替换原固定资产的某组成部分，当发生的后续支出符合固定资产确认条件时，应将其计入固定资产成本，同时将被替换部分的账面价值扣除。这样可以避免将替换部分的成本和被替换部分的成本同时计入固定资产成本，导致固定资产成本高计。企业对固定资产进行定期检查发生的大修理费用，符合资本化条件的，可以计入固定资产成本，不符合资本化条件的，应费用化，计入当期损益。固定资产在定期大修理间隔期间，照提折旧。

例 16. 2019 年 6 月 30 日，甲公司一台生产用升降机械出现故障，经检修发现其中的电动机磨损严重，需要更换。该升降机购买于 2015 年 6 月 30 日，甲公司已将其整体作为一项固定资产进行了确认，原价为 400 000 元（其中的电动机在 2015 年 6 月 30 日的市场价格为 85 000 元），预计净残值为 0，预计使用年限为 10 年，采用年限平均法计提折旧。为继续使用该升降机械并提高工作效率，甲公司决定对其进行改造，为此购买了一台更大功率的电动机代替原电动机。新购置电动机的价款为82 000元，增值税额为10 660元，款项已通过银行转账支付；改造过程中，辅助生产车间提供了劳务支出15 000元。假定原电动机磨损严重，没有任何价值，不考虑其他相关税费。

（1）固定资产账面价值转入在建工程。本例中的更新改造支出符合固定资产的确认条件，应予以资本化；同时应终止确认原电动机价值：

2019年6月30日，升降机的账面价值=400 000-（400 000÷10）×4=240 000（元）

其中，原电动机的账面价值=85 000-（85 000÷10）×4=51 000（元）

借：在建工程　　240 000

　　累计折旧　　160 000

　　贷：固定资产——升降机械　　400 000

（2）扣除替换部分账面价值：

借：营业外支出　　51 000

　　贷：在建工程　　51 000

（3）更新改造支出：

借：工程物资——新电动机　　82 000

　　应交税费——应交增值税（进项税额）　　10 660

　　贷：银行存款　　92 660

借：在建工程——升降机械　　97 000

　　贷：工程物资——新电动机　　82 000

　　　　生产成本——辅助生产成本　　15 000

（4）在建工程转回固定成本：

借：固定资产——升降机械　　286 000

　　贷：在建工程——升降机械　　286 000

（二）费用化的后续支出

（1）与固定资产有关的修理费用等后续支出，不符合固定资产确认条件的，应当根据不同情况分别在发生时计入当期管理费用或销售费用。

（2）具体处理原则。

1）除与存货的生产和加工相关的固定资产的修理费用按照存货成本确定原则进行处理外，行政管理部门、企业专设的销售机构等发生的固定资产修理费用等后续支出计入管理费用或销售费用。

2）企业固定资产更新改造支出不满足资本化条件的，在发生时应直接计入当期损益。一般会计分录如下：

借：管理费用 / 销售费用等

　　贷：原材料 / 应付职工薪酬 / 银行存款等

3）融资租入固定资产发生的固定资产后续支出，比照上述原则处理。

4）经营租入固定资产发生的改良支出，应通过“长期待摊费用”科目核算，并在剩余租赁期与租赁资产尚可使用年限两者中较短的期间内，采用合理的方法进行摊销。

例 17. 2018 年 1 月 10 日，甲公司对现有的一台生产用机器设备进行日常维护，维护过程中领用本企业原材料一批，价值为 94 000 元，应支付维护人员的工资为 28 000 元，不考虑其他相关税费。

分析：本例中，对机器设备的维护，仅仅是为了维护固定资产的正常使用而发生的，不产生未来的经济利益，因此应在其发生时确认为费用。

甲公司的账务处理为：

借：管理费用　　122 000

　　贷：原材料　　94 000

　　　　应付职工薪酬　　28 000

第三节　固定资产的处置

固定资产处置，包括固定资产的出售、转让、报废和毁损、对外投资、非货币性资产交换、债务重组等。固定资产处置一般通过“固定资产清理”科目核算。

一、固定资产终止确认的条件

固定资产满足下列条件之一的，应当予以终止确认：

（1）该固定资产处于处置状态；

（2）该固定资产预期通过使用或处置不能产生经济利益。

二、固定资产处置的会计处理

（一）固定资产处置的会计处理原则

（1）企业出售、转让划归为持有待售类别的，按照持有待售非流动资产、处置组的相关内容进行会计处理；

（2）未划归为持有待售类别而出售、转让的，通过“固定资产清理”科目归集所发生的损益，其产生的利益或损失转入“资产处置损益”科目，计入当期损益；

（3）固定资产因报废毁损等原因而终止确认的，通过“固定资产清理”科目归集所发生的损益，其产生的利得或损失计入营业外收入或营业外支出。

特别提示：

未丧失使用功能的固定资产处置损益通过“资产处置损益”科目核算；已丧失使用功能的固定资产处置损益通过“营业外收支”科目核算。

（二）固定资产处置的会计方法

1. 固定资产转入清理

借：固定资产清理
　　累计折旧
　　固定资产减值准备
　　贷：固定资产

2. 发生的清理费用

借：固定资产清理
　　贷：银行存款

3. 出售收入、残料等的处理

借：银行存款 / 原材料等
　　贷：固定资产清理
　　　　应交税费——应交增值税（销项税额）

4. 保险赔偿的处理

借：其他应收款 / 银行存款等

贷：固定资产清理

5. 清理净损益的处理

（1）因已丧失使用功能（如：正常报废清理）或因自然灾害发生毁损等原因而报废清理产生的利得或损失应计入营业外收支。

属于生产经营期间正常报废清理的净损失，

借：营业外支出——处置非流动资产损失

贷：固定资产清理

属于自然灾害等非正常原因造成的损失，

借：营业外支出——非常损失

贷：固定资产清理

属于固定资产清理完成后的生产经营期间的净收益，

借：固定资产清理

贷：营业外收入

（2）因出售、转让等原因（人为原因）产生的固定资产处置利得或损失应计入资产处置损益。

属于出售、转让等原因造成的损失，

借：资产处置损益

贷：固定资产清理

属于出售、转让等原因产生的净收益，

借：固定资产清理

贷：资产处置损益

注：筹建期间的，冲减“管理费用”。

例 18. 乙公司有一台设备，因使用期满经批准报废。该设备原价为 186 400 元。累计已计提折旧 177 080 元、减值准备 2 300 元。在清理过程中，以银行存款支付清理费用 4 000 元，收到设备变卖收入 5 400 元，增值税为 918 元。有关账务处理如下：

（1）固定资产转入清理：

借：固定资产清理	7 020	
累计折旧	177 080	
固定资产减值准备	2 300	
贷：固定资产		186 400

（2）发生清理费用：

借：固定资产清理　　4 000

　贷：银行存款　　4 000

（3）收到残料变价收入：

借：银行存款　　5 400

　贷：固定资产清理　　5 400

　　应交税费——应交增值税（销项税额）　　918

（4）结转固定资产净损益：

借：营业外支出——处置非流动资产损失　　5 620

　贷：固定资产清理　　5 620

三、固定资产的清查

（一）盘盈

按盘盈的固定资产，作为前期差错处理，借记“以前年度损益调整”科目。

（1）批准处理前，应先通过“以前年度损益调整”科目核算。

借：固定资产

　贷：以前年度损益调整

（2）按管理权限报经批准后处理。

借：以前年度损益调整

　贷：盈余公积

　　利润分配——未分配利润

（二）盘亏

按盘亏固定资产的账面价值借记“待处理财产损溢——待处理固定资产损溢”科目。

（1）批准前将固定资产的账面价值转入“待处理财产损溢”。

借：待处理财产损溢——待处理固定资产损溢

　累计折旧

　固定资产减值准备

　贷：固定资产

（2）按管理权限报经批准后处理。

借：其他应收款

　　营业外支出——盘亏损失

　　贷：待处理财产损溢——待处理固定资产损溢

例 19. 甲公司年末对固定资产进行清查时，发现丢失一台冷冻设备。该设备原价 52 000 元，已计提折旧 20 000 元，并已计提减值准备 12 000 元。经查，冷冻设备丢失的原因在于保管员看守不当。经批准，由保管员赔偿 5 000 元。有关账务处理如下：

（1）发现冷冻设备丢失时：

借：待处理财产损溢——冷冻设备　　20 000

　　累计折旧　　20 000

　　固定资产减值准备　　12 000

　　贷：固定资产　　52 000

（2）报经批准后：

借：其他应收款——保管员　　5 000

　　营业外支出——盘亏损失　　15 000

　　贷：待处理财产损溢——冷冻设备　　20 000

第八章　无形资产

【目的要求】

通过本章的学习，学生能理解无形资产及其他资产的概念、特征、内容及确认条件。理解和掌握其相关业务的会计处理。

【重点与难点】

本章的重点是无形资产的确认和计量以及无形资产处置的会计处理。难点是无形资产的取得和内部研发费用的会计处理。

第一节　无形资产的确认和初始计量

一、无形资产的定义与特征

（一）无形资产的定义

无形资产指企业拥有或者控制的没有实物形态的可辨认非货币性资产。

（二）无形资产的特征

1. 由企业拥有或者控制并能为其带来未来经济利益的资源

2. 无形资产不具有实物形态

（1）某些无形资产的存在有赖于实物载体。计算机控制的机械工具没有特定计算机软件就不能运行时，则说明该软件构成相关硬件不可缺少的组成部分，则该软件应作为固定资产核算。

（2）如果计算机软件不是相关硬件不可缺少的组成部分，则该软件应作为无形资产核算。

3. 无形资产具有可辨认性

符合下列条件之一的，则认为其具有可辨认性：

（1）能够从企业中分离或者划分出来，并能单独用于出售、转让等，而不需要同时处置在同一获利活动中的其他资产，说明无形资产具有可辨认性。

（2）源于合同性权利或其他法定权利，无论这些权利是否可以从企业或其他权利和义务中转移或者分离。

4. 无形资产属于非货币性资产

特别提示：

（1）商誉的存在无法与企业自身分离，不具有可辨认性，不属于本章所指的无形资产。

（2）如果企业有权获得一项无形资产产生的未来经济利益，并能约束其他方获取这些利益，则表明企业控制了该项无形资产。

（3）客户关系、人力资源等，由于企业无法控制其带来的未来经济利益，不符合无形资产的定义，不应将其确认为无形资产。

（4）企业及内部产生的品牌、报刊名、刊头、客户名单和实质上类似项目的支出，由于不能与企业整个业务开发成本区分开来，成本无法可靠地计量，因此不作为无形资产确认。

二、无形资产的内容和分类

（一）无形资产的内容

无形资产的内容主要包括专利权、非专利技术、商标权、著作权、土地使用权、特许权等。

（1）专利权：指国家专利局依法授予发明创造专利申请人对其发明创造在法定期限内所享有的专有权利，包括发明（15年）、实用新型（5年）和外观设计（5年）专利权。

（2）非专利技术：也称专有技术，指不为外界所知、在生产经营过程中已采用、不享有法律保护的各种技术和经验。

（3）商标权：用来辨认特定的商品或劳务的标记。（10年，可展期）具有独占使用权和禁止权。

（4）著作权：也称版权，指作者对其创作的文学、科学和艺术作品享有的某些特殊权利。包括人身权利和财产权利。从作品产生到作者身故后50年。

（5）土地使用权：指国家准许某企业在一定期间内对国有土地享有开发、利用、经营的权利。其取得方式有行政划拨取得、外购取得、投资者投入等。

（6）特许权：也称经营特许权、专营权，是指企业在某一地区经营或销售某种特定商品的权利或是一家企业接受另一家企业使用商标、商号、技术秘密等的权利。

（二）无形资产的分类

（1）按经济内容分类：专利权、非专利技术、商标权、著作权、土地使用权、特许权等。

（2）按来源途径分类：外来无形资产和自创无形资产。

（3）按能否直接辨认分类：可直接辨认无形资产和不可直接辨认无形资产。

（4）按经济寿命分类：期限确定的无形资产和期限不确定的无形资产。

三、无形资产的确认条件

无形资产应在符合定义的前提下，同时满足下列条件的，才能予以确认：

（1）与该无形资产有关的经济利益很可能流入企业；

（2）该无形资产的成本能够可靠地计量。

四、无形资产的初始计量

无形资产通常是按实际成本计量的，即以取得无形资产并使之到预定用途而发生的全部支出，作为无形资产的成本。

（一）外购无形资产的成本

外购无形资产的成本，包括购买价款、相关税费以及直接归属于使该项资产达到预定用途所发生的其他支出。

（1）直接归属于使该项资产达到预定用途所发生的其他支出包括使无形资产达到预定用途所发生的专业服务费用、测试无形资产是否能够正常发挥作用的费用等。

下列各项不包括在无形资产的初始成本中：①为引进新产品进行宣传发

生的广告费、管理费用及其他间接费用；②无形资产已经达到预定用途以后所发生的其他支出。

例 1. A 公司经 B 公司准许，成立以乙公司商号命名的连锁店。按合同规定，一次性支付 B 公司特许经营费 800 000 元，以银行存款支付。

A 公司的账务处理如下：

借：无形资产——某特许权　　800 000

　　贷：银行存款　　800 000

例 2. 甲公司从乙公司购入一项专利权，按照协议约定以现金支付，实际支付的价款为 300 万元，并支付相关税费 1 万元和有关专业服务费用 5 万元，款项已通过银行转账支付。

甲公司的账务处理如下：

无形资产初始计量的成本 =300+1+5=306（万元）

借：无形资产——专利权　　3 060 000

　　贷：银行存款　　3 060 000

（2）购买无形资产的价款超过正常信用条件延期支付，实质上具有融资性质的，无形资产的初始成本以购买价款的现值为基础确定。实际支付的价款与购买价款的现值之间的差额作为未确认融资费用，应在付款期间内采用实际利率法进行摊销，摊销金额除满足借款费用资本化条件应当计入无形资产成本外，均应当在信用期间内计入当期损益（财务费用）。

例 3. 2021 年 1 月 8 日，甲公司从乙公司购买一项商标权，由于甲公司资金周转比较紧张，经与乙公司协议采用分期付款方式支付款项。合同规定，该项商标权总计 1 000 万元，每年年末付款 200 万元，5 年付清。假定银行同期贷款利率为 5%。为了简化核算，假定不考虑其他有关税费（已知 5 年期 5% 利率，其年金现值系数为 4.329 5）。甲公司的账务处理如下（未确认融资费用摊销见表 8-1）：

无形资产现值 =200 × 4.329 5=865.9（万元）

未确认的融资费用 =1 000−865.9=134.1（万元）

借：无形资产——商标权　　8 659 000

　　未确认融资费用　　1 341 000

　　贷：长期应付款　　10 000 000

表 8-1 未确认的融资费用金额 单位：万元

年份	融资余额	利率	本年利息	付款	还本	未确认融资费用
			融资余额 × 利率		付款 - 利息	上年余额 - 本年利息
0	865.90					134.10
1	709.20	0.05	43.30	200.00	156.70	90.80
2	544.66	0.05	35.46	200.00	164.54	55.34
3	371.89	0.05	27.23	200.00	172.77	28.11
4	190.48	0.05	18.59	200.00	181.41	9.52
5	0.00	0.05	9.52	200.00	190.48	0.00
合计			134.10	1 000.00	865.90	

各年未确认融资费用的摊销可计算如下：

第 1 年（2021 年）未确认融资费用摊销额 =（1 000−134.1）×5%=43.30（万元）

第 2 年（2022 年）未确认融资费用摊销额 =［（1 000−200）−（134.1−43.30）］×5%=35.46（万元）

第 3 年（2023 年）未确认融资费用摊销额 =［（1 000−200−200）−（134.1−43.30−35.46）］×5%=27.23（万元）

第 4 年（2024 年）未确认融资费用摊销额 =［（1 000−200−200−200）−（134.1−43.30−35.46−27.23）］×5%=18.59（万元）

第 5 年（2025 年）未确认融资费用摊销额 =134.1−43.30−35.46−27.23−18.59=9.52（万元）

2021 年年底付款时：

借：长期应付款 2 000 000

  贷：银行存款 2 000 000

借：财务费用 433 000

  贷：未确认融资费用 433 000

2022 年年底付款时：

借：长期应付款 2 000 000

  贷：银行存款 2 000 000

借：财务费用　　354 600
　　贷：未确认融资费用　　354 600

2023 年年底付款时：

借：长期应付款　　2 000 000
　　贷：银行存款　　2 000 000

借：财务费用　　272 300
　　贷：未确认融资费用　　272 300

2024 年年底付款时：

借：长期应付款　　2 000 000
　　贷：银行存款　　2 000 000

借：财务费用　　185 900
　　贷：未确认融资费用　　185 900

2025 年年底付款时：

借：长期应付款　　2 000 000
　　贷：银行存款　　2 000 000

借：财务费用　　95 200
　　贷：未确认融资费用　　95 200

（二）投资者投入无形资产的成本

投资者投入无形资产的成本，应按照投资合同或协议约定的价值确定，但合同或协议约定价值不公允的除外。

例 4. 因乙公司创立的商标已有较好的声誉，甲公司预计使用乙公司商标后可使其未来利润增长 30%。为此，甲公司与乙公司协议商定，乙公司以其商标权投资于甲公司，双方协议价格（等于公允价值）为 500 万元，甲公司另支付印花税等相关税费 2 万元，款项已通过银行转账支付。

该商标权的初始计量，应当以取得时的成本为基础。取得时的成本为投资协议约定的价格 500 万元，加上支付的相关税费 2 万元。

甲公司接受乙公司作为投资的商标权的成本 =500+2=502（万元）

甲公司的账务处理如下：

借：无形资产——商标权　　5 020 000
　　贷：实收资本（或股本）　　5 000 000
　　　　银行存款　　20 000

（三）非货币性资产交换、债务重组和政府补助取得的无形资产的成本

非货币性资产交换、债务重组和政府补助取得的无形资产的成本，应分别按照本书“非货币性资产交换”“债务重组”“政府补助”的有关规定确定。

（四）土地使用权的处理

企业取得的土地使用权，通常应当按照取得时所支付的价款及相关税费确认为无形资产。土地使用权用于自行开发建造厂房等地上建筑物时，土地使用权的账面价值不与地上建筑物合并计算其成本，而仍作为无形资产进行核算，土地使用权与地上建筑物分别进行摊销和提取折旧。但下列情况除外：

（1）房地产开发企业取得的土地使用权用于建造对外出售的房屋建筑物，相关的土地使用权应当计入所建造的房屋建筑物成本。

（2）企业外购房屋建筑物，实际支付的价款中包括土地以及地上建筑物的价值，则应当对支付的价款按照合理的方法（例如，公允价值的比例）在土地和地上建筑物之间进行分配；如果确实无法在地上建筑物与土地使用权之间进行合理分配的，应当全部作为固定资产，按照固定资产确认和计量的规定进行处理。

特别提示：

企业改变土地使用权的用途，将其用于出租或增值目的时，应将其转为投资性房地产。

例5. 2019年1月1日，A股份有限公司购入一块土地的使用权，以银行存款转账支付8 000万元，并在该土地上自行建造厂房等工程，发生材料支出12 000万元，工资费用8 000万元，其他相关费用10 000万元等。该工程已经完工并达到预定可使用状态。假定土地使用权的使用年限为50年，该厂房的作用年限为25年，两者都没有净残值，都采用直线法进行摊销和计提折旧。为简化核算，不考虑其他相关税费。

分析：A公司购入土地使用权，使用年限为50年，表明它属于使用寿命有限的无形资产，在该土地上自行建造厂房，应将土地使用权和地上建筑物分别作为无形资产和固定资产进行核算，并分别摊销和计提折旧。

A 公司的账务处理如下：

（1）支付转让价款：

借：无形资产——土地使用权　　80 000 000

　　贷：银行存款　　80 000 000

（2）在土地上自行建造厂房：

借：在建工程　　300 000 000

　　贷：工程物资　　120 000 000

　　　　应付职工薪酬　　80 000 000

　　　　银行存款　　100 000 000

（3）厂房达到预定可使用状态：

借：固定资产　　300 000 000

　　贷：在建工程　　300 000 000

（4）每年分期摊销土地使用权和对厂房计提折旧：

借：管理费用　　1 600 000

　　制造费用　　12 000 000

　　贷：累计摊销　　1 600 000

　　　　累计折旧　　12 000 000

第二节　内部研究开发费用的确认和计量

一、研究阶段和开发阶段的划分

研究开发项目区分为研究阶段与开发阶段。企业应根据研究与开发的实际情况加以判断。

（一）研究阶段

研究指为获取并理解新的科学或技术知识而进行的独创性的有计划调查。

企业内部研究开发项目研究阶段的支出，应当于发生时计入当期损益（管理费用）。

（二）开发阶段

开发指在进行商业性生产或使用前，将研究成果或其他知识应用于某项计划或设计，以生产出新的或具有实质性改进的材料、装置、产品等。

二、开发阶段有关支出资本化的条件

企业内部研究开发项目开发阶段的支出，同时满足下列条件的，才能确认为无形资产：

（1）完成该无形资产以使其能够使用或出售在技术上具有可行性。

（2）具有完成该无形资产并使用或出售的意图。

（3）无形资产产生经济利益的方式。无形资产是否能够为企业带来经济利益，应当对运用该无形资产生产产品的市场情况进行可靠预计，以证明所生产的产品存在市场并能够带来经济利益，或能够证明市场上存在对该无形资产的需求。

（4）有足够的技术、财务资源和其他资源支持，以完成该无形资产的开发，并有能力使用或出售该无形资产。

（5）归属于该无形资产开发阶段的支出能够可靠地计量。企业对研究开发的支出应当单独核算，例如，直接发生的研发人员工资、材料费，以及相关设备折旧费等。同时从事多项研究开发活动的，所发生的支出应当按照合理的标准在各项研究开发活动之间进行分配；无法合理分配的，应当计入当期损益。

三、内部开发的无形资产的计量

（1）内部开发活动形成的无形资产，其成本由可直接归属于该资产的创造、生产并使该资产能够以管理层预定的方式运作的所有必要支出组成。

可直接归属于该资产的成本包括：开发该无形资产时耗费的材料、劳务成本、注册费、在开发该无形资产过程中使用的其他专利权和特许权的摊销、按照《企业会计准则第 17 号——借款费用》的规定资本化的利息支出，以及为使该无形资产达到预定用途前所发生的其他费用。

（2）内部开发无形资产的成本仅包括在满足资本化条件的时点至无形资产达到预定用途前发生的支出总和。

（3）对于同一项无形资产在开发过程中达到资本化条件之前已经费用化计入当期损益的支出不再进行调整。

特别提示：

在开发无形资产过程中发生的，除上述可直接归属于无形资产开发活动之外的其他销售费用、管理费用等间接费用、无形资产达到预定用途前发生的可辨认的无效和初始运作损失、为运行该无形资产发生的培训支出等不构成无形资产的开发成本。

四、内部研究开发费用的会计处理

（一）科目设置通过“研发支出”科目（分费用化支出和资本化支出两个明细）核算，类似固定资产中“在建工程”科目。

（二）会计处理

（1）发生支出时：

借：研发支出——费用化支出

　　　　　　——资本化支出

　　贷：原材料

　　　　应付职工薪酬

　　　　银行存款等

（2）期末结转不符合资本化条件的支出：

借：管理费用

　　贷：研发支出——费用化支出

（3）研究开发项目达到预定用途形成无形资产时：

借：无形资产

　　贷：研发支出——资本化支出

例 6. 2019 年 1 月 1 日，甲公司经董事会批准研发某项新产品专利技术，该公司董事会认为，研发该项目具有可靠的技术和财务等资源的支持，并且一旦研发成功将降低该公司生产产品的生产成本。该公司在研究开发过程中发生材料费 5 000 万元、人工工资 1 000 万元，以及其他费用 4 000 万元，总计 10 000 万元，其中，符合资本化条件的支出为 6 000 万元。2019 年 12 月 31 日，该专利技术已经达到预定用途。

分析：首先，甲公司经董事会批准研发某项新产品专利技术，并认为完成该项新型技术无论从技术上，还是财务等方面能够得到可靠的资源支持，并且一旦研发成功将降低公司的生产成本，因此，符合条件的开发费用可以资本化。其次，甲公司在开发该项新型技术时，累计发生10 000万元的研究与开发支出，其中符合资本化条件的开发支出为6 000万元，其符合“归属于该无形资产开发阶段的支出能够可靠地计量”的条件。

甲公司的账务处理如下：

（1）发生研发支出：

借：研发支出——费用化支出	40 000 000	
——资本化支出	60 000 000	
贷：原材料		50 000 000
应付职工薪酬		10 000 000
银行存款		40 000 000

（2）2019年12月31日，该专利技术已经达到预定用途：

借：管理费用	40 000 000	
无形资产	60 000 000	
贷：研发支出——费用化支出		40 000 000
——资本化支出		60 000 000

特别提示：

企业为开发新产品、新技术、新工艺发生的研究开发费用，未形成无形资产计入当期损益的，在按规定据实扣除的基础上，按照研究开发费用的50%加计扣除；形成无形资产的，按照无形资产成本的150%摊销。虽然形成可抵扣暂时性差异，但不确认有关暂时性差异的所得税影响，即不确认有关的递延所得税，视同永久性差异处理。

第三节　无形资产的后续计量

一、无形资产后续计量的原则

（一）估计无形资产的使用寿命

企业应在取得无形资产时分析判断其使用寿命。无形资产的使用寿命为有限或确定的，应当估计该使用寿命的年限或者构成使用寿命的产量等类似计量单位数量；无法预见无形资产为企业带来经济利益期限的，应当视为使用寿命不确定的无形资产。

（二）无形资产使用寿命的确定

（1）源自合同性权利或其他法定权利取得的无形资产，其使用寿命通常不应超过合同性权利或其他法定权利的期限。

（2）没有明确的合同或法律规定的无形资产，企业应综合各方面情况，如聘请相关专家进行论证或与同行业的情况进行比较以及参考企业的历史经验等，来确定无形资产为企业带来未来经济利益的期限。

（3）如果经过这些努力确实无法合理确定无形资产为企业带来经济利益的期限，再将其作为使用寿命不确定的无形资产。

（三）无形资产使用寿命的复核

企业至少应在每年年度终了，对使用寿命有限的无形资产的使用寿命、预计净残值及摊销方法进行复核。如果有证据表明其使用寿命、预计净残值及摊销方法与以前估计不同的，应当改变摊销期限、预计净残值和摊销方法，并按照会计估计变更进行处理。

企业应在每个会计期间对使用寿命不确定的无形资产的使用寿命进行复核。如果有证据表明无形资产的使用寿命是有限的，应估计其使用寿命，视为会计估计变更按使用寿命有限的无形资产的有关规定处理。

特别提示：

无形资产摊销期限、预计净残值和摊销方法的变更属于会计估计变更，固定资产折旧方法的变更也属于会计估计变更。

二、使用寿命有限的无形资产

（一）摊销期和摊销方法

1. 摊销期

无形资产的摊销期自其可供使用（即其达到预定用途）时起至终止确认时止。即无形资产摊销的起始和停止日期为：当月增加的无形资产，当月开始摊销，当月减少的无形资产，当月不再摊销。

2. 摊销方法

（1）企业在选择无形资产摊销方法时，应根据与无形资产有关的经济利益的预期消耗方式做出决定。因此，企业通常不应以包括使用无形资产在内的经济活动所产生的收入为基础进行摊销，但是极其有限的情况除外。

（2）企业采用车流量法对高速公路经营权进行摊销的，不属于以包括使用无形资产在内的经济活动产生的收入为基础的摊销方法。

（3）无法可靠确定经济利益的预期消耗方式的，应当采用直线法摊销。

（二）残值的确定和应摊销金额

1. 残值

使用寿命有限的无形资产，其残值一般为零，但下列情况除外：

（1）有第三方承诺在无形资产使用寿命结束时购买该无形资产。

（2）可以根据活跃市场得到预计残值信息，并且该市场在无形资产使用寿命结束时还可能存在。

特别提示：

（1）残值确定以后，在持有无形资产的期间，至少应于每年年末进行复核，预计其残值与原估计金额不同的，应按照会计估计变更进行处理。

（2）如果无形资产的残值重新估计后高于其账面价值的，则无形资产不再摊销，直至残值降至低于其账面价值时再恢复摊销。

2. 应摊销金额

应摊销金额 = 成本 - 预计残值 - 已计提减值准备

如存在残值的情况下，摊销基础是账面原价扣除残值，如存在计提减值准备的情况后，则摊销基础需要再减去已计提的减值准备。

特别提示：

无形资产计提减值准备后，其账面价值将根据计提的减值准备相应减少，无形资产在未来摊销时，应当按照无形资产新的账面价值为基础计提每期摊销额。

无形资产账面价值 = 无形资产原价 - 累计摊销 - 无形资产减值准备

（三）使用寿命有限的无形资产摊销的会计处理

无形资产的摊销一般应计入当期损益，但如果某项无形资产是专门用于生产某种产品的，其所包含的经济利益是通过转入到所生产的产品中实现的，此时无形资产的摊销额应构成产品成本的一部分。

1. 自用的无形资产

借：管理费用、制造费用、研发支出、在建工程等

　　贷：累计摊销

2. 出租的无形资产

借：其他业务成本

　　贷：累计摊销

例 7. 2016 年 1 月 1 日，A 公司从外单位购得一项非专利技术，支付价款 5 000 万元，款项已支付，估计该项非专利技术的使用寿命为 10 年，该项非专利技术用于产品生产；同时，购入一项商标权，支付价款 3 000 万元，款项已支付，估计该商标权的使用寿命为 15 年。假定这两项无形资产的净残值均为零，并按直线法摊销。

分析：本例中，A 公司外购的非专利技术的估计使用寿命为 10 年，表明该项无形资产是使用寿命有限的无形资产，且该项无形资产用于产品生产，因此，应当将其摊销金额计入相关产品的制造成本。A 公司外购的商标权的估计使用寿命为 15 年，表明该项无形资产同样也是使用寿命有限的无形资产，而商标权的摊销金额通常直接计入当期管理费用。

A 公司的账务处理如下：

（1）取得无形资产时：

借：无形资产——非专利技术　　50 000 000

　　　　　　——商标权　　30 000 000

　　贷：银行存款　　80 000 000

（2）按年摊销时：

借：制造费用——非专利技术　　5 000 000

　　管理费用——商标权　　2 000 000

　　贷：累计摊销　　7 000 000

如果 A 公司 2017 年 12 月 31 日科学技术发展的趋势判断，2016 年购入的该项非专利技术在 4 年后将被淘汰，不能再为企业带来经济利益，决定对其

再使用4年后不再使用，为此，A公司应当在2017年12月31日据此变更该项非专利技术的估计使用寿命，并按会计估计变更进行处理。

2017年12月31日该项无形资产累计摊销金额为1 000（500×2）万元，2018年该项无形资产的摊销金额为1 000［（5 000−1 000）÷4］万元。

A公司2018年对该项非专利技术按年摊销的账务处理如下：

借：制造费用——非专利技术　　10 000 000

　　贷：累计摊销　　10 000 000

三、使用寿命不确定的无形资产

按照准则规定，对于使用寿命不确定的无形资产，在持有期间内不需要摊销，但需要至少于每一会计期末进行减值测试，如经减值测试表明已发生减值，则需要计提相应的减值准备。

其相关的账务处理为：

借：资产减值损失

　　贷：无形资产减值准备

例8. 2016年1月1日，A公司购入一项市场领先的畅销产品的商标的成本为6 000万元，该商标按照法律规定还有5年的使用寿命，但是在保护期届满时，A公司可每10年以较低的手续费申请延期，同时，A公司有充分的证据表明其有能力申请延期。此外，有关的调查表明，根据产品生命周期、市场竞争等方面情况综合判断，该商标将在不确定的期间内为企业带来现金流量。

根据上述情况，该商标可视为使用寿命不确定的无形资产，在持有期间内不需要进行摊销。2017年年底，A公司对该商标按照资产减值的原则进行减值测试，经测试表明该商标已发生减值。2017年年底，该商标的公允价值为4 000万元。

则A公司的账务处理如下：

（1）2016年购入商标时：

借：无形资产——商标权　　60 000 000

　　贷：银行存款　　60 000 000

（2）2017年发生减值时：

借：资产减值损失　　20 000 000

　　贷：无形资产减值准备——商标权　　20 000 000

第四节　无形资产的处置

无形资产的处置主要是指无形资产出售、对外出租、对外捐赠，或者是无法为企业带来未来经济利益时，应予以终止确认并转销。

一、无形资产的出售

企业出售某项无形资产，表明企业放弃无形资产的所有权，应按照持有待售非流动资产、处置组的相关规定进行会计处理。

借：银行存款
　　无形资产减值准备
　　累计摊销
　　资产处置损益（借差）
　　贷：无形资产
　　　　应交税费——应交增值税（销项税额）
　　　　资产处置损益（贷差）

例 9. 2018 年 1 月 4 日，A 公司与 B 公司签订商标销售合同，将一项酒类商标出售，开出的增值税专用发票上注明的价款为 200 000 元，增值税税额为 12 000 元，款项已经存入银行。该商标的账面余额为 210 000 元，累计摊销金额为 60 000 元，未计提减值准备。

A 公司会计处理如下：

借：银行存款　212 000
　　累计摊销　60 000
　　贷：无形资产　210 000
　　　　应交税费——应交增值税（销项税额）　12 000
　　　　资产处置损益　50 000

二、无形资产的出租

（一）应按照有关收入确认原则确认所取得的转让使用权收入

借：银行存款
　　贷：其他业务收入

应交税费——应交增值税（销项税额）（如果涉及）

（二）将发生的与该转让使用权有关的相关费用计入其他业务成本

借：其他业务成本

贷：累计摊销

银行存款

例 10. 甲公司将某商标使用权出租给乙公司，合同规定出租期限为 3 年，每月租金收入 200 000 元，每月月末收取当月租金。2018 年 7 月 31 日收到当月的租金及增值税税额合计 212 000 元，已办理入账手续。该商标权每月的摊销额为 100 000 元。

甲公司会计处理如下：

借：银行存款　212 000

贷：其他业务收入　200 000

应交税费——应交增值税（销项税额）　12 000

借：其他业务成本　100 000

贷：累计摊销　100 000

三、无形资产的报废

无形资产预期不能为企业带来经济利益的，应将该无形资产的账面价值予以转销，其账面价值计入当期损益（营业外支出）。

账务处理如下：

借：营业外支出——处置非流动资产损失

累计摊销

无形资产减值准备

贷：无形资产

例 11. 甲企业拥有某项专利技术，根据市场调查，用其生产的产品已没有市场，决定应予转销。转销时，该项专利技术的账面余额为 600 万元，摊销期限为 10 年，采用直线法进行摊销，已摊销了 5 年，假定该项专利权的残值为零，已累计计提的减值准备为 160 万元，假定不考虑其他相关因素。

则甲公司的账务处理如下：

借：累计摊销　3 000 000

无形资产减值准备　　1 600 000

营业外支出——处置非流动资产损失　　1 400 000

贷：无形资产——专利权　　6 000 000

第九章　投资性房地产

【目的要求】

通过本章的学习，学生能理解投资性房地产的概念、特征、范围及确认条件，理解和掌握其相关业务的会计处理。

【重点与难点】

本章的重点是投资性房地产取得和后续计量的会计处理。难点是投资性房地产的转换和处置的会计处理。

第一节　投资性房地产的特征与范围

一、投资性房地产的定义和特征

1. 投资性房地产的定义

投资性房地产指为赚取租金或资本增值，或两者兼有而持有的房地产。

2. 投资性房地产的特征

（1）投资性房地产具有投资性，即不能是投机行为。

（2）以房地产为载体，为赚取租金或资本增值，或两者兼有，同时能够单独计量和出售。

特别提示：

某项房地产部分用于赚取租金或资本增值，部分用于生产商品、提供劳务或经营管理，能够单独计量和出售的、用于赚取租金或资本增值的部分，应当确认为投资性房地产；不能够单独计量和出售的、用于赚取租金或资本增值的部分，不确认为投资性房地产。

二、投资性房地产的范围

1. 已出租的土地使用权

（1）以经营租赁（不含融资租赁）方式出租的土地使用权；

（2）用于出租的土地使用权是指企业通过出让方式或转让方式取得的土地使用权。

特别提示：

对于以经营租赁方式租入土地使用权再转租给其他单位的，不能确认为投资性房地产。

2. 持有并准备增值后转让的土地使用权

在我国实务中，持有并准备增值后转让的土地使用权这种情况较少。比如，出让取得的土地使用权，原先作为企业的生产经营用地，现由于搬迁等原因暂时不用，但暂时不打算售出，而是打算增值后再出售。

3. 已出租的建筑物

（1）用于出租的建筑物是指企业拥有产权的建筑物。

（2）已出租的建筑物是企业已经与其他方签订了租赁协议，约定以经营租赁方式出租的建筑物。

特别提示：

（1）企业以经营租赁方式租入再转租的建筑物不属于投资性房地产。

（2）通常情况下，对企业持有以备经营出租的空置建筑物或在建建筑物，如董事会或类似机构作出书面决议，明确表明将其用于经营租出且持有意图短期内不再发生变化的，即使尚未签订租赁协议，也应视为投资性房地产。

三、不属于投资性房地产的项目

1. 自用房地产

自用房地产即为生产商品、提供劳务或者经营管理而持有的房地产。如企业的厂房、办公楼等。

（1）企业拥有并自行经营的旅馆饭店，其经营目的主要是通过提供客房服务赚取服务收入，该旅馆饭店不确认为投资性房地产。

（2）企业出租给本企业职工居住的宿舍，即使按照市场价格收取租金，也不属于投资性房地产。这部分房地产间接为企业自身的生产经营服务，具有自用房地产的性质。

（3）企业将建筑物出租并按出租协议向承租人提供保安和维修等其他服务，所提供的其他服务在整个协议中如为重大的，该建筑物应视为企业的经营场所，应当确认为自用房地产。

2. 作为存货的房地产

存货的房地产指房地产开发企业销售的或为销售而正在开发的商品房和土地，这部分房地产属于房地产开发企业的存货。

特别提示：

在实务中，存在某项房地产部分自用或作为存货出售、部分用于赚取租金或资本增值的情形。如某项投资性房地产不同用途的部分能够单独计量和出售的，应当分别确认为固定资产、无形资产、存货和投资性房地产。

例如，甲房地产开发商建造了一栋商住两用楼盘，一层出租给一家大型超市，已签订经营租赁合同；其余楼层均为普通住宅，正在公开销售中。这种情况下，如果一层商铺能够单独计量和出售，应当确认为甲企业的投资性房地产，其余楼层为甲企业的存货，即开发商品。

第二节　投资性房地产的确认和初始计量

一、投资性房地产的确认和初始计量

（一）投资性房地产的确认条件和确认时点

1. 投资性房地产的确认条件

投资性房地产只有在符合定义的前提下，同时满足下列条件的，才能予以确认：

（1）与该投资性房地产相关的经济利益很可能流入企业；

（2）该投资性房地产的成本能够可靠地计量。

2. 投资性房地产的确认时点

（1）对已出租的土地使用权、已出租的建筑物，其确认时点一般为租赁期开始日。

（2）对持有并准备增值后转让的土地使用权，其确认时点一般为企业将自用土地使用权停止自用，准备增值后转让的日期。

特别提示：

对企业持有以备经营出租的空置建筑物或在建建筑物，董事会或类似机构作出书面决议，明确表明将其用于经营出租且持有意图短期内不再发生变化的，即使尚未签订租赁协议，也应视为投资性房地产。

（二）投资性房地产的初始计量：按成本进行初始计量

1. 外购投资性房地产的确认和初始计量

外购的土地使用权和建筑物，按照取得时的实际成本进行初始计量，取得时的实际成本包括购买价款和可直接归属于该资产的其他支出。

例 1. 2018 年 3 月，甲企业计划购入一栋写字楼用于对外出租。3 月 15 日，甲企业与乙企业签订了经营租赁合同，约定自写字楼购买日起将这栋写字楼出租给乙企业，为期 5 年。4 月 5 日，甲企业实际购入写字楼，支付价款共计 1 200 万元，假设不考虑相关税费。

甲企业的账务处理如下：

借：投资性房地产——写字楼　　12 000 000

　　贷：银行存款　　12 000 000

2. 自行建造投资性房地产的确认和初始计量

自行建造投资性房地产，其成本由建造该项资产达到预定可使用状态前发生的必要支出构成，包括土地开发费、建筑成本、安装成本、应予以资本化的借款费用、支付的其他费用和分摊的间接费用等。建造过程中发生的非正常性损失，直接计入当期损益，不计入建造成本。

例 2. 2018 年 1 月，甲企业从其他单位购入一块土地的使用权，并在这块土地上开始自行建造三栋厂房。2018 年 10 月，甲企业预计厂房即将完工，与乙公司签订了经营租赁合同，将其中的一栋厂房租赁给乙公司使用。租赁合同约定，该厂房于完工（达到预定可使用状态）时开始起租。2018 年 11 月 1 日，三栋厂房同时完工（达到预定可使用状态）。该块土地使用权的成本为 600 万元；三栋厂房的实际造价均为 1 000 万元，能够单独出售，假设不考虑相关税费。

甲企业的账务处理如下：

土地使用权中的对应部分同时转换为投资性房地产 =［600×（1 000÷3 000）］=200（万元）

借：投资性房地产——厂房　　10 000 000

　　贷：在建工程　　10 000 000

借：投资性房地产——土地使用权　　2 000 000

　　贷：无形资产——土地使用权　　2 000 000

3. 非投资性房地产转换为投资性房地产的确认和初始计量

非投资性房地产转换为投资性房地产，实质上是因房地产用途发生改变而对房地产进行的重新分类。转换日通常为租赁期开始日。房地产转换的计量将在本章第四节“投资性房地产的转换和处置”中进行介绍。

二、与投资性房地产有关的后续支出

（一）资本化的后续支出

与投资性房地产有关的后续支出，满足投资性房地产确认条件的，应当计入投资性房地产成本。例如，企业为了提高投资性房地产的使用效能，往往需要对投资性房地产进行改建、扩建而使其更加坚固耐用，或者通过装修而改善其室内装潢，改扩建或装修支出满足确认条件的，应将其资本化。企业对某项投资性房地产进行改扩建等再开发且将来仍作为投资性房地产的，在再开发期间应继续将其作为投资性房地产，再开发期间不计提折旧或摊销。

例 3. 2018 年 3 月，甲企业与乙企业的一项厂房经营租赁合同即将到期。该厂房按照成本模式进行后续计量，原价为 2 000 万元，已计提折旧 600 万元。为了提高厂房的租金收入，甲企业决定在租赁期满后对厂房进行改扩建，并与丙企业签订了经营租赁合同，约定自改扩建完工时将厂房出租给丙企业。3 月 15 日，与乙企业的租赁合同到期，厂房随即进入改扩建工程。12 月 10

日，厂房改扩建工程完工，共发生支出150万元，即日按照租赁合同出租给丙企业。假设甲企业采用成本计量模式。

本例中，改扩建支出属于资本化的后续支出，应当计入投资性房地产的成本。

甲企业的账务处理如下：

（1）2018年3月15日，投资性房地产转入改扩建工程：

借：投资性房地产——厂房（在建）　　14 000 000

　　投资性房地产累计折旧　　6 000 000

　　贷：投资性房地产——厂房　　20 000 000

（2）2018年3月15日至12月10日：

借：投资性房地产——厂房（在建）　　1 500 000

　　贷：银行存款等　　1 500 000

（3）2018年12月10日，改扩建工程完工：

借：投资性房地产——厂房　　15 500 000

　　贷：投资性房地产——厂房（在建）　　15 500 000

例4. 2018年3月，甲企业与乙企业的一项厂房经营租赁要进行改扩建，并与丙企业签订了经营租赁合同，约定自改扩建完工时将厂房出租给丙企业。3月15日，与乙企业的租赁合同到期，厂房随即进入改扩建工程。11月10日，厂房改扩建工程完工，共发生支出150万元，即日起按照租赁合同出租给丙企业。3月15日，厂房账面余额为1 200万元，其中成本1 000万元，累计公允价值变动200万元。假设甲企业采用公允价值计量模式。

甲企业的账务处理如下：

（1）2018年3月15日，投资性房地产转入改扩建工程：

借：投资性房地产——厂房（在建）　　12 000 000

　　贷：投资性房地产——成本　　10 000 000

　　　　　　　　　　——公允价值变动　　2 000 000

（2）2018年3月15日至11月10日：

借：投资性房地产——厂房（在建）　　1 500 000

　　贷：银行存款　　1 500 000

（3）2018年11月10日，改扩建工程完工：

借：投资性房地产——成本　　13 500 000

　　贷：投资性房地产——厂房（在建）　　13 500 000

（二）费用化的后续支出

与投资性房地产有关的后续支出，不满足投资性房地产确认条件的，应当在发生时计入当期损益。例如，企业对投资性房地产进行日常维护发生一些支出。

例 5. 甲企业对其某项投资性房地产进行日常维修，发生维修支出 1.5 万元。

分析：本例中，日常维修支出属于费用化的后续支出，应当计入当期损益。

甲企业的账务处理如下：

借：其他业务成本　　15 000

　　贷：银行存款等　　15 000

第三节　投资性房地产的后续计量

投资性房地产后续计量可以选择成本模式或公允价值模式，但同一企业只能采用一种模式对其所有投资性房地产进行后续计量，不得同时采用两种计量模式，即不得对一部分投资性房地产采用成本模式进行后续计量，对另一部分投资性房地产采用公允价值模式进行后续计量。

一、采用成本模式进行后续计量的投资性房地产

采用成本模式进行后续计量的投资性房地产，应按照《企业会计准则第 4 号——固定资产》或《企业会计准则第 6 号——无形资产》的有关规定，按期（月）计提折旧或摊销，借记“其他业务成本”等科目，贷记“投资性房地产累计折旧（摊销）”科目。取得的租金收入，借记“银行存款”等科目，贷记“其他业务收入”等科目。

投资性房地产存在减值迹象的，还应当适用资产减值的有关规定。经减值测试后确定发生减值的，应当计提减值准备，借记“资产减值损失”科目，贷记“投资性房地产减值准备”科目。如果已经计提减值准备的投资性房地产的价值又得以恢复，不得转回。

例 6. 甲企业的一栋办公楼出租给乙企业使用，已确认为投资性房地产，采用成本模式进行后续计量。假设这栋办公楼的成本为 1 800 万元，按照直线

法计提折旧，使用寿命为20年，预计净残值为零。按照经营租赁合同约定，乙企业每月支付给甲企业租金8万元。当年12月，这栋办公楼发生减值迹象，经减值测试，其可收回金额为1 200万元，此时办公楼的账面价值为1 500万元，以前未计提减值准备。

甲企业的账务处理如下：

（1）计提折旧：

每月计提的折旧 =1 800÷20÷12=7.5（万元）

借：其他业务成本　　75 000

　　贷：投资性房地产累计折旧　　75 000

（2）确认租金：

借：银行存款（或其他应收款）　　80 000

　　贷：其他业务收入　　80 000

（3）计提减值准备：

借：资产减值损失　　3 000 000

　　贷：投资性房地产减值准备　　3 000 000

二、采用公允价值模式进行后续计量的投资性房地产

企业存在确凿证据表明其投资性房地产的公允价值能够持续可靠取得的，可以对投资性房地产采用公允价值模式进行后续计量。企业选择公允价值模式，就应当对其所有投资性房地产采用公允价值模式进行后续计量，在极少数情况下，采用公允价值对投资性房地产进行后续计量的企业，有证据表明，当企业首次取得某项投资性房地产（或某项现有房地产在完成建造或开发活动或改变用途后首次成为投资性房地产）时，该投资性房地产公允价值不能持续可靠取得的，应对该投资性房地产采用成本模式计量直至处置，并假设无残值。但是，采用成本模式对投资性房地产进行后续计量的企业，即使有证据表明，企业首次取得某项投资性房地产时，该投资性房地产公允价值能够持续可靠取得，该企业仍应对该项投资性房地产采用成本模式进行后续计量。

采用公允价值模式计量的投资性房地产，应同时满足下列条件：①投资性房地产所在地有活跃的房地产交易市场。所在地，通常指投资性房地产所在的城市。对于大中型城市，应为投资性房地产所在的城区。②企业能够从

活跃的房地产交易市场上取得同类或类似房地产的市场价格及其他相关信息，从而对投资性房地产的公允价值做出合理的估计。

例 7. 甲公司为从事房地产经营开发的企业。2018 年 8 月，甲公司与乙公司签订租赁协议，约定将甲公司开发的一栋精装修的写字楼于开发完成的同时开始租赁给乙公司使用，租赁期为 10 年。当年 10 月 1 日，该写字楼开发完成并开始起租，写字楼的造价为 9 000 万元。2018 年 12 月 31 日，该写字楼的公允价值为 9 200 万元。假设甲公司采用公允价值计量模式。甲企业的账务处理如下：

（1）2018 年 10 月 1 日，甲公司开发完成写字楼并出租：

借：投资性房地产——成本　　90 000 000

　　贷：开发成本　　90 000 000

（2）2018 年 12 月 31 日，按照公允价值为基础调整其账面价值；公允价值与原账面价值之间的差额计入当期损益：

借：投资性房地产——公允价值变动　　2 000 000

　　贷：公允价值变动损益　　2 000 000

三、投资性房地产后续计量模式的变更

为保证会计信息的可比性，企业对投资性房地产的计量模式一经确定，不得随意变更。只有在房地产市场比较成熟、能够满足采用公允价值模式条件的情况下，才允许企业对投资性房地产从成本模式计量变更为公允价值模式计量。

成本模式转为公允价值模式的，应作为会计政策变更处理，并按计量模式变更时公允价值与账面价值的差额调整期初留存收益。已采用公允价值模式计量的投资性房地产，不得从公允价值模式转为成本模式。

例 8. 2017 年，甲企业将一栋写字楼对外出租，采用成本模式进行后续计量。2019 年 2 月 1 日，假设甲企业持有的投资性房地产满足采用公允价值模式条件，甲企业决定采用公允价值模式计量对该写字楼进行后续计量。2019 年 2 月 1 日，该写字楼的原价为 9 000 万元，已计提折旧 270 万元，账面价值为 8 730 万元，公允价值为 9 500 万元。甲企业按净利润的 10% 计提盈余公积。假定除上述对外出租的写字楼外，甲企业无其他的投资性房地产。

甲企业的账务处理如下：

	借方	贷方
借：投资性房地产——成本	95 000 000	
投资性房地产累计折旧	2 700 000	
贷：投资性房地产		90 000 000
利润分配——未分配利润		6 930 000
盈余公积		770 000

第四节　投资性房地产的转换和处置

一、投资性房地产的转换

（一）投资性房地产转换形式和转换日

1. 房地产转换形式

房地产的转换，是因房地产用途发生改变而对房地产进行的重新分类。这里所说的房地产转换是针对房地产用途发生改变而言的，不是后续计量模式的转变。

企业必须有确凿证据表明房地产用途发生改变，才能将投资性房地产转换为非投资性房地产或者将非投资性房地产转换为投资性房地产，如自用的办公楼改为出租等。这里的确凿证据包括两个方面：

一是企业董事会或类似机构应当就改变房地产用途形成正式的书面决议。

二是房地产因用途改变而发生实际状态上的改变，如从自用状态改为出租状态。房地产转换形式主要包括：

（1）投资性房地产开始自用，相应地由投资性房地产转换为固定资产或无形资产。

投资性房地产开始自用是指企业将原来用于赚取租金或资本增值的房地产改为用于生产商品、提供劳务或者经营管理。例如，企业将出租的厂房收回，并用于生产本企业的产品。再如，从事房地产开发的企业将出租的开发产品收回，作为企业的固定资产使用。

（2）作为存货的房地产，改为出租，通常指房地产开发企业将其持有的开发产品以经营租赁的方式出租，相应地由存货转换为投资性房地产。

（3）自用土地使用权停止自用，用于赚取租金或资本增值，相应地由无形资产转换为投资性房地产。

（4）自用建筑物停止自用，改为出租，相应地由固定资产转换为投资性房地产。

（5）房地产企业将用于经营出租的房地产重新开发用于对外销售，从投资性房地产转为存货。

2. 投资性房地产转换日的确定

转换日的确定关系到资产的确认时点和入账价值，因此非常重要。转换日是指房地产的用途发生改变、状态相应发生改变的日期。转换日的确定标准主要包括：

（1）投资性房地产开始自用，转换日指房地产达到自用状态，企业开始将房地产用于生产商品、提供劳务或者经营管理的日期。

（2）投资性房地产转换为存货，转换日为租赁期届满、企业董事会或类似机构作出书面决议明确表明将其重新开发用于对外销售的日期。

（3）作为存货的房地产改为出租，或者自用建筑物或土地使用权停止自用改为出租，转换日通常为租赁期开始日。租赁期开始日是指承租人有权行使其使用租赁资产权力的日期。

（二）投资性房地产转换为非投资性房地产

1. 采用成本模式进行后续计量的投资性房地产转换为自用房地产

企业将原本用于赚取租金或资本增值的房地产改用于生产商品、提供劳务或者经营管理，投资性房地产相应地转换为固定资产或无形资产。

例如，企业将出租的厂房收回，并用于生产本企业的产品。在此种情况下，转换日为房地产达到自用状态，企业开始将房地产用于生产商品、提供劳务或者经营管理的日期。

企业将投资性房地产转换为自用房地产，应当按该项投资性房地产在转换日的账面余额、累计折旧或摊销、减值准备等，分别转入“固定资产”“累计折旧”“固定资产减值准备”等科目；按投资性房地产的账面余额，借记“固定资产”或“无形资产”科目，贷记“投资性房地产”科目；按已计提的折旧或摊销，借记“投资性房地产累计折旧（摊销）”科目，贷记“累计折旧”或“累计摊销”科目；原已计提减值准备的，借记“投资性房地产减值准备”科目，贷记“固定资产减值准备”或“无形资产减值准备”科目。

例 9. 2018 年 8 月 1 日，甲企业将出租在外的厂房收回，开始用于本企业生产商品。该项房地产账面价值为 3 765 万元，其中，原价 5 000 万元，累计已计提折旧 1 235 万元。假设甲企业采用成本计量模式。

甲企业的账务处理如下：

借：固定资产　　50 000 000

　　投资性房地产累计折旧　　12 350 000

　　贷：投资性房地产　　50 000 000

　　　　累计折旧　　12 350 000

2. 采用公允价值模式进行后续计量的投资性房地产转为自用房地产

企业将采用公允价值模式计量的投资性房地产转换为自用房地产时，应以其转换当日的公允价值作为自用房地产的账面价值，公允价值与原账面价值的差额计入当期损益。

转换日，按该项投资性房地产的公允价值，借记“固定资产”或“无形资产”科目，按该项投资性房地产的成本，贷记“投资性房地产——成本”科目，按该项投资性房地产的累计公允价值变动，贷记或借记“投资性房地产——公允价值变动”科目，按其差额，贷记或借记“公允价值变动损益”科目。

例 10. 2018 年 10 月 15 日，甲企业因租赁期满，将出租的写字楼收回，开始作为办公楼用于本企业的行政管理。2018 年 10 月 15 日，该写字楼的公允价值为 4 800 万元。该项房地产在转换前采用公允价值模式计量，原账面价值为 4 750 万元，其中，成本为 4 500 万元，公允价值变动为增值 250 万元。

甲企业的账务处理如下：

借：固定资产　　48 000 000

　　贷：投资性房地产——成本　　45 000 000

　　　　　　　　　　——公允价值变动　　2 500 000

　　　　公允价值变动损益　　500 000

3. 采用成本模式进行后续计量的投资性房地产转换为存货

房地产开发企业将用于经营出租的房地产重新开发用于对外销售的，从投资性房地产转换为存货。这种情况下，转换日为租赁期届满、企业董事会或类似机构作出书面决议明确表明将其重新开发用于对外销售的日期。

企业将投资性房地产转换为存货时，应按照该项房地产在转换日的账面价值，借记“开发产品”科目，按照已计提的折旧或摊销，借记“投资性房地产累计折旧（摊销）”科目，原已计提减值准备的，借记“投资性房地产减值准备”科目，按其账面余额，贷记“投资性房地产”科目。

4. 采用公允价值模式进行后续计量的投资性房地产转换为存货

企业将采用公允价值模式计量的投资性房地产转换为存货时，应当以其转换当日的公允价值作为存货的账面价值，公允价值与原账面价值的差额计入当期损益。

转换日，按该项投资性房地产的公允价值，借记“开发产品”等科目，按该项投资性房地产的成本，贷记“投资性房地产——成本”科目；按该项投资性房地产的累计公允价值变动，贷记或借记“投资性房地产——公允价值变动”科目；按其差额，贷记或借记“公允价值变动损益”科目。

例 11. 甲房地产开发企业将其开发的部分写字楼用于对外经营租赁。2018 年 10 月 15 日，因租赁期满，甲企业将出租的写字楼收回，并作出书面决议，将该写字楼重新开发用于对外销售，即由投资性房地产转换为存货，当日的公允价值为 5 800 万元。该项房地产在转换前采用公允价值模式计量，原账面价值为 5 600 万元，其中，成本为 5 000 万元，公允价值增值为 600 万元。

甲企业的账务处理如下：

借：开发产品	58 000 000
贷：投资性房地产——成本	50 000 000
——公允价值变动	6 000 000
公允价值变动损益	2 000 000

（三）非投资性房地产转换为投资性房地产

1. 非投资性房地产转换为采用成本模式进行后续计量的投资性房地产

（1）作为存货的房地产转换为投资性房地产。作为存货的房地产转换为投资性房地产，通常指房地产开发企业将其持有的开发产品以经营租赁的方式出租，存货相应地转换为投资性房地产。这种情况下，转换日通常为房地产的租赁期开始日。租赁期开始日是指承租人有权行使其使用租赁资产权力的日期。

一般而言，对于企业自行建造或开发完成但尚未使用的建筑物，如果企业董事会或类似机构正式作出书面决议，明确表明其自行建造或开发产品用于经营出租、持有意图短期内不再发生变化的，应视为存货转换为投资性房地产，转换日为企业董事会或类似机构作出书面决议的日期。

企业将作为存货的房地产转换为采用成本模式计量的投资性房地产，应当按该项存货在转换日的账面价值，借记“投资性房地产”科目，原已计提跌价准备的，借记“存货跌价准备”科目，按其账面余额，贷记“开发产品”等科目。

例 12. 甲企业是从事房地产开发业务的企业，2018 年 3 月 10 日，甲企业与乙企业签订了租赁协议，将其开发的一栋写字楼出租给乙企业使用，租赁期开始日为 2018 年 4 月 15 日。2018 年 4 月 15 日，该写字楼的账面余额为 45 000 万元，未计提存货跌价准备。

假设甲企业采用成本模式对其投资性房地产进行后续计量。

甲企业的账务处理如下：

借：投资性房地产——写字楼　　450 000 000

　贷：开发产品　　450 000 000

（2）自用房地产转换为投资性房地产。企业将原本用于日常生产商品、提供劳务或者经营管理的房地产改用于出租，通常应于租赁期开始日，按照固定资产或无形资产的账面价值，将固定资产或无形资产相应地转换为投资性房地产。

对不再用于日常生产经营活动且经整理后达到可经营出租状况的房地产，如果企业董事会或类似机构正式作出书面决议，明确表明其自用房地产用于经营出租且持有意图短期内不再发生变化的，应视为自用房地产转换为投资性房地产，转换日为企业董事会或类似机构正式作出书面决议的日期。

企业将自用土地使用权或建筑物转换为以成本模式计量的投资性房地产时，应当按该项建筑物或土地使用权在转换日的原价、累计折旧、减值准备等，分别转入“投资性房地产”“投资性房地产累计折旧（摊销）”“投资性房地产减值准备”科目，按其账面余额，借记“投资性房地产”科目，贷记“固定资产”或“无形资产”科目，按已计提的折旧或摊销，借记“累计摊销”或“累计折旧”科目，贷记“投资性房地产累计折旧（摊销）”科目，原已计提减值准备的，借记“固定资产减值准备”或“无形资产减值准备”科目，贷记“投资性房地产减值准备”科目。

例 13. 甲企业拥有一栋办公楼，用于本企业总部办公。2018 年 3 月 10 日，甲企业与乙企业签订了经营租赁协议，将该栋办公楼整体出租给乙企业使用，租赁期开始日为 2018 年 4 月 15 日，为期 5 年。2018 年 4 月 15 日，该栋办公楼的账面余额为 45 000 万元，已计提折旧 300 万元。

假设甲企业采用成本计量模式。

甲企业的账务处理如下：

借：投资性房地产——写字楼　　450 000 000

　　累计折旧　　3 000 000

　　贷：固定资产　　450 000 000

　　　　投资性房地产累计折旧　　3 000 000

2. 非投资性房地产转换为采用公允价值进行后续计量的投资性房地产

（1）作为存货的房地产转换为投资性房地产。企业将作为存货的房地产转换为采用公允价值模式计量的投资性房地产，应当按该项房地产在转换日的公允价值入账，借记“投资性房地产——成本”科目，原已计提跌价准备的，借记“存货跌价准备”科目；按其账面余额，贷记“开发产品”等科目。同时，转换日的公允价值小于账面价值的，按其差额，借记“公允价值变动损益”科目；转换日的公允价值大于账面价值的，按其差额，贷记“其他综合收益”科目。当该项投资性房地产处置时，因转换计入资本公积的部分应转入当期损益。

例 14. 2018 年 3 月 10 日，甲房地产开发公司与乙企业签订了租赁协议，将其开发的一栋写字楼出租给乙企业。租赁期开始日为 2018 年 4 月 15 日。2018 年 4 月 15 日，该写字楼的账面余额为 45 000 万元，公允价值为 47 000 万元。2018 年 12 月 31 日，该项投资性房地产的公允价值为 48 000 万元。

甲企业的账务处理如下：

2018 年 4 月 15 日：

借：投资性房地产——成本　　470 000 000

　　贷：开发产品　　450 000 000

　　　　其他综合收益　　20 000 000

2018 年 12 月 31 日：

借：投资性房地产——公允价值变动　　10 000 000

　　贷：公允价值变动损益　　10 000 000

（2）自用房地产转换为投资性房地产。企业将自用房地产转换为采用公允价值模式计量的投资性房地产，应当按该项土地使用权或建筑物在转换日的公允价值，借记“投资性房地产——成本”科目，按已计提的累计摊销或累计折旧，借记“累计摊销”或“累计折旧”科目；原已计提减值准备的，借记“无形资产减值准备”“固定资产减值准备”科目；按其账面余额，贷记“固定资产”或“无形资产”科目。

同时，转换日的公允价值小于账面价值的，按其差额，借记“公允价值变动损益”科目；转换日的公允价值大于账面价值的，按其差额，贷记“其他综合收益”科目。当该项投资性房地产处置时，因转换计入其他综合收益的部分应转入当期损益。

例 15. 2018 年 6 月，甲企业打算搬迁至新建办公楼，由于原办公楼处于商业繁华地段，甲企业准备将其出租，以赚取租金收入。2018 年 10 月 30 日，甲企业完成了搬迁工作，原办公楼停止自用，并与乙企业签订了租赁协议，将其原办公楼租赁给乙企业使用，租赁期开始日为 2018 年 10 月 30 日，租赁期限为 3 年。2018 年 10 月 30 日，该办公楼原价为 5 亿元，已提折旧 14 250 万元，公允价值为 35 000 万元。

假设甲企业对投资性房地产采用公允价值模式计量。

甲企业的账务处理如下：

借：投资性房地产——成本	350 000 000	
公允价值变动损益	7 500 000	
累计折旧	142 500 000	
贷：固定资产		500 000 000

二、投资性房地产的处置

当投资性房地产被处置，或者永久退出使用且预计不能从其处置中取得经济利益时，应当终止确认该项投资性房地产。企业可以通过对外出售或转让的方式处置投资性房地产取得收益。对于那些由于使用而不断磨损直到最终报废，或者由于遭受自然灾害等非正常原因发生毁损的投资性房地产应及时进行清理。此外，企业因其他原因，如非货币性交易等而减少投资性房地产也属于投资性房地产的处置。企业出售、转让、报废投资性房地产或者发生投资性房地产毁损，应当将处置收入扣除其账面价值和相关税费后的金额计入当期损益。

（一）采用成本模式计量的投资性房地产的处置

处置采用成本模式进行后续计量的投资性房地产时，应当按实际收到的金额，借记“银行存款”等科目，贷记“其他业务收入”科目；按该项投资性房地产的账面价值，借记“其他业务成本”科目，按其账面余额，贷记“投资性房地产”科目，按照已计提的折旧或摊销，借记“投资性房地产累计折旧（摊销）”科目，原已计提减值准备的，借记“投资性房地产减值准备”科目。

例 16. 甲公司将其出租的一栋写字楼确认为投资性房地产，采用成本模式计量。租赁期届满后，甲公司将该栋写字楼出售给乙公司，合同价款为 30 000 万元，乙公司已用银行存款付清。出售时，该栋写字楼的成本为 28 000 万元，已计提折旧 3 000 万元。假设不考虑相关税费。

甲企业的账务处理如下：

借：银行存款　　300 000 000

　　贷：其他业务收入　　300 000 000

借：其他业务成本　　250 000 000

　　投资性房地产累计折旧　　30 000 000

　　贷：投资性房地产——写字楼　　280 000 000

（二）采用公允价值模式计量的投资性房地产的处置

处置采用公允价值模式计量的投资性房地产，应按实际收到的金额，借记“银行存款”等科目，贷记“其他业务收入”科目；按该项投资性房地产的账面余额，借记“其他业务成本”科目，按其成本，贷记“投资性房地产——成本”科目，按其累计公允价值变动，贷记或借记“投资性房地产——公允价值变动”科目。同时结转投资性房地产累计公允价值变动。若存在原转换日计入其他综合收益的金额，也一并结转。

例 17. 甲为一家房地产开发企业，2017 年 3 月 10 日，甲企业与乙企业签订了租赁协议，将其开发的一栋写字楼出租给乙企业使用，租赁期开始日为 2017 年 4 月 15 日。2017 年 4 月 15 日，该写字楼的账面余额为 45 000 万元，公允价值为 47 000 万元。2017 年 12 月 31 日，该项投资性房地产的公允价值为 48 000 万元。2018 年 6 月租赁期届满，企业收回该项投资性房地产，并以 55 000 万元出售，出售款项已收讫。甲企业采用公允价值模式计量，不考虑相关税费。甲企业的账务处理如下：

2017 年 4 月 15 日，存货转换为投资性房地产：

借：投资性房地产——成本　　470 000 000

贷：开发产品　　450 000 000

其他综合收益　　20 000 000

2017 年 12 月 31 日，公允价值变动：

借：投资性房地产——公允价值变动　　10 000 000

贷：公允价值变动损益　　10 000 000

2018 年 6 月，出售投资性房地产：

借：银行存款　　550 000 000

公允价值变动损益　　10 000 000

其他综合收益　　20 000 000

其他业务成本　　450 000 000

贷：投资性房地产——成本　　470 000 000

——公允价值变动　　10 000 000

其他业务收入　　550 000 000

第十章　流动负债

【目的要求】

通过本章的学习，学生能理解流动负债的特征、分类及构成内容，掌握各种流动负债的具体内容和科目设置的规定，熟练掌握和灵活运用各种流动负债的会计处理方法。

【重点与难点】

本章的重点是短期借款、应付及预收款项、应付职工薪酬的确认、计量和会计处理。难点是应交税费的会计处理。

流动负债是指将在一年（含一年）或一个营业周期内，需用流动资产、劳务或举借新的流动负债来偿还的债务。

流动负债包括短期借款、应付票据、应付账款、预收账款、应付职工薪酬、应交税费、应付利息、应付股利、其他应付款等。

第一节　短期借款

一、短期借款的概念

短期借款是企业为了保证维持正常生产经营所需的经营资金，或为了抵偿某项债务而向银行或其他金融机构等借入的，期限在一年以内的各种借款。

短期借款科目的核算是短期借款的本金增减变动的情况，短期借款的利息可以发生时直接计入财务费用，如果按季支付，按月可以预提，预提时通过“应付利息”科目核算。

二、短期借款的会计处理

短期借款的会计处理包括三个方面的内容：取得借款、借款利息的计提和归还借款。为了核算短期借款的取得和归还，企业应设置“短期借款”账户，该账户贷方登记取得借款，借方登记归还借款，期末余额在贷方表示尚未归还的借款。短期借款发生或实际支付利息时，通过“财务费用”和“应付利息”账户核算，不通过短期借款账户进行。

1. 短期借款的取得

企业取得短期借款时，借方记银行存款，贷方记短期借款。

例 1. A 公司 6 月 1 日从银行取得偿还期为 6 个月的借款 50 000 元，年利率为 6%，其中：40 000 元用于归还到期的应付票据款，属于临时借款，其余 10 000 元属于生产周转借款。

借：应付票据　　40 000
　　银行存款　　10 000
　　贷：短期借款——临时借款　　40 000
　　　　　　　　——生产周转借款　　10 000

2. 短期借款的利息费用

短期借款的利息作为企业筹资费用，应计入当期损益。但由于短期借款利息的结算情况不尽相同，应分别采取不同的会计处理方法：

（1）如果短期借款的利息按月支付，或虽然到期连同本金一起支付，但利息数额不大，则作为财务费用直接计入当期损益。

例 2. 若上述 A 公司取得的临时借款是按月支付利息，生产周转借款是到期连同本金一起支付利息。

每月支付临时借款利息时：

借：财务费用　　200
　　贷：银行存款　　200

1~6 月相同处理，

生产周转借款到期连同本金一起支付利息时：

借：财务费用　　300
　　短期借款——生产周转借款　　10 000
　　贷：银行存款　　10 300

（2）如果短期借款的利息按期（季、半年）支付，或虽然到期连同本金一起支付，但利息数额较大，则应按月计提计入当期损益。企业实际支付的短期借款利息与计提利息的差额计入当期损益。

例 3. 若上述 A 公司取得的临时借款为 400 000 元，但利息按季支付。生产周转借款 100 000 元，利息随同本金到期一并支付。

每月预提临时借款利息：

借：财务费用　　2 000

　　贷：应付利息　　2 000

按季支付临时借款利息时：

借：应付利息　　6 000

　　贷：银行存款　　6 000

每月预提生产周转借款利息时：

借：财务费用　　500

　　贷：应付利息　　500

到期连同本金一起支付生产周转借款利息时：

借：应付利息　　3 000

　　短期借款——生产周转借款　　100 000

　　贷：银行存款　　103 000

3. 短期借款的归还

企业在短期借款到期归还本金时，借“短期借款”，贷“银行存款”。

例 4. 某公司借款 600 000 元到期，利息已支付则会计分录为：

借：短期借款　　600 000

　　贷：银行存款　　600 000

第二节　应付及预收款项

一、应付及预收款项

（一）应付账款

应付账款是指企业因购买材料、商品和接受劳务等经营活动应支付的款项。应付账款一般按应付金额入账，而不是按照应付金额的现值入账。

企业在购货时如果享有一定的现金折扣，可以选择总价法进行会计处理。

总价法是指应付账款按扣除现金折扣之前的发票金额入账，如果在折扣期内付款而享受现金折扣，则视为一种理财收益，冲减企业的财务费用。

因债权单位撤销或其他原因，企业无法或无须支付的应付款项应计入当期损益（营业外收入）。

（二）应付账款的会计处理

为了反映和监督应付账款的发生、归还和结欠情况，企业应设置“应付账款”账户。“应付账款”的明细账户应按供货单位名称设置。

例 5. B 公司 2019 年 5 月 1 日向 D 公司购入一批原材料，发票中注明的买价为 100 000 元，增值税为 13 000 元，共计 113 000 元。原材料已全部验收入库，但货款未付。

5 月 1 日购入原材料时：

借：原材料	100 000	
应交税费——应交增值税（进项税额）	13 000	
贷：应付账款——D 公司		113 000

支付货款：

借：应付账款——D 公司	113 000	
贷：银行存款		113 000

二、应付票据

（一）应付票据

应付票据是指企业购买材料、商品和接受劳务供应等开出、承兑的商业汇票，包括商业承兑汇票和银行承兑汇票。

应付票据也可分为不带息应付票据和带息应付票据两种。

对于带息应付票据，通常应按期或在中期和年末，对尚未支付的应付票据计提利息，计入当期财务费用。

（二）应付票据的会计处理

1. 带息票据

企业出具带息票据，应按票据面值计入“应付票据”账户，期末计提利息时，应计入当期“财务费用”和“应付利息”账户。票据到期支付票款时，尚未计提的利息的部分直接计入“财务费用”和“银行存款”账户。

对于到期不能支付的商业承兑汇票，且在票据到期时并未签发新的票据，应将“应付票据”账面余额转入“应付账款”。

对于到期无力支付的银行承兑汇票，应冲减“应付票据”账面价值，增加“短期借款”账面价值，并按规定支付逾期贷款利息。

例 6. C 公司 2019 年 10 月 31 日购入一批材料，价值 20 000 元，税率 13%，当即出具一张面值 22 600 元、期限为 4 个月、年利率为 9% 的带息商业汇票。该企业由于票据到期时无力付款，故于第二年 3 月 31 日将到期值连同万分之五的罚款与银行存款一并归还。

（1）2019 年 10 月 31 日购买材料时：

借：原材料　　20 000

　　应交税费——应交增值税（进项税额）　　2 600

　　贷：应付票据　　22 600

（2）2019 年 12 月 31 日计提本年度应付利息时：

借：财务费用　　339

　　贷：应付利息　　339

（3）2020 年 2 月 28 日票据到期无力支付时

借：应付票据　　22 600

　　财务费用　　339

　　应付利息　　339

　　贷：应付账款　　23 278

（4）2018 年 3 月 31 日支付票据款时：

借：应付账款　　23 278

　　营业外支出　　339

　　贷：银行存款　　23 617

2. 不带息票据

例 7. D 公司 2019 年 6 月 1 日购入一批价款 400 000 元，税率为 13% 的材料，当即开出一张面值为 468 000 元、期限为 6 个月的无息银行承兑汇票。向银行申请承兑时支付手续费为 2‰。企业在票据到期时，存款账户只有 200 000 元，其余在一个月后连同万分之五的罚款一并支付。

（1）6 月 1 日购入材料：

借：原材料　　400 000

　　应交税费——应交增值税（进项税额）　　52 000

　　贷：应付票据　　452 000

（2）支付承兑手续费时：

借：财务费用　　904

　　贷：银行存款　　904

（3）票据到期无足额款项支付时：

借：应付票据　　452 000

　　贷：银行存款　　200 000

　　　　短期借款　　252 000

（4）一个月支付余款及罚息时：

借：短期借款　　252 000

　　营业外支出　　3 780

　　贷：银行存款　　255 780

三、预收账款

预收账款是指企业在销货和提供劳务前，按照合同规定预先向购货单位或接受劳务供应的单位收取的款项。

预收账款应在一年或一个营业周期内用产品或劳务来偿付。

预收账款一般按预收金额入账。预收账款的核算，应视具体情况而定。如果预收账款较多，可以单独设置“预收账款”科目；如果预收账款不多，可以将预收的款项直接计入“应收账款”科目的贷方，不设置“预收账款”科目。

例 8. E 公司 2019 年 5 月 1 日与 B 公司签订货款金额为 100 000 元（不含增值税），预计 3 个月交货，先预付 50% 货款，完工交货全部结付的供销合同一份，增值税税率为 13%。

（1）采用单独设置“预收账款”账户的方法。

1）5 月 1 日预收货款时：

借：银行存款　　50 000

　　贷：预收账款——B 公司　　50 000

2）8 月 1 日交付货款时：

借：预收账款——B 公司　　113 000

　　贷：主营业务收入　　100 000

　　　　应交税费——应交增值税（销项税额）　　13 000

3）收到货款单位结付款时：

借：银行存款　　63 000

　　贷：预收账款——B 公司　　63 000

（2）采用不单独设置"预收账款"账户的方法。

1）5 月 1 日预收货款时：

借：银行存款　　50 000

　　贷：应收账款——B 公司　　50 000

2）8 月 1 日交付货款时：

借：应收账款——B 公司　　113 000

　　贷：主营业务收入　　100 000

　　　　应交税费——应交增值税（销项税额）　　13 000

3）收到货款单位结付款时：

借：银行存款　　63 000

　　贷：应收账款——B 公司　　63 000

第三节　应付职工薪酬

一、职工薪酬的内容

职工薪酬指企业为获得职工提供的服务或终止劳动合同关系而给予的各种形式的报酬。职工薪酬主要包括短期薪酬、离职后福利、辞退福利和其他长期职工福利。

特别提示：

企业提供给职工配偶、子女、受赡养人、已故员工遗属及其他受益人等的福利，也属职工薪酬。

二、短期薪酬的确认与计量

（一）确认的总体原则

企业应在职工为其提供服务的会计期间，将实际发生的短期薪酬确认为负债，并计入当期损益，其他会计准则要求或允许计入资产的除外。

（二）货币性短期薪酬计量

货币性短期薪酬主要包括职工工资、奖金、津贴和补贴，大部分的职工福利费、医疗保险费、工伤保险费和生育保险费等社会保险费，也包括住房公积金、工会经费和职工教育经费。

企业应根据职工提供服务情况和工资标准计算应计入职工薪酬的工资总额，并按照受益对象计入当期损益或相关资产成本。

企业为职工缴纳的医疗保险费、工伤保险费、生育保险费等社会保险费和住房公积金，以及根据规定提取的工会经费和职工教育经费，应在职工为其提供服务的会计期间，根据规定的计提基础和计提比例计算确定相应的职工薪酬金额，并确认相关负债，按照受益对象计入当期损益或相关资产成本。

特别提示：

养老保险费和失业保险费，属于离职后福利。

借：生产成本（生产工人）
　　制造费用（车间管理人员）
　　管理费用（行政管理人员）
　　销售费用（销售人员）
　　在建工程（基建人员）
　　研发支出——资本化支出 / 费用化支出（研发人员）
　　贷：应付职工薪酬——工资
　　　　　　　　　　——职工福利费
　　　　　　　　　　——社会保险费
　　　　　　　　　　——住房公积金
　　　　　　　　　　——工会经费
　　　　　　　　　　——职工教育经费等

例 9. 2018 年 8 月，甲公司当月应发工资 1 560 万元，其中：生产部门直接生产人员工资 1 000 万元；生产部门管理人员工资 200 万元；公司管理部门人员工资 360 万元。根据所在地政府规定，公司分别按照职工工资总额的 10% 和 8% 计提医疗保险费和住房公积金，缴纳给当地社会保险经办机构和住房公积金管理机构。公司分别按照职工工资总额的2%和1.5%计提工会经费和职工教育经费。

假定不考虑所得税影响。

应计入生产成本的职工薪酬金额=1 000+1 000×（10%+8%+2%+1.5%）=1 215（万元）

应计入制造费用的职工薪酬金额=200+200×（10%+8%+2%+1.5%）=243（万元）

应计入管理费用的职工薪酬金额=360+360×（10%+8%+2%+1.5%）=437.4（万元）

公司应根据上述业务，作如下账务处理：

借：生产成本	12 150 000	
制造费用	2 430 000	
管理费用	4 374 000	
贷：应付职工薪酬——工资		15 600 000
——医疗保险费		1 560 000
——住房公积金		1 248 000
——工会经费		312 000
——职工教育经费		234 000

（三）非货币性福利

企业向职工提供非货币性福利的，应按照公允价值计量。公允价值无法可靠取得的，可以按照成本计量。

1. 以自产产品或外购商品发放给职工作为福利

（1）企业以其生产的产品作为非货币性福利提供给职工的，应按照该产品的公允价值和相关税费，计量应计入成本费用的职工薪酬金额，相关收入的确认、销售成本的结转和相关税费的处理，与正常商品销售相同。

借：应付职工薪酬——非货币性福利

　　贷：主营业务收入

　　　　应交税费——应交增值税（销项税额）

借：主营业务成本

　　贷：库存商品

（2）以外购商品作为非货币性福利提供给职工的，应按照该商品的公允价值和相关税费计入成本费用。

第一，外购商品时：

借：库存商品等

　　应交税费——应交增值税（进项税额）

　　贷：银行存款

第二，发放时：

借：应付职工薪酬——非货币性福利

　　贷：库存商品等

　　　　应交税费——应交增值税（进项税额转出）

特别提示：

在以自产产品或外购商品发放给职工作为福利的情况下，企业在进行账务处理时，应当先通过“应付职工薪酬”科目归集当期应计入成本费用的非货币性薪酬金额。

借：生产成本／制造费用／管理费用／销售费用／在建工程／研发支出等

　　贷：应付职工薪酬——非货币性福利

例 10. 甲公司为一家生产笔记本电脑的企业，共有职工 200 名，2019 年 2 月，公司以其生产的成本为 10 000 元的高级笔记本电脑和外购的每部不含税价格为 1 000 元的手机作为春节福利发放给公司每名职工。

该型号笔记本电脑的售价为每台 14 000 元，甲公司适用的增值税税率为 13%，已开具了增值税专用发票；甲公司以银行存款支付了购买手机的价款和增值税进项税额，已取得增值税专用发票，适用的增值税税率为 13%。

假定 200 名职工中 170 名为直接参加生产的职工，30 名为总部管理人员。

笔记本电脑的售价总额 =14 000×170+14 000×30=2 380 000+420 000=2 800 000（元）

笔记本电脑的增值税销项税额 =170×14 000×13%+30×14 000×13%=309 400+54 600=364 000（元）

甲公司决定发放非货币性福利时，应作如下账务处理：

借：生产成本　　　　2 689 400

管理费用　　474 600

　贷：应付职工薪酬——非货币性福利　　3 164 000

实际发放笔记本电脑时，应作如下账务处理：

借：应付职工薪酬——非货币性福利　　3 164 000

　贷：主营业务收入　　2 800 000

　　应交税费——应交增值税（销项税额）　　364 000

借：主营业务成本　　2 000 000

　贷：库存商品　　2 000 000

手机的售价总额 =170 × 1 000+30 × 1 000=170 000+30 000=200 000（元）

手机的进项税额 =170 × 1 000 × 13%+30 × 1 000 × 13%=22 100+3 900=26 000（元）

甲公司决定发放非货币性福利时，应作如下账务处理：

借：生产成本　　192 100

　管理费用　　33 900

　贷：应付职工薪酬——非货币性福利　　226 000

购买手机时，甲公司应作如下账务处理：

借：库存商品　　200 000

　应交税费——应交增值税（进项税额）　　26 000

　贷：银行存款　　226 000

借：应付职工薪酬——非货币性福利　　226 000

　贷：库存商品　　200 000

　　应交税费——应交增值税（进项税额转出）　　26 000

2. 将拥有的房屋等资产无偿提供给职工使用或租赁住房等资产供职工无偿使用

（1）企业将拥有的房屋等资产无偿提供给职工使用的，应根据受益对象，将住房每期的公允价值计入当期损益或相关资产成本，同时确认应付职工薪酬。公允价值无法可靠取得的，可以按照成本计量。（代价是折旧）

借：管理费用等

　贷：应付职工薪酬——非货币性福利

借：应付职工薪酬——非货币性福利

　贷：累计折旧

（2）租赁住房等资产供职工无偿使用的，应当根据受益对象，将每期应付的租金计入相关资产成本或当期损益，并确认应付职工薪酬。（代价是租金）

借：管理费用等

  贷：应付职工薪酬——非货币性福利

借：应付职工薪酬——非货币性福利

  贷：其他应付款 / 银行存款

例 11. 2019 年丁公司为总部各部门经理级别以上职工提供自建单位宿舍免费使用，同时为副总裁以上高级管理人员每人租赁一套住房。该公司总部共有部门经理以上职工 60 名，每人提供一间单位宿舍免费使用，假定每间单位宿舍每月计提折旧 1 000 元；该公司共有副总裁以上高级管理人员 10 名，公司为其每人租赁一套月租金为 10 000 元的公寓。

该公司每月应作如下账务处理：

借：管理费用 60 000

  贷：应付职工薪酬——非货币性福利 60 000

借：应付职工薪酬——非货币性福利 60 000

  贷：累计折旧 60 000

借：管理费用 100 000

  贷：应付职工薪酬——非货币性福利 100 000

借：应付职工薪酬——非货币性福利 100 000

  贷：其他应付款 100 000

第四节 应交税费

企业在一定时期内取得的营业收入和实现的利润或发生特定经营行为，要按照规定向国家交纳各种税金，这些应交的税金，应按照权责发生制的原则确认。这些应交的税金在尚未交纳前，形成企业的一项负债。

应交税费包括企业依法应交纳的增值税、消费税、所得税、资源税、土地增值税、城市维护建设税、房产税、土地使用税、车船税、教育费附加、矿产资源补偿费等税费，以及在上缴国家之前，由企业代扣代缴的个人所得税等。

一、增值税

增值税是就货物或应税劳务的增值部分征收的一种税。按照增值税暂行条例规定，企业购入货物或接受应税劳务支付的增值税（即进项税额），可以从销售货物或提供劳务按规定收取的增值税（即销项税额）中抵扣。按照规定，企业购入货物或接受劳务必须具备以下凭证，其进项税额才能予以扣除。值得注意的是，按照修订后的《中华人民共和国增值税暂行条例》，企业购入的机器设备等生产经营用固定资产所支付的增值税在符合税收法规规定情况下，也应从销项税额中扣除，不再计入固定资产成本。按照税收法规规定，购入的用于集体福利或个人消费等目的的固定资产而支付的增值税，不能从销项税额中扣除，仍应计入固定资产成本。

增值税专用发票。实行增值税以后，一般纳税企业销售货物或者提供应税劳务均应开具增值税专用发票，增值税专用发票记载了销售货物的售价、税率以及税额等，购货方以增值税专用发票上记载的购入货物已支付的税额，作为扣税和记账的依据。

1. 科目设置

（1）增值税一般纳税人（10个明细科目）。

应交税费——应交增值税（进项税额）
（销项税额抵减）（差额征税：如运输业）
（已交税金）
（转出未交增值税）
（减免税款）
（出口抵减内销产品应纳税额）

应交税费——应交增值税（销项税额）
（出口退税）
（进项税额转出）
（转出多交增值税）

——未交增值税
——预交增值税
——待抵扣进项税额（如购进不动产）
——待认证进项税额（取得扣税凭证，未及时认证）

——待转销项税额（会计：确认收入、税法：尚未发生纳税义务，如质保金）

——增值税留抵税额

——简易计税

——转让金融商品应交增值税

——代扣代交增值税

（2）小规模纳税人（3 个明细科目）。

应交税费——应交增值税

——转让金融商品应交增值税

——代扣代交增值税

2. 购销业务的会计处理

例 12. 某工业生产企业为增值税一般纳税人，本期从房地产开发企业购入不动产作为行政办公场所，按固定资产核算。工业企业为购置该项不动产共支付价款和相关税费 8 000 万元，其中含增值税 330 万元。根据现行增值税制度规定，工业企业对上述经济业务，应作如下账务处理：

取得不动产时：

借：固定资产　　76 700 000

应交税费——应交增值税（进项税额）　　3 300 000

贷：银行存款　　80 000 000

3. 小规模纳税企业发生的应税行为适用于简易计税方法计税

小规模纳税企业应设置“应交税费——应交增值税”科目，应采用三栏式账户。

例 13. 某工业生产企业核定为小规模纳税人，本期购入原材料，按照增值税专用发票上记载的原材料价款为 100 万元，支付的增值税税额为 17 万元，企业开出承兑的商业汇票，材料已到达并验收入库（材料按实际成本核算）。该企业本期销售产品，销售价格总额为 90 万元（含税），假定符合收入确认条件，货款尚未收到。该企业适用的增值税征收率为 3%。

根据上述经济业务，企业应作如下账务处理：

购进货物时：

借：原材料　　1 170 000

贷：应付票据　　1 170 000

销售货物时：

不含税价格时 =900 000 ÷（1+3%）=873 786（元）

应交增值税 =873 786 × 3%=26 214（元）

借：应收账款　　900 000

　　贷：主营业务收入　　873 786

　　　　应交税费——应交增值税　　26 214

二、消费税

为了正确引导消费方向，国家在普遍征收增值税的基础上，选择部分消费品，再征收一道消费税。消费税的征收方法采取从价定率和从量定额两种方法。实行从价定率办法计征的应纳税额的税基为销售额，如果企业应税消费品的销售额中未扣除增值税税款，或者因不能开具增值税专用发票而发生价款和增值税税款合并收取的，在计算消费税时，按公式“应税消费品的销售额：含增值税的销售额 ÷（1+ 增值税税率或征收率）”换算为不含增值税税款的销售额。实行从量定额办法计征的应纳税额的销售数量是指应税消费品的数量；属于销售应税消费品的，为应税消费品的销售数量；属于自产自用应税消费品的，为应税消费品的移送使用数量；属于委托加工应税消费品的，为纳税人收回的应税消费品数量；进口的应税消费品，为海关核定的应税消费品进口征税数量。

（一）科目设置

企业按规定应交的消费税，在“应交税费”科目下设置“应交消费税”明细科目核算。“应交消费税”明细科目的借方发生额，反映实际交纳的消费税和待扣的消费税；贷方发生额，反映按规定应交纳的消费税；期末贷方余额，反映尚未交纳的消费税；期末借方余额，反映多交或待扣的消费税。

（二）产品销售的会计处理

企业销售产品时应交纳的消费税，应分别按情况进行处理：

企业将生产的产品直接对外销售的，对外销售产品应交纳的消费税，通过“税金及附加”科目核算；企业按规定计算出应交的消费税，借记“税金及附加”科目，贷记“应交税费——应交消费税”科目。

例 14. 某企业为增值税一般纳税人（采用计划成本核算原材料），本期销售其生产的应纳消费税产品，应纳消费税产品的售价为 24 万元（不含应向购买者收取的增值税税额），产品成本为 15 万元。该产品的增值税税率为 13%，消费税税率为 10%。产品已经发出，符合收入确认条件，款项尚未收到。根据这项经济业务，企业可作如下账务处理：

应向购买者收取的增值税税额 =240 000×13% =31 200（元）

应交的消费税 =240 000×10% =24 000（元）

借：应收账款　　280 800

　　贷：主营业务收入　　240 000

　　　　应交税费——应交增值税（销项税额）　　31 200

借：税金及附加　　24 000

　　贷：应交税费——应交消费税　　24 000

借：主营业务成本　　150 000

　　贷：库存商品　　150 000

企业用应税消费品用于在建工程、非生产机构等其他方面，按规定应交纳的消费税，应计入有关的成本。例如，企业以应税消费品用于在建工程项目，应交的消费税计入在建工程成本。

（三）委托加工应税消费品的会计处理

按照税法规定，企业委托加工的应税消费品，由受托方在向委托方交货时代扣代缴税款（除受托加工或翻新改制金银首饰按规定由受托方交纳消费税外）。委托加工的应税消费品，委托方用于连续生产应税消费品的，所纳税款准予按规定抵扣。

这里的委托加工应税消费品，指由委托方提供原料和主要材料，受托方只收取加工费和代垫部分辅助材料加工的应税消费品，对于由受托方提供原材料生产的应税消费品，或者受托方先将原材料卖给委托方，然后接受加工的应税消费品，以及由受托方以委托方名义购进原材料生产的应税消费品，都不作为委托加工应税消费品，而应按照销售自制应税消费品交纳消费税。委托加工的应税消费品直接出售的，不再征收消费税。

在会计处理时，需要交纳消费税的委托加工应税消费品，于委托方提货时，由受托方代收代缴税款。受托方按应扣税款金额，借记“应收账款”“银行存款”等科目，贷记“应交税费——应交消费税”科目。委托加工应税消费品收回后：直接用于销售的，委托方应将代收代缴的消费税计入委托加工的应税消费品成本，借记“委托加工物资”“生产成本”等科目，贷记“应付账款”“银行存款”等科目，待委托加工应税消费品销售时，不需要再交纳消费税；委托加工的应税消费品收回后用于连续生产应税消费品，按规定准予抵扣的，委托方应按代收代缴的消费税款，借记“应交税费——应交消费税”科目，贷记“应付账款”“银行存款”等科目，待用委托加工的应税消费品生产出应纳消费税的产品销售时，再交纳消费税。

特别提示：

（1）委托方以不高于受托方的计税价格出售的，为直接出售，不再交纳消费税（消费税计入“委托加工物资”科目的借方）；

（2）委托方以高于受托方的计税价格出售的，不属于直接出售，需按照规定申报交纳消费税，在计税时准予扣除受托方已代收代缴的消费税；

（3）委托外单位加工完成的存货，计入存货成本的包括：实际耗用的原材料或者半成品成本；加工费；运杂费；收回后以不高于受托方计税价格出售的应税消费品，支付由受托方代收代缴的消费税。

例 15. 某企业委托外单位加工材料（非金银首饰），原材料价款为 20 万元，加工费用为 5 万元，由受托方代收代缴的消费税为 0.5 万元（不考虑增值税），材料已经加工完毕验收入库，加工费用尚未支付。假定该企业材料采用实际成本核算。

根据该项经济业务，委托方应作如下账务处理：

（1）如果委托方收回加工后的材料用于继续生产应税消费品，委托方的账务处理如下：

	借方	贷方
借：委托加工物资	200 000	
贷：原材料		200 000
借：委托加工物资	50 000	
应交税费——应交消费税	5 000	
贷：应付账款		55 000
借：原材料	250 000	
贷：委托加工物资		250 000

（2）如果委托方收回加工后的材料直接用于销售，委托方的账务处理

如下：

借：委托加工物资　　200 000

　　贷：原材料　　200 000

借：委托加工物资　　55 000

　　贷：应付账款　　55 000

借：原材料　　255 000

　　贷：委托加工物资　　255 000

三、其他应交税费

（一）资源税

资源税是国家对在我国境内开采矿产品或者生产盐的单位和个人征收的税种。资源税按照应税产品的课税数量和规定的单位税额计算，公式为："应纳税额 = 课税数量 × 单位税额。"

这里的课税数量为：开采或者生产应税产品销售的，以销售数量为课税数量；开采或者生产应税产品自用的，以自用数量为课税数量。

1. 科目设置

企业按规定应交的资源税，在"应交税费"科目下设置"应交资源税"明细科目核算。"应交资源税"明细科目的借方发生额，反映企业已交的或按规定允许抵扣的资源税；贷方发生额，反映应交的资源税；期末借方余额，反映多交或尚未抵扣的资源税；期末贷方余额，反映尚未交纳的资源税。

2. 销售产品或自产自用产品相关的资源税的会计处理

在会计核算时，企业按规定计算出销售应税产品应交纳的资源税，借记"税金及附加"科目，贷记"应交税费——应交资源税"科目；企业计算出自产自用的应税产品应交纳的资源税，借记"生产成本""制造费用"等科目，贷记"应交税费——应交资源税"科目。

例 16. 某企业将自产的煤炭 20 000 吨用于销售，1 000 吨用于企业产品生产，每吨应交资源税 5 元。根据该项经济业务，企业应作账务处理如下：

销售煤炭应交的资源税 =20 000 × 5=100 000（元）

自产自用煤炭应交的资源税 =1 000 × 5=5 000（元）

借：税金及附加　　100 000

　　生产成本　　5 000

贷：应交税费——应交资源税　　　　　　　　　　105 000

（二）土地增值税

国家从 1994 年起开征了土地增值税，转让国有土地使用权、地上建筑物及其附着物并取得收入的单位和个人，均应交纳土地增值税。土地增值税按照转让房地产所取得的增值额和规定的税率计算征收。这里的增值额指转让房地产所取得的收入减除规定扣除项目金额后的余额。

企业转让房地产所取得的收入，包括货币收入、实物收入和其他收入。计算土地增值额的主要扣除项目有：①取得土地使用权所支付的金额；②开发土地的成本、费用；③新建房屋及配套设施的成本、费用，或者旧房及建筑物的评估价格；④与转让房地产有关的税金。

在会计处理时，企业交纳的土地增值税通过“应交税费——应交土地增值税”科目核算。兼营房地产业务的企业，应由当期收入负担的土地增值税，借记“税金及附加”科目，贷记“应交税费——应交土地增值税”科目。转让的国有土地使用权与其地上建筑物及其附着物一并在“固定资产”或“在建工程”科目核算的，转让时应交纳的土地增值税，借记“固定资产清理”“在建工程”科目，贷记“应交税费——应交土地增值税”科目。企业在项目全部竣工结算前转让房地产取得的收入，按税法规定预交的土地增值税，借记“应交税费——应交土地增值税”科目，贷记“银行存款”等科目；待该项房地产销售收入实现时，再按上述销售业务的会计处理方法进行处理。该项目全部竣工、办理结算后进行清算，收到退回多交的土地增值税，借记“银行存款”等科目，贷记“应交税费——应交土地增值税”科目，补交的土地增值税作相反的会计分录。

（三）房产税、土地使用税、车船税和印花税

房产税是国家对在城市、县城、建制镇和工矿区征收的由产权所有人交纳的一种税。房产税依照房产原值一次减除 10%~30% 后的余额计算交纳。没有房产原值作为依据的，由房产所在地税务机关参考同类房产核定；房产出租的，以房产租金收入为房产税的计税依据。

土地使用税是国家为了合理利用城镇土地，调节土地级差收入，提高土地使用效益，加强土地管理而开征的一种税，以纳税人实际占用的土地面积为计税依据，依照规定税额计算征收。

车船税由拥有并且使用车船的单位和个人交纳，车船税按照适用税额计

算交纳。

企业按规定计算应交的房产税、土地使用税、车船税时，借记“管理费用”科目，贷记“应交税费——应交房产税（或土地使用税、车船税）”科目；上交时，借记“应交税费——应交房产税（或土地使用税、车船税）”科目，贷记“银行存款”科目。

印花税是对书立、领受购销合同等凭证行为征收的税款，实行由纳税人根据规定自行计算应纳税额，购买并一次贴足印花税票的交纳方法。应纳税凭证包括：购销、加工承揽、建设工程承包、财产租赁、货物运输、仓储保管、借款、财产保险、技术合同或者具有合同性质的凭证；产权转移书据；营业账簿；权利、许可证照等。纳税人根据应纳税凭证的性质，分别按比例税率或者按件定额计算应纳税额。

由于企业交纳的印花税，是由纳税人根据规定自行计算应纳税额以购买并一次贴足印花税票的方法交纳的税款。即一般情况下，企业需要预先购买印花税票，待发生应税行为时，再根据凭证的性质和规定的比例税率或者按件计算应纳税额，将已购买的印花税票粘贴在应纳税凭证上，并在每枚税票的骑缝处盖戳注销或者划销，办理完税手续。

企业交纳的印花税，不会发生应付未付税款的情况，不需要预计应纳税金额，同时不存在与税务机关结算或清算的问题。因此，企业交纳的印花税不需要通过“应交税费”科目核算，在购买印花税票时，直接借记“管理费用”科目，贷记“银行存款”科目。

（四）城市维护建设税

为了加强城市的维护建设，扩大和稳定城市维护建设资金的来源，国家开征了城市维护建设税。在会计核算时，企业按规定计算出的城市维护建设税，借记“税金及附加”等科目，贷记“应交税费——应缴城市维护建设税”科目；实际上交时，借记“应交税费——应缴城市维护建设税”科目，贷记“银行存款”科目。

（五）所得税

企业的生产、经营所得和其他所得，依照有关所得税暂行条例及其细则的规定需要交纳所得税。企业应交纳的所得税，在“应交税费”科目下设置“应交所得税”明细科目核算；当期应计入损益的所得税，作为一项费用，在净收益前扣除。企业按照一定方法计算，计入损益的所得税，借记“所得税费用”等科目，贷记“应交税费——应交所得税”科目。

（六）耕地占用税

耕地占用税是国家为了利用土地资源，加强土地管理，保护家用耕地而征收的一种税。耕地占用税以实际占用的耕地面积计税，按照规定税额一次征收。企业交纳的耕地占用税，不需要通过“应交税费”科目核算。企业按规定计算交纳耕地占用税时，借记“在建工程”科目，贷记“银行存款”科目。

特别提示：

不需要通过“应交税费”科目核算的税金包括印花税、耕地占用税、关税、进口时的消费税。

（七）应付利息

应付利息，指企业按照合同约定应支付的利息，包括吸收存款、分期付息到期还本的长期借款、企业债券等应支付的利息。

资产负债表日，应按摊余成本和实际利率计算确定的利息费用，借记“利息支出”“在建工程”“财务费用”“研发支出”等科目，按合同利率计算确定的应付未付利息，贷记“应付利息”，按借贷双方之间的差额，借记或贷记“长期借款——利息调整”等科目。

合同利率与实际利率差异较小的，也可以采用合同利率计算确定利息费用。实际支付利息时，借记“应付利息”，贷记“银行存款”等科目。本科目期末贷方余额，反映企业应付未付的利息。

（八）应付股利

应付股利，指企业经股东大会或类似机构审议批准分配的现金股利或利润。企业股东大会或类似机构审议批准的利润分配方案、宣告分派的现金股利或利润，在实际支付前，形成企业的负债。企业董事会或类似机构通过的利润分配方案中拟分配的现金股利或利润，不应确认负债，但应在附注中披露。

企业经股东大会或类似机构审议批准的利润分配方案，按应支付的现金股利或利润时，借记“利润分配”科目，贷记“应付股利”；实际支付现金股利或利润时，借记“应付股利”，贷记“银行存款”等科目。

（九）其他应付款

其他应付款，是指企业除应付票据、应付账款、预收账款、应付职工薪酬、应付利息、应付股利、应交税费、长期应付款等以外的其他各项应付、暂收的款项。

企业采用售后回购方式融入资金的，应按实际收到的金额，借记“银行存款”科目，贷记“其他应付款”“应交税费”等科目。回购价格与原销售价格之间的差额，应在售后回购期间按期计提利息费用，借记“财务费用”科目，贷记“其他应付款”。按照合同约定购回该项商品时，应按实际支付的金额，借记“其他应付款”科目和“应交税费”科目，贷记“银行存款”科目。

企业发生的其他各种应付、暂收款项，借记“管理费用”等科目，贷记“其他应付款”；支付的其他各种应付、暂收款项，借记“其他应付款”，贷记“银行存款”等科目。

第十一章　非流动负债

【目的要求】

通过本章的学习，学生应明确非流动负债的基本概念及账务处理方式，充分理解不同非流动负债的确认与计量的原则，掌握非流动负债的具体核算与计量。

【重点与难点】

本章的重点和难点是公司债券的会计核算与计量。

第一节　长期借款

一、长期借款的概念

长期借款指企业从银行或其他金融机构借入的期限在一年以上（不含一年）的借款。

二、长期借款账务处理

企业借入各种长期借款时，按照实际收到的款项，借记“银行存款”科目，贷记“长期借款——本金”；按借贷双方之间的差额，借记“长期借款——利息调整”。

在资产负债表日，企业应按长期借款的摊余成本和实际利率计算确定的长期借款的利息费用，借记“在建工程”“财务费用”“制造费用”等科目，按借款本金和合同利率计算确定的应付未付利息，贷记“应付利息”科目或“长期借款——应计利息”，按其差额，贷记“长期借款——利息调整”科目。

例 1. 某企业为建造一幢厂房，2017 年 1 月 1 日借入期限为两年的长期专门借款 1 000 000 元，款项已存入银行。借款利率为 9%，每年付息一次，期满后一次还清本金。2017 年初，以银行存款支付工程价款共计 600 000 元，2018 年初又以银行存款支付工程费用 400 000 元。该厂房于 2018 年 8 月底完工，达到预定可使用状态。假定不考虑闲置专门借款资金存款的利息收入或者投资收益。根据上述业务编制有关会计分录如下：

（1）2017 年 1 月 1 日，取得借款时：

借：银行存款　　1 000 000

　　贷：长期借款——本金　　1 000 000

（2）2017 年初，支付工程款时：

借：在建工程　　600 000

　　贷：银行存款　　600 000

（3）2017 年 12 月 31 日，计算 2017 年应计入工程成本的利息时：

借款利息 =1 000 000×9%=90 000（元）

借：在建工程　　90 000

　　贷：应付利息　　90 000

（4）2017 年 12 月 31 日支付借款利息时：

借：应付利息　　90 000

　　贷：银行存款　　90 000

（5）2018 年初支付工程款时：

借：在建工程　　400 000

　　贷：银行存款　　400 000

（6）2018 年 8 月底，达到预定可使用状态，该期应计入工程成本的利息 =（1 000 000×9%÷12）×8=60 000（元）

借：在建工程　　60 000

　　贷：应付利息　　60 000

同时：

借：固定资产　　1 150 000

　　贷：在建工程　　1 150 000

（7）2018 年 12 月 31 日，计算 2018 年 9 ~ 12 月应计入财务费用的利息 =（1 000 000×9%÷12）×3=30 000（元）

借：财务费用　　30 000

　　贷：应付利息　　30 000

（8）2018 年 12 月 31 日支付利息时：

借：应付利息　　　　90 000

　　贷：银行存款　　　　90 000

（9）2019 年 1 月 1 日到期还本时：

借：长期借款——本金　　　　1 000 000

　　贷：银行存款　　　　1 000 000

第二节　公司债券

一、一般公司债券

企业发行的一般公司债券，无论是按面值发行，还是溢价发行或折价发行，均按债券面值计入“应付债券”科目的“面值”明细科目，实际收到的款项与面值的差额，计入“利息调整”明细科目。企业发行债券时，按实际收到的款项，借记“银行存款”“库存现金”等科目，按债券票面价值，贷记“应付债券——面值”科目，按实际收到的款项与票面价值之间的差额，贷记或借记“应付债券——利息调整”科目。

例 2. 2017 年 12 月 31 日，甲公司经批准发行 5 年期一次还本、分期付息的公司债券 10 000 000 元，债券利息在每年 12 月 31 日支付，票面利率为年利率 6%。假定债券发行时的市场利率为 5%。

甲公司该批债券实际发行价格为：

10 000 000 × 0.783 5+10 000 000 × 6% × 4.329 5=10 432 700（元）

甲公司根据上述资料，采用实际利率法和摊余成本计算确定的利息费用，如表 11–1 所示。

表 11–1　利息费用一览表　　　　单位：元

付息日期	支付利息	利息费用	摊销的利息调整	应付债券摊余成本
2017 年 12 月 31 日				10 432 700
2018 年 12 月 31 日	600 000	521 635	78 365	10 354 335
2019 年 12 月 31 日	600 000	517 716.75	82 283.25	10 272 051.75
2020 年 12 月 31 日	600 000	513 602.59	86 397.41	10 185 654.34

续表

付息日期	支付利息	利息费用	摊销的利息调整	应付债券摊余成本
2021 年 12 月 31 日	600 000	509 282.72	90 717.28	10 094 937.06
2022 年 12 月 31 日	600 000	505 062.94*	94 937.06	10 000 000

注：* 尾数调整。

根据表 11-1 的资料，甲公司的账务处理如下：

（1）2017 年 12 月 31 日发行债券时：

借：银行存款　　10 432 700

　　贷：应付债券——面值　　10 000 000

　　　　　　　　——利息调整　　432 700

（2）2018 年 12 月 31 日计算利息费用时：

借：财务费用　　521 635

　　应付债券——利息调整　　78 365

　　贷：应付利息　　600 000

2019 年、2020 年、2021 年确认利息费用的会计处理同 2018 年。

（3）2022 年 12 月 31 日归还债券本金及最后一期利息费用时：

借：财务费用等　　505 062.94

　　应付债券——面值　　10 000 000

　　　　　　——利息调整　　94 937.06

　　贷：银行存款　　10 600 000

二、可转换公司债券

企业发行的可转换公司债券，应在初始确认时将其包含的负债成分和权益成分进行分拆，将负债成分确认为应付债券，将权益成分确认为资本公积。在进行分拆时，应先对负债成分的未来现金流量进行折现确定负债成分的初始确认金额，再按发行价格总额扣除负债成分初始确认金额后的金额确定权益成分的初始确认金额。发行可转换公司债券发生的交易费用，应在负债成分和权益成分之间按照各自的相对公允价值进行分摊。

企业发行的可转换公司债券，应按实际收到的金额，借记“银行存款”等科目，按该项可转换公司债券包含的负债成分的面值，贷记“应付债券——可转换公司债券（面值）”科目，按权益成分的公允价值，贷记“资本公积——其他资本公积”科目，按其差额，借记或贷记“应付债券——可转换公司债券（利息调整）”科目。

企业发行附有赎回选择权的可转换公司债券，其在赎回日可能支付的利息补偿金，即债券约定赎回期届满日应当支付的利息减去应付债券票面利息的差额，应当在债券发行日至债券约定赎回届满日期间计提应付利息，计提的应付利息，分别计入相关资产成本或财务费用。

第三节　长期应付款

长期应付款，指企业除长期借款和应付债券以外的其他各种长期应付款项，包括应付融资租入固定资产的租赁费、以分期付款方式购入固定资产发生的应付款项、采用补偿贸易方式引进国外设备发生的应付款项等。

企业延期付款购买资产，如果延期支付的购买价款超过正常信用条件，实质上具有融资性质的，所购资产的成本应当以延期支付购买价款的现值为基础确定。实际支付的价款与购买价款的现值之间的差额，应当在信用期间内采用实际利率法进行摊销，计入相关资产成本或当期损益。

第十二章　所有者权益

【目的要求】

通过本章的学习，学生应明确所有者权益的概念、特征及内容，充分理解所有者权益确认与计量的原则，掌握所有者权益的具体核算与计量。

【重点与难点】

本章的重点和难点是所有者权益的会计核算与计量。

所有者权益，指企业资产扣除负债后由所有者享有的剩余权益。公司的所有者权益又称为股东权益。所有者权益根据其核算的内容和要求，可分为实收资本（股本）、其他权益工具、资本公积、其他综合收益、盈余公积和未分配利润等部分。其中，盈余公积和未分配利润统称为留存收益。所有者权益的来源包括所有者投入的资产、直接计入所有者权益的利得和损失、留存收益等。

所有者投入的资本，指所有者投入企业的资本部分，它既包括构成企业注册资本或者股本部分的金额，也包括投入资本超过注册资本或者股本部分的金额，即资本溢价或者股本溢价，这部分投入资本在我国企业会计准则体系中被计入了资本公积，并在资产负债表中的资本公积项目下反映。

直接计入所有者权益的利得和损失，指不应计入当期损益、会导致所有者权益发生增减变动的、与所有者投入资本或者向所有者分配利润无关的利得或者损失。利得包括直接计入所有者权益的利得和直接计入当期利润的利得，直接计入所有者权益的利得指由企业非日常活动所形成的、会导致所有者权益增加的、与所有者投入资本无关的经济利益的流入。损失包括直接计入所有者权益的损失和直接计入当期利润的损失，直接计入所有者权益的损失指由企业非日常活动所发生的、会导致所有者权益减少的、与向所有者分配利润无关的经济利益的流出。

留存收益是企业历年实现的净利润留存于企业的部分，主要包括累计计提的盈余公积和未分配利润。

第一节　实收资本

一、实收资本概述

按照我国有关法律规定，投资者设立企业必须投入资本。实收资本是投资者投入资本形成法定资本的价值，所有者向企业投入的资本，在一般情况下无须偿还，可以长期周转使用。

实收资本的构成比例，通常是确定所有者在企业所有者权益中所占的份额和参与企业财务经营决策的基础，也是企业进行利润分配和股利分配的依据，同时是企业清算时确定所有者对净资产的要求权的依据。

由于我国目前实行的是注册资本制度，要求企业的实收资本与其注册资本相一致。但在特定的时期内，企业的实收资本可能小于其注册资本的数额。

企业的资本按照投资主体的不同，分为国家投入资本、法人投入资本、个人投入资本和外商投入资本。按照投入资本的不同物质形态，分为货币资本、实物资本、债券资本和无形资产资本。

企业应设置“实收资本”科目，核算投资者投入资本的增减变动情况。股份有限公司应将该科目改为“股本”。投资者可以用现金投资，也可以用现金以外的其他有形资产投资，符合国家规定比例的，还可以用无形资产投资。

二、实收资本增减变动的会计处理

（一）实收资本增加的会计处理

1. 企业增加资本的一般途径

（1）将资本公积转为实收资本或股本：

借：资本公积——资本溢价（股本溢价）

　　贷：实收资本（股本）

（2）盈余公积转为实收资本：

借：盈余公积

　　贷：实收资本（股本）

（3）所有者（包括原企业所有者和新投资者）投入：

借：银行存款 / 固定资产 / 无形资产 / 长期股权投资等

贷：实收资本（股本）

资本公积——资本溢价（股本溢价）

2. 股份有限公司以发行股票股利的方法实现增资

借：利润分配——转作股本的股利

贷：股本

3. 可转换公司债券持有人行使转换权力

借：应付债券——可转换公司债券（面值、应计利息）

其他权益工具

应付利息（对于分期付息债券转股时尚未支付的利息）

贷：股本

应付债券——可转换公司债券（利息调整）（可借可贷）

资本公积——股本溢价

4. 企业将重组债务转为资本

借：应付账款

贷：股本（实收资本）

资本公积——股本溢价（资本溢价）

营业外收入

5. 以权益结算的股份支付的行权

借：银行存款

资本公积——其他资本公积

贷：股本（实收资本）

资本公积——股本溢价（资本溢价）

例 1. 甲、乙、丙共同投资设立东方有限责任公司，注册资本为 600 万元，甲、乙、丙持股比例分别为 60%、28%、12%。按照章程规定，甲、乙、丙投入资本分别为 360 万元、168 万元、72 万元。公司收到投资者一次足额缴纳的款项。

借：银行存款　　6 000 000

贷：实收资本——甲　　3 600 000

——乙　　1 680 000

——丙　　720 000

例 2. 南方股份有限公司委托万通证券公司代理发行普通股 800 万元，每股面值 1 元，经双方约定，按发行收入的 3% 收取手续费。

（1）按每股 1 元的面值发行。

借：银行存款　　7 760 000

　　盈余公积　　240 000

　　贷：股本　　8 000 000

（2）按每股面值 1.2 元发行。

借：银行存款　　9 312 000

　　贷：股本　　8 000 000

　　　　资本公积　　1 312 000

例 3. 甲有限责任公司收到 A 公司作为资本投入的原材料一批，该批原材料投资合同和协议约定的价值为 20 万元，增值税进项税额为 3.4 万元，该进项税额允许抵扣，则会计分录为：

借：原材料　　200 000

　　应交税费——应交增值税（进项税额）　　34 000

　　贷：实收资本——A 公司　　234 000

例 4. 甲有限责任公司收到 A 公司作为资本投入的一项不需要安装的机器设备 1 台，合同约定该机器设备的价值为 500 万元，增值税进项税额为 85 万元，该进项税额允许抵扣，则会计分录为：

借：固定资产　　5 000 000

　　应交税费——应交增值税（进项税额）　　850 000

　　贷：实收资本——A 公司　　5 850 000

例 5. 丙有限责任公司于设立时收到 B 公司作为资本投入的专利权 1 项，合同价值为 8 万元，同时收到 C 公司投入的土地使用权一项，投资合同价为 1 000 万元，则会计分录为：

借：无形资产——专利权　　80 000

　　　　　　——土地使用权　　10 000 000

　　贷：实收资本——B 公司　　80 000

　　　　　　　　——C 公司　　10 000 000

（二）实收资本减少的会计处理

《公司法》第三十五条规定，公司成立后，股东不得抽逃出资。所以，企业实收资本减少的情况比较少见，但在下列情况下，企业实收资本可以减少：一是企业资本过剩；二是企业发生重大亏损需要减少实收资本。

1. 有限责任公司和一般企业返还投资

借：实收资本

　　贷：银行存款

2. 股份有限公司回购股票并注销股本

（1）回购时：

借：库存股

　　贷：银行存款

（2）注销时，回购价大于回购股本：

借：股本

　　资本公积——股本溢价

　　盈余公积

　　利润分配

　　贷：库存股

（3）注销时，回购价小于回购股本：

借：库存股

　　贷：股本

　　　　资本公积——股本溢价

例 6. 南方股份有限公司截至 20×9 年发行普通股 300 万元，每股面值 1 元，资本公积（股本溢价）70 万元，盈余公积 50 万元。经股东大会批准，南方公司以现金回购本公司股票 40 万股并注销。

（1）按每股 3 元回购股票。

库存股成本 =3×400 000=1200 000

	借方	贷方
借：库存股	1 200 000	
贷：银行存款		1 200 000
借：股本	400 000	
资本公积——股本溢价	700 000	
盈余公积	100 000	
贷：库存股		1 200 000

（2）按每股 0.8 元回购股票。

库存股成本 =0.8 × 400 000=320 000

借：库存股　　　　　　　　　　　　　　　　320 000

　　贷：银行存款　　　　　　　　　　　　　　　320 000

借：股本　　　　　　　　　　　　　　　　400 000

　　贷：库存股　　　　　　　　　　　　　　　　320 000

　　　　资本公积——股本溢价　　　　　　　　　80 000

第二节　资本公积与其他综合收益

一、资本公积

（一）资本公积概述

资本公积是企业收到投资者的超出其在企业注册资本或股本中所占份额的投资，以及直接计入所有者权益的利得和损失等。资本公积包括资本溢价（股本溢价）和其他资本公积。

资本溢价（股本溢价）指投资者交付的出资额超过注册资本或股本而产生的差额，它是资本公积最主要的部分。其他资本公积是指资本溢价（股本溢价）项目之外所形成的资本公积，比如股份支付业务中产生的资本公积等。

企业应设置“资本公积”科目，核算资本公积的增减变动情况。按照“资本溢价（股本溢价）”和“其他资本公积”设置明细科目。

（二）资本公积增减变动的会计处理

资本公积——资本溢价（股本溢价）增减的会计处理

（1）资本溢价（股本溢价）增加的会计处理：

借：银行存款 / 固定资产 / 无形资产 / 长期股权投资等

　　贷：实收资本（股本）

　　　　资本公积——资本溢价（股本溢价）

（2）资本溢价（股本溢价）减少的会计处理：

借：资本公积——资本溢价（股本溢价）

　　贷：实收资本（股本）

（三）其他资本公积增减的会计处理

1. 以权益结算的股份支付

（1）在等待期内的每个资产负债表日，应按确定的金额：

借：管理费用等

　　贷：资本公积——其他资本公积

（2）行权日：

借：银行存款（按行权价收取的金额）

　　资本公积——其他资本公积（等待期内累计确定的金额）

　　贷：实收资本（或股本）

　　　　资本公积——股本溢价

2. 采用权益法核算的长期股权投资

（1）被投资单位除净损益、其他综合收益和利润分配以外的所有者权益的其他变动，投资方按持股比例计算应享有的份额：

借：长期股权投资——其他权益变动

　　贷：资本公积——其他资本公积

　　　　或作相反会计分录。

（2）处置采用权益法核算的长期股权投资时：

借：资本公积——其他资本公积

　　贷：投资收益（或相反分录）

二、其他综合收益

其他综合收益，指企业根据其他会计准则规定未在当期损益中确认的各项利得和损失。包括主要以公允价值计量且变动计入其他综合收益的金融资产公允价值变动，权益法下被投资单位所有者权益其他变动等。以公允价值计量且变动计入其他综合收益的金融资产公允价值高于其账面价值余额的差额，应计入“其他综合收益”；反之，应冲减“其他综合收益”。

例 7. 东方股份公司持有 A 公司股票 40 000 股，该股票在 2×19 年 12 月 31 日的市价为 17.3 元每股；在 2×20 年 12 月 31 日市价为 16 元每股。2×19 年 12 月 31 日，A 公司的股票按公允价值调整前的账面余额为 572 234 元。

（1）2×19 年 12 月 31 日，增加其他综合收益。

公允价值变动 =40 000×17.3−572 234=119 776

借：其他权益工具投资——公允价值变动（A公司）　　119 776

　　贷：其他综合收益——金融资产公允价值变动　　119 776

（2）2×20年12月31日，减少其他综合收益。

公允价值变动=40 000×（16−17.3）=−52 000元

借：其他综合收益——金融资产公允价值变动　　52 000

　　贷：其他权益工具投资——公允价值变动（A公司）　　52 000

第三节　留存收益

一、留存收益及其构成内容

留存收益是企业从历年实现的利润中提取的留存在企业内部的积累。在性质上与所有者投入资本一样，但投入资本是所有者从外部投入企业的，而留存收益是企业自身经营所得的盈利积累而来。留存收益是企业所有者权益的重要组成部分，包括盈余公积和未分配利润。

（一）盈余公积

盈余公积指企业按照规定的比例从净利润中提取的留存利润，其性质是对企业利润用途的指定，限制企业过量分配，保证企业留有一定的积累，以满足企业未来扩大生产规模、弥补可能发生的亏损等需要。公司制企业的盈余公积包括法定盈余公积和任意盈余公积，法定盈余公积是指企业按照规定的比例从净利润中提取的盈余公积。任意盈余公积是指企业按照股东会或股东大会决议提取的盈余公积。

我国《公司法》规定，企业应按照净利润的10%提取法定盈余公积，法定盈余公积累计达到注册资本的50%时可不再提取。

特别提示：

在计算提取法定盈余公积的基数时，不包括年初的未分配利润。

根据《公司法》规定，盈余公积提取后可用于弥补亏损、扩大生产经营、转增资本或派送新股等。

（二）未分配利润

未分配利润是企业留待以后年度分配的结存利润，包括企业以前年度累计未分配的利润，以及本年度尚未分配的净利润。从数量上看，未分配利润等于期初未分配利润，加上本年实现的净利润，减去提取盈余公积和利润分配后的余额。

二、留存收益的会计处理

（一）盈余公积的会计处理

企业应设置“盈余公积”账户，以反映盈余公积的形成和使用情况，该账户的性质属于所有者权益类，反映企业盈余公积的增减变动及结余情况，并按“法定盈余公积”和“任意盈余公积”设置明细账户，进行明细核算。

1. 提取盈余公积的会计处理

借：利润分配——提取法定盈余公积

　　　　　　——提取任意盈余公积

　贷：盈余公积——法定盈余公积

　　　　　　——任意盈余公积

2. 盈余公积的用途

（1）弥补亏损：

借：盈余公积

　贷：利润分配——盈余公积补亏

（2）转增资本：

借：盈余公积

　贷：实收资本（或股本）

（3）用盈余公积派送新股：

借：盈余公积

　贷：股本

例 8. 南方股份有限公司 2×19 年实现净利润 650 万元。按公司董事会提议并经股东大会决议的利润分配方案确定，按净利润的 10% 提取法定盈余公积、20% 提取任意盈余公积。

企业提取的法定盈余公积 =650×10%=65（万元）

企业提取的任意盈余公积 =650×20%=130（万元）

借：利润分配——提取法定盈余公积　　650 000

　　　　　——提取任意盈余公积　　1 300 000

　贷：盈余公积——法定盈余公积　　650 000

　　　　　　——任意盈余公积　　1 300 000

例 9. 东方股份有限公司 2×19 年发生亏损 20 万元，决定用“盈余公积——任意盈余公积”弥补该亏损。

借：盈余公积——任意盈余公积　　200 000

　贷：利润分配——盈余公积补亏　　200 000

例 10. 南方股份有限公司 2×19 年经股东大会决议批准，用盈余公积 50 万元转增资本。

借：盈余公积——法定（或任意）盈余公积　　500 000

　贷：实收资本　　500 000

例 11. 2×19 年，南方股份有限公司股东大会决定按 10 送 2 的方案使用任意盈余公积派送新股。股票面值为 1 元每股，派送前的总股数为 500 万股。

借：盈余公积——任意盈余公积　　1 000 000

　贷：股本　　1 000 000

（二）未分配利润的会计处理

企业应设置“利润分配——未分配利润”科目核算企业的未分配利润。企业在生产经营过程中取得的收入和发生的费用，最终通过“本年利润”科目进行归集，计算出当年的盈利或亏损，然后转入“利润分配——未分配利润”科目进行分配，结存于“利润分配——未分配利润”科目的贷方余额，则为未分配利润；如果为借方余额，则为未弥补亏损。年度终了，再将“利润分配”科目下的其他明细科目（如提取法定盈余公积、提取任意公积、应付现金股利或利润、转作股本的股利、盈余公积补亏等）余额，转入“未分配利润”明细科目。结转后，“未分配利润”明细科目的贷方余额，就是未分配利润的数额；如果出现借方余额，则表示未弥补亏损的数额。

（1）经股东大会或类似机构决议，分配现金股利或利润：

借：利润分配——应付现金股利或利润

　贷：应付股利

（2）经股东大会或类似机构决议，分配股票股利：

借：利润分配——转作股本的股利

　　贷：股本

例 12. 南方股份有限公司 2×19 年实现净利润 600 万元。2×19 年初未分配利润为贷方 80 万元。公司股本 100 万股，每股面值 1 元。

按公司董事会提议并经股东大会决议的利润分配方案确定，按净利润的 10% 提取法定盈余公积、5% 提取任意盈余公积。同时向股东按每股 0.2 元派发现金股利，按每 10 股送 3 股的比例派发股票股利。2×20 年 3 月 15 日，公司以银行存款支付了全部现金股利，新增股本也已经办理完股权登记和相关增资手续。

（1）2×19 年终了时，结转本年发生的净利润：

借：本年利润　　6 000 000

　　贷：利润分配——未分配利润　　6 000 000

（2）提取法定盈余公积和任意盈余公积：

借：利润分配——提取法定盈余公积　　600 000

　　　　　　——提取任意盈余公积　　300 000

　　贷：盈余公积——法定盈余公积　　600 000

　　　　　　　　——任意盈余公积　　300 000

（3）结转“利润分配”的明细科目：

借：利润分配——未分配利润　　900 000

　　贷：利润分配——提取法定盈余公积　　600 000

　　　　　　　　——提取任意盈余公积　　300 000

南方公司 2×19 年底“利润分配——未分配利润”科目余额 =800 000+6 000 000−900 000=5 900 000 元。反映企业未分配利润为 5 900 000 元。

（4）批准发放现金股利：

1 000 000×0.2=200 000（元）

借：利润分配——应付现金股利　　200 000

　　贷：应付股利　　200 000

借：利润分配——未分配利润　　200 000

　　贷：利润分配——应付现金股利　　200 000

2×20 年 3 月 15 日，实际发放现金股利：

借：应付股利　　200 000

　　贷：银行存款　　200 000

（5）2×20 年 3 月 15 日，发放股票股利：

1 000 000×1×30%=300 000（元）

借：利润分配——转作股本的股利　　300 000

　　贷：股本　　300 000

借：利润分配——未分配利润　　300 000

　　贷：利润分配——转作股本的股利　　300 000

第十三章　收　入

【目的要求】

通过本章的学习，学生应明确收入的概念、特征及内容，充分理解收入确认与计量的基本方法，掌握收入的具体账务处理。

【重点与难点】

本章的重点是收入的会计核算与计量。难点是特定交易的会计处理。

第一节　收入的确认和计量

一、收入的定义及其分类

（一）收入的定义

收入，指企业在日常活动中形成的、会导致所有者权益增加的、与所有者投入资本无关的经济利益的总流入。收入具有如下特征：

1. 收入是企业日常活动形成的经济利益流入

日常活动，指企业为完成其经营目标所从事的经常性活动以及与之相关的其他活动。企业的有些活动属于为完成其经营目标所从事的经常性活动，如工业企业制造并销售产品、商业企业购进和销售商品、租赁企业出租资产、商业银行对外贷款、保险公司签发保单、咨询公司提供咨询服务、软件企业为客户开发软件、安装公司提供安装服务、建筑企业提供建造服务、广告商提供广告策划服务等，由此产生的经济利益的总流入构成收入；企业还有一些活动属于与经常性活动相关的其他活动，如工业企业出售不需用的原材料、出售或出租固定资产及无形资产、利用闲置资金对外投资等，由此产生的经济利益的总流入也构成收入。

除日常活动以外，企业的有些活动不是为完成其经营目标所从事的经常性活动，也不属于与经常性活动相关的其他活动，如企业处置报废或毁损固定资产和无形资产、债务人进行债务重组、接受捐赠等活动，由此产生的经济利益的总流入不构成收入，应确认为营业外收入。

2. 收入必然导致所有者权益的增加

收入无论表现为资产的增加还是负债的减少，根据“资产 = 负债 + 所有者权益”的会计恒等式，最终必然导致所有者权益的增加。不符合这一特征的经济利益流入，不属于企业的收入。例如，企业代税务机关收取的税款，旅行社代客户购买门票、飞机票等收取的票款等，性质上属于代收款项，应作为暂收应付款计入相关的负债类科目，而不能作为收入处理。

3. 收入不包括所有者向企业投入资本导致的经济利益流入

收入只包括企业通过自身活动获得的经济利益流入，不包括企业的所有者向企业投入资本导致的经济利益流入。所有者向企业投入的资本，在增加资产的同时，直接增加所有者权益，不能作为企业的收入。

（二）收入的分类

1. 按交易性质分类

收入按交易性质，可分为转让商品收入和提供服务收入。

（1）转让商品收入，指企业通过销售产品或商品实现的收入，如工业企业销售产成品、半成品、原材料等实现的收入，商品流通企业销售商品实现的收入，房地产开发商销售自行开发的房地产实现的收入等。

（2）提供服务收入，指企业通过提供各种服务实现的收入，如工业企业提供工业性劳务作业服务实现的收入、商品流通企业提供代购代销服务实现的收入、建筑企业提供建造服务实现的收入、金融企业提供各种金融服务实现的收入、交通运输企业提供运输服务实现的收入、咨询公司提供咨询服务实现的收入、软件开发企业为客户开发软件实现的收入、安装公司提供安装服务实现的收入、服务性企业提供餐饮等各类服务实现的收入等。

2. 按在经营业务中所占的比重分类

收入按其在经营业务中所占的比重，可分为主营业务收入和其他业务收入。

（1）主营业务收入，或称基本业务收入，指企业为完成其经营目标所从事的主要经营活动实现的收入。不同行业的企业具有不同的主营业务。例如，工业企业的主营业务是制造和销售产成品及半成品，商品流通企业的主营业务是销售商品，商业银行的主营业务是存贷款和办理结算，保险公司的主营业务是签发保单，租赁公司的主营业务是出租资产，咨询公司的主营业务是提供咨询服务，软件开发企业的主营业务是为客户开发软件，安装公司的主营业务是提供安装服务，旅游服务企业的主营业务是提供景点服务以及客房、餐饮服务等。企业通过主营业务形成的经济利益的总流入，属于主营业务收入。主营业务收入经常发生，并在收入中占有较高的比重。

（2）其他业务收入，或称附营业务收入，指企业除主要经营业务以外的其他目标经营活动实现的收入，如工业企业出租固定资产、出租无形资产、出租周转材料、销售不需要的原材料等实现的收入。其他业务收入不经常发生，金额一般较小，在收入中所占比重较低。

二、收入的确认与计量

企业确认收入的方式应反映其向客户转让商品或提供服务（以下简称“转让商品”）的模式，收入的金额应当反映企业因转让这些商品或服务（以下简称“商品”）而预期有权收取的对价金额。具体来说，收入的确认与计量应采用五步法模型，即识别与客户订立的合同、识别合同中的单项履约义务、确定交易价格、将交易价格分摊至各单项履约义务、履行每一单项履约义务时确认收入。其中，识别与客户订立的合同、识别合同中的单项履约义务、履行每一单项履约义务时确认收入，基本属于收入的确认；确定交易价格、将交易价格分摊至各单项履约义务，基本属于收入的计量。

（一）识别与客户订立的合同

合同，指双方或多方之间订立有法律约束力的权利义务的协议，包括书面形式、口头形式以及其他可验证的形式。客户，是指与企业订立合同以向该企业购买日常活动产出的商品并支付对价的一方。

1. 收入确认的原则

企业应在履行了合同中的履约义务，即在客户取得相关商品控制权时确认收入。

2. 收入确认的前提条件

企业履行了合同中的履约义务，即客户取得了相关商品的控制权只是确认收入的时间节点，只有当企业与客户之间的合同同时满足下列条件时，企业才能在客户取得相关商品控制权时确认收入：

（1）合同各方已批准该合同并承诺将履行各自义务；

（2）该合同明确了合同各方与所转让商品相关的权利和义务；

（3）该合同有明确的与所转让商品相关的支付条款；

（4）该合同具有商业实质，即履行该合同将改变企业未来现金流量的风险、时间分布或金额；

（5）企业因向客户转让商品而有权取得的对价很可能收回。

在判断企业与客户之间的合同是否满足上述条件时应注意三点：①合同约定的权利和义务是否具有法律约束力，需要根据企业所处的法律环境和实务操作进行判断，包括合同订立的方式和流程、具有法律约束力的权利和义务的时间等；②合同是否具有商业实质，应当根据履行该合同是否会对企业未来现金流量在风险、时间分布、金额任何一个方面或多个方面带来显著改变进行判断，或者根据履行该合同对企业未来现金流量现值的改变是否重大进行判断；③企业因向客户转让商品而有权取得的对价是否有可能收回，判断时仅应考虑客户到期时支付对价的能力和意图（客户的信用风险）。企业预期很可能无法收回全部合同对价时，应当判断是客户的信用风险所致还是企业向客户提供了价格折让所致。

对于不能同时满足上述收入确认的五个前提条件的合同，企业只有在不再负有向客户转让商品的剩余义务（例如，合同已完成或取消），且已向客户收取的对价（包括全部或部分对价）无须退还，才能将已收取的对价确认为收入；否则，应将已收取的对价作为负债（合同负债）进行会计处理。

在合同开始日即能同时满足上述收入确认条件的合同，企业在后续期间无须对其进行重新评估，除非有迹象表明相关事实和情况发生重大变化。对于不满足上述收入确认条件的合同，企业应在后续期间对其进行持续评估，以判断其能否满足这些收入确认前提条件。企业如果在合同满足相关条件之前已经向客户转移了部分商品，当该合同在后续期间满足相关条件时，企业应将此前已转移的商品所分摊的交易价格确认为收入。

特别提示：

企业对于没有商业实质的非货币性资产交换，无论何时，均不应确认为收入。从事相同业务经营的企业之间，为了便于向客户或潜在客户销售而进行的非货币性资产交换，不应确认为收入。例如，两家汽车制造公司之间交换汽车，以满足各自不同地点客户的需求。

3. 合同合并

企业与同一客户（或该客户的关联方）同时订立或在相近时间内先后订立的两份或多份合同，在满足下列条件之一时，应合并为一份合同进行会计处理：

（1）该两份或多份合同基于同一商业目的而订立并构成一揽子交易；

（2）该两份或多份合同中的一份合同的对价金额取决于其他合同的定价或履行情况；

（3）该两份或多份合同中所承诺的商品（或每份合同中所承诺的部分商品）构成准则规定的单项履约义务。

4. 合同变更

合同变更，指经合同各方批准对原合同范围或价格作出的变更。企业应区分下列三种情形对合同变更分别进行会计处理：

（1）合同变更部分作为单独合同进行会计处理的情形。合同变更增加了可明确区分的商品及合同价款，且新增合同价款反映了新增商品单独售价的，应将该合同变更部分作为一份单独的合同进行会计处理。

（2）合同变更作为原合同终止及新合同订立进行会计处理的情形。合同变更不属于上述（1）规定的情形，且在合同变更日已转让的商品或已提供的服务（以下简称“已转让的商品”）与未转让的商品或未提供的服务（以下简称“未转让的商品”）之间可明确区分的，应当视为原合同终止，同时，将原合同未履约部分与合同变更部分合并为新合同进行会计处理。新合同的交易价格应为下列两项金额之和：一是原合同交易价格中尚未确认为收入的部分（包括已从客户收取的金额）；二是合同变更中客户已承诺的对价金额。

例如：甲公司承诺以每件 190 元的价格向乙公司销售 120 件 A 产品。产品在 6 个月内转移给乙公司。甲公司在某个时点转移每一件产品的控制权。当甲公司向乙公司转移了 70 件 A 产品的控制权后，乙公司要求甲公司额外交付 30 件产品，这额外的 30 件产品并未包括在原合同中。

情形一：当合同被修改时，针对额外 30 件产品的合同修改价格为每件产品 200 元（反映修订时的单独售价）。

解析：合同修改实际上是针对未来产品的一个新的单独合同。

情形二：在协商购买额外 30 件产品的过程中，乙公司发现已收到的 70 件产品存在独有的瑕疵，甲公司因这些劣质产品向客户进行赔偿，承诺每件产品优惠 40 元，双方同意将优惠额纳入追加购买的 30 件 A 产品的价格中，合同双方新增每件产品价格为 170 元（新增合同价款不反映新增商品单独售价）。

解析：在对额外 30 件产品的销售进行处理时，甲公司确定每件产品 170 元的协议并不反映这些额外产品的单独售价。将该合同修改作为原合同的终止以及将原合同未履约部分与合同变更部分合并为新合同而进行处理。

对于已售 70 件瑕疵的 A 产品优惠 2 800 元（70 × 40）冲减当期销售收入

剩余产品单价 =（190 × 50+30 × 170）÷ 80=182.5（元）

（3）合同变更部分作为原合同的组成部分进行会计处理的情形。合同变更不属于上述（1）规定的情形，且在合同变更日已转让的商品与未转让的商品之间不可明确区分的，应将该合同变更部分作为原合同的组成部分进行会计处理，由此产生的对已确认收入的影响，应在合同变更日调整当期收入。

例如：某建筑公司与客户签订一份办公楼建造合同，建造期 2 年。半年后，客户提出要变更办公楼内部的某些设计，合同双方同意变更合同，合同价款由此增加 200 万元。

解析：由于合同变更后需要提供的剩余服务与合同变更日前已提供的服务不可明确区分。因此，应将合同变更部分作为原合同的组成部分进行会计处理。在合同变更日，按照变更的合同总造价和重新估计的履约进度对已确认收入的影响，调整当期收入。

（二）识别合同中的单项履约义务

履约义务，指合同中企业向客户转让可明确区分商品的承诺。履约义务既包括合同中明确的承诺，也包括由于企业已公开宣布的政策、特定声明或以往的习惯做法等导致合同订立时客户合理预期企业将履行的承诺。企业为履行合同而应开展初始活动，通常不构成履约义务，除非该活动向客户转让了承诺的商品。

合同开始日，企业应当对合同进行评估，识别该合同所包含的各单项履约义务。企业应将下列向客户转让商品的承诺作为单项履约义务：

1. 企业向客户转让可明确区分商品（或商品组合）的承诺

可明确区分商品，指企业向客户承诺的商品同时满足下列条件：

（1）客户能够从该商品本身或从该商品与其他易于获得的资源一起使用中受益，如企业单独销售该商品；

（2）企业向客户转让该商品的承诺与合同中其他承诺可单独区分。下列情形通常表明企业向客户转让该商品的承诺与合同中其他承诺不可单独区分：

1）企业需提供重大的服务以将该商品与合同中承诺的其他商品整合成合同约定的某个或某些组合产出转让给客户。

例如：某建筑企业为客户建造办公楼的合同中，同时向客户提供的钢材、砖头、水泥、人工等都能使客户受益，但在该合同下，企业承诺的是为客户建造一栋办公楼，而非提供这些钢材、砖头、水泥、人工等，企业需要提供重大的服务将这些商品和服务进行整合，以形成合同约定的一项组合产出（办公楼）转让给客户。因此，在该合同中，砖头、水泥和人工等商品或服务彼此之间不能单独区分。

2）该商品将对合同中承诺的其他商品予以重大修改或定制。

例如：甲公司承诺向客户提供其开发的一款现有软件，并提供安装服务。虽然不涉及软件更新或技术支持，但安装时需要根据客户现场条件对软件进行定制化的重大修改，以使其能够与客户现用的信息系统相兼容。此时，转让软件的承诺与提供定制化重大修改的承诺在合同层面是不可明确区分的。

3）该商品与合同中承诺的其他商品具有高度关联性，即合同中承诺的每一单项商品均受到合同中其他商品的重大影响。

例如：甲公司承诺为客户设计一种新产品并生产5个样品。甲公司在设计和生产样品的过程中需要不断修正，导致样品也不断进行不同程度的返工。在该项合同中，甲公司提供的设计服务和生产样品的服务是不断交替反复进行的，二者高度关联，因此，在合同层面是不可明确区分的。

2. 企业向客户转让一系列实质相同且转让模式相同的、可明确区分商品的承诺

转让模式相同，指每一项可明确区分商品均满足在某一时段内履行履约义务的条件，且采用相同方法确定其履约进度。企业在判断所转让的一系列商品是否实质上相同时，应当考虑合同中承诺的性质：如果企业承诺的是提供确定数量的商品，需要考虑这些商品本身是否实质相同；如果企业承诺的是在某一期间内随时向客户提供某项服务，则需要考虑企业在该期间内各个时间段的服务承诺是否相同，而不是具体的服务行为是否相同。

例如：某家政服务企业向客户提供3年的物业管理服务，根据客户的需求随时为客户提供保洁、维修、绿化等服务，但没有具体的服务次数或时间

的要求。虽然，企业每天提供的具体服务不一定相同，但是企业每天对于客户的承诺是相同的。因此，企业为客户提供的服务属于一系列实质上相同且转让模式相同、可明确区分的服务承诺。

（三）确定交易价格

企业应按照分摊至各单项履约义务的交易价格计量收入。

交易价格，指企业因向客户转让商品而预期有权收取的对价金额。企业代第三方收取的款项已经企业预期将退还客户的款项，应作为负债进行会计处理，不计入交易价格。合同标价并不一定代表交易价格，企业应根据合同条款，并结合其以往的习惯做法确定交易价格。在确定交易价格时，企业应考虑可变对价、合同中存在的重大融资成分、非现金对价、应付客户对价等因素的影响。

1. 可变对价

（1）识别可变对价：企业与客户在合同中约定的对价金额可能会因为折扣、价格折让、返利、退款、奖励积分、激励措施、业绩奖金、索赔等因素而发生变化。此外，根据某些或有事项的发生或不发生而收取不同对价金额的合同，也属于可变对价的情形。

例如：南方股份有限公司为增值税一般纳税人。在2×19年5月1日向客户销售一批商品，开出增值税专用发票上注明的销售价格为600 000元，增值税税额为78 000元，款项尚未收到。5月30日，客户在验收过程中发现商品外观存在瑕疵，但是不影响使用，要求南方公司在价格上（不含增值税税额）给予3%的减让。

解析：南方股份有限公司应该按照600 000×（1−3%）=582 000元确认收入，并据此确认增值税税额。

（2）可变对价最佳估计数的确定：企业应当按照期望值或最可能发生金额确定可变对价的最佳估计数。

1）期望值是按照各种可能发生的对价金额及相关概率计算确定的金额。当企业拥有大量具有类似特征的合同，开据此估计可能产生多个结果时，通常按照期望值估计可变对价金额。

2）最可能发生金额是一系列可能发生的对价金额中最可能发生的单一金额，即合同最能产生的单一结果。当合同仅有两个可能结果时，通常按照最可能发生金额估计可变对价金额。

例如：南方股份有限公司与客户订立一项软件定制化生产合同，该转让软件的承诺是一项在一段时间内履行的履约义务。客户已承诺的对价为240万元，但视资产完工的时间，该金额有可能会减少或增加。具体而言，若软件于2×20年5月31日仍未完工，则每推迟一天完成，已承诺的对价将减少1万元，若资产在2×20年5月31日前完工，则每提前一天完成，已承诺的对价将增加1万元。

此外，在软件完工后，将由第三方评估师对软件实施检查并给予评级，如果软件达到特定评级，甲公司有权获得奖励款20万元。

解析：对于南方公司来说，该合同包含了两项可变对价，需要对可变对价的每一项要素单独进行估计：

（1）甲公司决定采用期望值法来估计与日计的罚金或奖励相关的可变对价，即在已承诺200万元的基础上。加上或减去每日1万元。

（2）甲公司决定采用最可能发生的金额来估计与奖励款相关的可变对价。这是因为只存在两种可能发生的结果，即20万元或0元。

（3）可变对价最佳估计数的确定：企业按照期望值或最可能发生金额确定可变对价金额之后，计入交易价格的可变对价金额还应该满足限制条件，即包含可变对价的交易价格，应不超过在相关不确定性消除时，累计已确认的收入极可能不会发生重大转回的金额，以避免因某些不确定性因素的发生导致之前已经确认的收入发生转回。其中，“极可能”发生的概率应远高于“很可能”（可能性超过50%），但不要求达到“基本确定”（可能性超过95%）。

每一资产负债表日，企业应重新估计应计入交易价格的可变对价金额，包括重新评估将估计的可变对价计入交易价格是否受到限制，以如实反映报告期末存在的情况以及报告期内发生的情况变化。

例如：2×19年1月1日，南方股份有限公司（以下简称南方公司）与客户签订一项A产品的销售合同。合同售价为每件90元。为了鼓励客户多购买商品，合同规定，如果客户在2×19年累计购买2 000件，每件产品的价格将追溯调整为每件80元。客户在第一季度的采购量为150件，南方公司预计客户全年的采购量不会超过2 000件。2×19年4月客户因完成产能升级而增加了原材料采购量，第二季度共向南方公司采购A产品1 000件，甲公司预计乙公司全年的采购量将超过2 000件，因此，全年采购量适用的产品单价均将调整为 80 元。

解析：2×19 年第一季度，南方公司根据以往经验估计客户全年的采购量将不会过 2 000 件，甲公司按照 90 元的单价确认收入，满足在不确定性消除之后（即客户采购量确定之后），累计已确认的收入将极可能不会发生重大转回的要求，因此南方公司在第一季度确认的收入金额为 13 500 元（90×150）。2×19 年第二季度，南方公司对交易价格进行重新估计，由于预计客户全年的采购量将超过 2 000 件，按照 80 元的单价确认收入，才满足极可能不会导致累计已确认的收入发生重大转回的要求。因此，甲公司在第二季度确认收入 78 500 元 [80×（1 000+150）−13 500]。

2. 合同中存在的重大融资成分

合同中存在重大融资成分的，企业应按照假定客户在取得商品控制权时即以现金支付的应付金额确定交易价格。该交易价格与合同对价之间的差额，应当在合同期间内采用实际利率法摊销。

合同开始日，企业预计客户取得商品控制权与客户支付价款间隔不超过一年的，可以不考虑合同中存在的重大融资成分。

企业向客户转让商品与客户支付相关款项之间虽然存在时间间隔，但两者之间的合同没有包含重大融资成分的情形：

（1）客户就商品支付了预付款，且可以自行决定这些商品的转让时间。

（2）客户承诺支付的对价中有相当大的部分是可变的，该对价金额或付款时间取决于某一未来事项是否发生，且该事项实质上不受客户或企业控制。

（3）合同承诺的对价金额与现销价格之间的差额是由于向客户或企业提供融资利益以外的其他原因所导致的，且这一差额与产生该差额的原因是相称的。

3. 非现金对价

非现金对价包括客户以存货、固定资产、无形资产、股权、客户提供的广告服务等方式支付的对价。客户支付非现金对价的，企业应按照非现金对价的公允价值确定交易价格。非现金对价的公允价值不能合理估计的，企业应参照其承诺向客户转让商品的单独售价间接确定交易价格。非现金对价的公允价值因对价形式以外的原因而发生变动的，应当作为可变对价，按照与计入交易价格的可变对价金额的限制条件相关的规定进行处理；合同开始日后，非现金对价的公允价值因对价形式而发生变动的，该变动金额不应计入交易价格。

4. 应付客户对价

企业应付客户对价的，应将该应付对价冲减交易价格，并在确认相关收入与支付（或承诺支付）客户对价二者孰晚的时点冲减当期收入，但应付客户对价是为了向客户取得其他可明确区分商品的除外。

企业应付客户对价是为了向客户取得其他可明确区分商品的，应采用与本企业其他采购相一致的方式确认所购买的商品。企业应付客户对价超过向客户取得可明确区分商品公允价值的，超过金额应当冲减交易价格。向客户取得的可明确区分商品公允价值不能合理估计的，企业应将应付客户对价全额冲减交易价格。

例如：南方股份有限公司是消费品制造企业。南方公司签订了一项合同，向一家全球大型连锁零售店客户销售商品，合同期限为 1 年。该零售商承诺，在合同期限内以约定价格购买至少价值 2 000 万元的产品。合同同时约定，南方公司需在合同开始时向该零售商支付 200 万元的不可退回款项。该款项旨在就零售商需更改货架以使其适合放置甲公司产品而作出补偿。第一个月该企业销售货物开具发票的金额为 350 万元。

解析：南方公司并未取得对客户货架的任何控制权，因为向客户支付对价的目的并不是取得可明确区分的商品。该笔款项的支付应作为交易价格的抵减。

南方公司在向客户转让商品时，按应付客户对价占商品交易价格的比例 10% 冲减收入。因此，在南方公司向客户转让商品的第一个月，应确认收入 315 万元（350−350×10%）。

（四）将交易价格分摊至各单项履约义务

1. 基本原则

合同中包含两项或多项履约义务的，企业应在合同开始日，按照各单项履约义务所承诺商品的单独售价的相对比例，将交易价格分摊至各单项履约义务，并按照分摊至各单项履约义务的交易价格计量收入。企业不得因合同开始日之后单独售价的变动而重新分摊交易价格。

2. 确定单独售价

企业在类似环境下向类似客户单独销售商品的价格，应作为确定该商品单独售价的最佳证据。单独售价无法直接观察的，企业应当综合考虑其能够合理取得的全部相关信息，采用市场调整法、成本加成法、余值法等合理估计单独售价。在估计单独售价时，企业应最大限度地采用可观察的输入值，并对类似的情况采用一致的估计方法。

（1）市场调整法，指企业根据某商品或类似商品的市场售价，考虑本企业的成本和毛利等进行适当调整后，确定其单独售价的方法。

（2）成本加成法，指企业根据某商品的预计成本加上其合理毛利后的价格，确定其单独售价的方法。

（3）余值法，指企业根据合同交易价格减去合同中其他商品可观察的单独售价后的余值，确定某商品单独售价的方法。企业在商品近期售价波动幅度巨大，或者因未定价且未曾单独销售而使售价无法可靠确定时，可采用余值法估计其单独售价。

3. 分摊合同折扣

合同折扣，指合同中各单项履约义务所承诺商品的单独售价之和高于合同交易价格的金额。对于合同折扣，企业应当在各单项履约义务之间按比例分摊。

有确凿证据表明合同折扣仅与合同中一项或多项（而非全部）履约义务相关的，企业应将该合同折扣分摊至相关一项或多项履约义务。同时满足下列条件时，企业应将合同折扣全部分摊至合同中的一项或多项（而非全部）履约义务：

（1）企业经常将该合同中的各项可明确区分的商品单独销售或者以组合的方式单独销售；

（2）企业也经常将其中部分可明确区分的商品以组合的方式按折扣价格单独销售；

（3）上述第（2）项中的折扣与该合同中的折扣基本相同，且针对每一组合同中的商品的分析为将该合同的全部折扣归属于某一项或多项履约义务提供了可观察的证据。有确凿证据表明合同折扣仅与合同中的一项或多项（而非全部）履约义务相关，且企业采用余值法估计单独售价的，企业应首先在该一项或多项（而非全部）履约义务之间分摊合同折扣，然后采用余值法估计单独售价。

例如：甲公司与客户签订合同，向其销售 A、B、C 三种产品，合同总价款为 120 万元，这三种产品构成 3 个单项履约义务。企业经常单独出售 A 产品，其可直接观察的单独售价为50万元；B产品和C产品的单独售价不可直接观察，企业采用市场调整法估计B产品的单独售价为25万元，采用成本加成法估计C产品的单独售价为75万元。甲公司经常以50万元的价格单独销售A产品，并且经常将B产品和C产品组合在一起以70万元的价格销售。假定上述价格均不包含增值税。

解析：这三种产品的单独售价合计为150万元，而该合同的价格为120万元，因此该合同的折扣为30万元，由于甲公司经常将B产品和C产品组合在一起以70万元的价格销售，该价格与其单独售价的差额为30万元，与该合同的折扣一致，而A产品单独销售的价格与其单独售价一致，证明该合同的折扣仅应归属于B产品和C产品。因此，在该合同下，分摊至A产品的交易价格为50万元，分摊至B产品和C产品的交易价格合计为70万元，甲公司应当进一步按照B产品和C产品的单独售价的相对比例将该价格在二者之间进行分摊。

因此，各产品分摊的交易价格分别为：

A产品交易价格为50万元；

B产品交易价格=25-（25÷100×30）=17.5（万元）；

C产品交易价格=75-（75÷100×30）=52.5（万元）。

4. 分摊可变对价

对于可变对价及可变对价的后续变动额，企业应按照与分摊合同折扣相同的方法，将其分摊至与之相关的一项或多项履约义务，或者分摊至构成单项履约义务的一系列可明确区分商品中的一项或多项商品。

对于已履行的履约义务，其分摊的可变对价后续变动额应当调整变动当期的收入。

5. 分摊合同变更之后发生的可变对价后续变动

合同变更之后发生可变对价后续变动的，企业应区分下列三种情形分别进行会计处理：

（1）合同变更时合同变更部分作为一份单独的合同的，企业应判断可变对价后续变动与哪一项合同相关，并按照分摊可变对价的相关规定进行会计处理。

（2）合同变更时将原合同视为终止并将原合同未履约部分与合同变更部分合并为新合同，且可变对价后续变动与合同变更前已承诺可变对价相关的，企业应当首先将该可变对价后续变动额以原合同开始日确定的单独售价为基础进行分摊，然后将分摊至合同变更日尚未履行履约义务的该可变对价后续变动额以新合同开始日确定的基础进行二次分摊。

（3）合同变更之后发生除上述第（1）和第（2）种情形以外的可变对价后续变动的，企业应将该可变对价后续变动额分摊至合同变更日尚未履行（或部分未履行）的履约义务。

例如：2×19 年 6 月 1 日，甲公司与乙公司签订合同，向其销售 A 产品和 B 产品。A 产品和 B 产品均为可明确区分商品，其单独售价相同，且均属于在某一时点履行的履约义务。合同约定，A 产品和 B 产品分别于 2×19 年 11 月 1 日和 2×20 年 3 月 31 日交付给乙公司。合同约定的对价包括 1 000 元的固定对价和估计金额为 400 元的可变对价。假定甲公司将 400 元的可变对价计入交易价格，满足本节有关将可变对价金额计入交易价格的限制条件。因此，该合同的交易价格为 1 400 元。假定上述价格均不包含增值税。

2×19 年 12 月 1 日，双方对合同范围进行了变更，乙公司向甲公司额外采购 C 产品，合同价格增加 300 元，C 产品与 A、B 两种产品可明确区分，但该增加的价格不反映 C 产品的单独售价。C 产品的单独售价与 A 产品和 B 产品相同。C 产品将于 2×20 年 6 月 30 日交付给乙公司。

2×19 年 12 月 31 日，企业预计有权收取的可变对价的估计金额由 400 元变更为 440 元；该金额符合计入交易价格的条件。因此，合同的交易价格增加了 40 元，且甲公司认为该增加额与合同变更前已承诺的可变对价相关。

假定上述三种产品的控制权均随产品交付而转移给乙公司。

本例中，在合同开始日，该合同包含两个单项履约义务，甲公司应当将估计的交易价格分摊至这两项履约义务。由于两种产品的单独售价相同，且可变对价不符合分摊至其中一项履约义务的条件，因此，甲公司将交易价格 1 400 元平均分摊至 A 产品和 B 产品，即 A 产品和 B 产品各自分摊的交易价格均为 700 元。

2×19 年 11 月 1 日，当 A 产品交付给客户时，甲公司相应确认收入 700 元。

2×19 年 12 月 1 日，双方进行了合同变更。该合同变更属于本节合同变更的第（2）种情形，因此该合同变更应当作为原合同终止，并将原合同的未履约部分与合同变更部分合并为新合同进行会计处理。在新合同下，合同的交易价格为 1 000 元（700+300），由于 B 产品和 C 产品的单独售价相同，分摊至B产品和C产品的交易价格的金额均为500元。

增加40元可变对价分摊如下：

第一次分摊：A20，B20

由于甲公司已经转让了A产品，在交易价格发生变动的当期即应将分摊至A产品的20元确认为收入。

第二次分摊（B20）：B10，C10

2×20年3月31日，产品B转让给客户，甲公司确认收入=500+10=510（元）。

2×20年6月30日，产品C转让给客户，甲公司确认收入=500+10=510（元）。

（五）履行每一单项履约义务时确认收入

合同开始日，企业应在对合同进行评估并识别该合同所包含的各单项履约义务的基础上，确定各单项履约义务是在某一时段内履行，还是在某一时点履行，然后在履行了各单项履约义务即客户取得相关商品控制权时分别确认收入。企业应首先判断履约义务是否满足属于在某一时段内履行履约义务的条件。如果不能满足，则属于在某一时点履行履约义务。

1. 在某一时段内履行的履约义务的收入确认条件

满足下列条件之一的，属于在某一时段内履行履约义务：

（1）客户在企业履约的同时即取得并消耗企业履约所带来的经济利益。如果企业在履约过程中持续地向客户转移该服务控制权，则表明客户在企业履约的同时即取得并消耗企业履约所带来的经济利益，该履约义务属于在某一时段内履行的履约义务。

（2）客户能够控制企业履约过程中在建的商品。企业在履约过程中在建的商品包括在建产品、在建工程、尚未完工的研发项目、正在进行的服务等。如果在企业创建这些商品的过程中客户能够控制这些在建商品，则表明该履约义务属于在某一时段内履行的履约义务。

（3）企业履约过程中所产出的商品不具有可替代用途，且该企业在整个合同期间内有权就累计至今已完成的履约部分收取款项。具有不可替代用途，指因合同限制或实际可行性限制，企业不能轻易地将商品用于其他用途；有权就累计至今已完成的履约部分收取款项，指在由于客户或其他方原因终止合同的情况下，企业有权就累计至今已完成的履约部分收取能够补偿其已发生成本和合理利润的款项，并且该权利具有法律约束力。

2. 在某一时段内履行的履约义务的收入确认方法

企业应考虑商品的性质，采用产出法或投入法确定恰当的履约进度，并且在确定履约进度时，应当扣除那些控制权尚未转移客户的商品和服务。

（1）产出法。产出法主要是根据已转移给客户的商品对于客户的价值确定履约进度，主要包括按照实际测量的完工进度、评估已实现的结果、已达到的里程碑、时间进度、已完工或交付的产品等确定履约进度的方法。

产出法是按照已完成的产出直接计算履约进度，通常能够客观地反映履约进度。当产出法所需要的信息可能无法直接通过观察获得，或者为获得这些信息需要花费很高的成本时，可采用投入法。

（2）投入法。投入法主要是根据企业履行履约义务的投入确定履约进度，主要包括已投入的材料数量、花费的人工工时或机器工时、发生的成本和时间进度等投入指标。

对于每一项履约义务，企业只能采用一种方法确定其履约进度，并加以一贯运用。对于类似情况下的履约义务，企业应采用相同的方法确定履约进度。

资产负债表日，企业应当在按照合同的交易价格总额乘以履约进度扣除以前会计期间累计已确认的收入后的金额，确认为当期收入。

本期确认的收入 = 合同的交易价格 × 履约进度 – 以前期间已确认收入

本期确认的费用 = 合同预计总成本 × 履约进度 – 以前期间已确认费用

当履约进度不能合理确定时，企业已经发生的成本预计能够得到补偿的，应当按照已经发生的成本金额确认收入，直到履约进度能够合理确定为止。每一资产负债表日，企业应对履约进度进行重新估计。当客观环境发生变化时，企业也需要重新评估履约进度是否发生了变化，以确保履约进度能够反映履约情况的变化，该变化应当作为会计估计变更进行会计处理。

例 1. 南方公司与客户甲公司签订合同，为该客户拥有的一条铁路更换 100 根铁轨，合同价格为 100 000 元（不含税价），客户预付款项 50 000 元，剩余的在更换完毕后支付。截至 2×19 年 12 月 31 日，南方公司共更换铁轨 60 根，剩余部分预计在 2×20 年 3 月 31 日之前完成。甲公司在完成后支付剩余劳务款。该合同仅包含一项履约义务，且该履约义务满足在某一时段内履行的条件。假定不考虑其他情况。

解析：南方公司提供的更换铁轨的服务属于在某一时段内履行的履约义务，南方公司按照已完成的工作量确定履约进度。因此，截至2×19年12月31日，该合同的履约进度为60%（60÷100），南方公司应确认的收入为6万元（10万元 ×60%）。

（1）预收劳务款。

借：银行存款　　50 000

　　贷：合同负债——甲公司　　50 000

（2）2×19年12月31日确认劳务收入。

借：合同负债——甲公司　　60 000

　　贷：主营业务收入　　60 000

（3）2×20年3月31日收到剩余劳务款。

借：银行存款　　50 000

　　贷：合同负债——甲公司　　50 000

（4）2×20年3月31日确认劳务收入。

借：合同负债——甲公司　　40 000

　　贷：主营业务收入　　40 000

例2. 南方公司于2×20年11月15日与甲公司签订了一项大型设备安装服务合同，安装期为3个月，合同总收入400 000元，至年底已预收安装费180 000元，至2×20年12月31日实际发生安装成本为140 000元，其中，支付安装人员薪酬100 000元，领用原材料10 000元，以银行支付其他费用30 000元；估计还将发生安装费用210 000元。2×21年2月20日，设备安装完毕，本年实际发生安装成本220 000元，其中支付安装人员薪酬180 000元，领用原材料16 000元，以银行支付其他费用24 000元。设备安装完毕后，客户支付剩余安装费。假定南方公司按实际发生的成本占估计总成本的比例确定安装的履约进度，不考虑增值税等其他因素。南方公司的账务处理如下：

实际发生的成本占估计总成本的比例，2×20年12月31日确认的劳务收入=400 000×40%−0=160 000（元）

（1）预收劳务款。

借：银行存款　　180 000

　　贷：合同负债——甲公司　　180 000

（2）支付 2×20 年发生的安装成本。

借：合同履约成本——设备安装　　100 000

　　贷：应付职工薪酬　　100 000

借：合同履约成本——设备安装　　10 000

　　贷：原材料　　10 000

借：合同履约成本——设备安装　　30 000

　　贷：银行存款　　30 000

（3）2×20 年 12 月 31 日确认劳务收入并结转劳务成本。

履约进度 =140 000÷（140 000+210 000）×100%=40%

应确认收入 =400 000×40%=160 000（元）

应确认成本 =350 000×40%=140 000（元）

借：合同负债——甲公司　　160 000

　　贷：主营业务收入——设备安装　　160 000

借：主营业务成本——设备安装　　140 000

　　贷：合同履约成本——设备安装　　140 000

（4）支付 2×21 年发生的安装成本。

借：合同履约成本——设备安装　　180 000

　　贷：应付职工薪酬　　180 000

借：合同履约成本——设备安装　　16 000

　　贷：原材料　　16 000

借：合同履约成本——设备安装　　24 000

　　贷：银行存款　　24 000

（5）设备安装完毕经检验后，甲公司支付剩余安装费。

借：银行存款　　220 000

　　贷：合同负债——甲公司　　220 000

（6）2×21 年 2 月 20 日，确认收入并结转成本。

应确认收入 =400 000−160 000=240 000

应结转成本 =360 000−140 000=220 000

借：合同负债——甲公司　　240 000

　　贷：主营业务收入——设备安装　　240 000

借：主营业务成本——设备安装　　220 000

贷：合同履约成本——设备安装 220 000

3. 在某一时点履行的履约义务

当一项履约义务不属于在某一时段内履行的履约义务时，应属于在某一时点履行的履约义务。在判断客户是否已取得商品控制权时，企业应考虑下列迹象：

（1）企业就该商品享有现时收款权利，即客户就该商品负有现时付款义务。

（2）企业已将该商品的法定所有权转移给客户，即客户已拥有该商品的法定所有权。

（3）企业已将该商品实物转移给客户，即客户已实物占有该商品。

客户占有了某项商品实物并不意味着其就一定取得了该商品的控制权。

1）委托代销安排 企业通常应当在受托方售出商品后，按合同或协议约定的方法计算确定的手续费确认收入。

例 3. 甲公司委托丙公司销售 W 商品 200 件，W 商品已经发出，每件成本为 60 元。合同约定丙公司应按每件 100 元对外销售，甲公司按不含增值税的销售价格的 10% 向丙公司支付手续费。丙公司对外实际销售 100 件，开出的增值税专用发票上注明的销售价格为 10 000 元，增值税税额为 1 300 元，款项已经收到。甲公司收到丙公司开具的代销清单时，向丙公司开具一张相同金额的增值税专用发票。假定除上述情况外，不考虑其他因素。根据上述资料，甲公司的账务处理如下：

（1）发出商品。

借：发出商品——丙公司 12 000

　贷：库存商品——W 商品 12 000

（2）收到代销清单，同时发生增值税纳税义务。

借：应收账款——丙公司 11 300

　贷：主营业务收入——销售 W 商品 10 000

　　应交税费——应交增值税（销项税） 1 300

借：主营业务成本——销售 W 商品 6 000

　贷：发出商品——丙公司 6 000

借：销售费用——代销手续费 1 000

　贷：应收账款——丙公司 1 000

（3）收到丙公司支付的货款。

借：银行存款　　10 300

　　贷：应收账款——丙公司　　10 300

丙公司的账务处理如下：

（1）收到商品。

借：受托代销商品——甲公司　　20 000

　　贷：受托代销商品款——甲公司　　20 000

（2）对外销售。

借：银行存款　　11 300

　　贷：受托代销商品——甲公司　　10 000

　　　　应交税费——应交增值税（销项税额）　　1 300

（3）收到增值税专用发票。

借：受托代销商品款——甲公司　　10 000

　　应交税费——应交增值税（进项税额）　　1 300

　　贷：应付账款　　11 300

（4）支付货款并计算代销手续费。

借：应付账款——甲公司　　11 300

　　贷：银行存款　　10 300

　　　　其他业务收入——代销手续费　　1 000

2）售后代管商品安排　售后代管商品，指根据企业与客户签订的合同，企业已经就销售的商品向客户收款或取得了收款权利，但是直到在未来某一时点将该商品交付给客户之前，企业仍然继续持有该商品实物的安排。

在售后代管商品安排下，除应考虑客户是否取得商品控制权的迹象外，还应同时满足下列四项条件，才表明客户取得了该商品的控制权：一是该安排必须具有商业实质，例如，该安排是应客户的要求而订立的；二是属于客户的商品必须能够单独识别，例如，将属于客户的商品单独存放在指定地点；三是该商品可以随时应客户要求交付给客户；四是企业不能自行使用该商品或将该商品提供给其他客户。

例如：2×19年1月1日，甲公司与乙公司签订合同，向其销售一台设备和专用零部件。该设备和零部件的制造期为2年。甲公司在完成设备和零部件的生产之后，能够证明其符合合同约定的规格。假定企业向客户转让设备和零部件为两个单项履约义务，且都属于在某一时点履行的履约义务。

2×20年12月31日，乙公司支付了该设备和零部件的合同价款，并对其进行了验收。乙公司运走了设备，但是考虑到其自身的仓储能力有限，且其工厂紧邻甲公司的仓库，因此要求将零部件存放于甲公司的仓库中，并且要求甲公司按照其指令随时安排发货。乙公司已拥有零部件的法定所有权，且这些零部件可明确识别为属于乙公司的物品。甲公司在其仓库内的单独区域内存放这些零部件，并且应乙公司的要求可随时发货，甲公司不能使用这些零部件，也不能将其提供给其他客户使用。

解析：2×20年12月31日，该设备的控制权转移给乙公司；对于零部件而言，甲公司已经收取合同价款，但是应乙公司的要求尚未发货，乙公司已拥有零部件的法定所有权并且对其进行了验收，虽然这些零部件实物尚由甲公司持有，但是其满足在“售后代管商品”的安排下客户取得商品控制权的条件，这些零部件的控制权也已经转移给了乙公司。因此，甲公司应当确认销售设备和零部件的相关收入。除销售设备和零部件之外，甲公司还为乙公司提供了仓储保管服务，该服务与设备和零部件可明确区分，构成单项履约义务，甲公司需要将部分交易价格分摊至该项服务，并在提供该项服务的期间确认收入。

例如：A公司生产并销售笔记本电脑。2×19年，A公司与零售商B公司签订销售合同，向其销售1万台电脑。由于B公司的仓储能力有限，无法在2×19年底之前接收该批电脑，双方约定A公司在2×19年按照B公司的指令按时发货，并将电脑运送至B公司指定的地点。2×19年12月31日，A公司共有上述电脑库存1.2万台，其中包括1万台将要销售给B公司的电脑，然而，这1万台电脑和其余2 000台电脑一起存放并统一管理，并且彼此之间可以互相替换。

解析：尽管是由于B公司没有足够的仓储空间才要求A公司暂不发货，并按照其指定的时间发货，但是由于这1万台电脑与A公司的其他产品可以互相替换，且未单独存放保管，A公司在向B公司交付这些电脑之前，能够将其提供给其他客户或者自行使用。因此，这1万台电脑在2×19年12月31日不满足“售后代管商品”安排下确认收入的条件。

（4）企业已将该商品所有权上的主要风险和报酬转移给客户，即客户已取得该商品所有权上的主要风险和报酬。

（5）客户已接收该商品。

（6）其他表明客户已取得商品控制权的迹象。

需要强调的是，在上述迹象中，并没有哪一个或哪几个迹象是决定性的，企业应根据合同条款和交易实质进行分析，综合判断其是否以及何时将商品的控制权转移给客户，从而确定收入确认的时点。此外，企业应从客户的角度进行评估，而不应仅考虑企业自身的看法。

当客户取得相关商品控制权时，企业应按已收或预期有权收取的合同价款确认销售收入，同时或在资产负债表日，按已销商品的账面价值结转销售成本。如果销售的商品已经发出，但客户尚未取得相关商品的控制权或者尚未满足收入确认的条件，则发出的商品应通过“发出商品”科目进行核算，企业不应确认销售收入。资产负债表日，“发出商品”科目的余额，应在资产负债表的“存货”项目中反映。

例 4. 2×19 年 2 月 20 日，南方股份有限公司与甲公司签订合同，向甲公司销售一批 A 产品。A 产品的生产成本为 150 000 元，合同约定的销售价格为 180 000 元，增值销项税额为 23 400 元。南方公司开出发票并按合同约定的品种和质量发出 A 产品，甲公司收到 A 产品并验收入库。根据合同约定，甲公司须于 30 天内付款。

在这项交易中，南方公司已按照合同约定的品种和质量发出商品，甲公司也已将该批商品验收入库，表明南方公司已经履行了合同中的履约义务，甲公司也已经取得了该批商品的控制权；同时，南方公司判断，因向甲公司转让 A 产品而有权取得的对价很可能收回。因此，南方公司应于甲公司取得该批商品控制权时确认收入。

借：应收账款——甲公司	203 400	
贷：主营业务收入		180 000
应交税费——应交增值税（销项税额）		23 400
借：主营业务成本	150 000	
贷：库存商品		150 000

第二节 合同成本

一、合同履约成本

企业为履行合同发生的成本，不属于其他企业会计准则规范范围且同时满足下列条件的，应作为合同履约成本确认为一项资产：①该成本与一份当前或预期取得的合同直接相关，包括直接人工、直接材料、制造费用（或类似费用）、明确由客户承担的成本以及仅因该合同而发生的其他成本；②该成本增加了企业未来用于履行履约义务的资源；③该成本预期能够收回。

企业应在下列支出发生时，将其计入当期损益：①管理费用；②非正常消耗的直接材料、直接人工和制造费用（或类似费用），这些支出为履行合同发生，但未反映在合同价格中；③与履约义务中已履行部分相关的支出；④无法在尚未履行的与已履行的履约义务之间区分的相关支出。

二、合同取得成本

企业为取得合同发生的增量成本预期能够收回的，应作为合同取得成本确认为一项资产；但是，该资产摊销期限不超过一年的，可以在发生时计入当期损益。

增量成本，指企业不取得合同就不会发生的成本。

企业为取得合同发生的、除预期能够收回的增量成本之外的其他支出（如无论是否取得合同均会发生的差旅费等），应当在发生时计入当期损益，但是，明确由客户承担的除外。

例如：南方公司与客户签订合同，为其信息中心提供管理服务，合同期限为5年。在向客户提供服务之前，南方公司设计并搭建了一个信息技术平台供其内部使用，该信息技术平台由相关的硬件和软件组成。南方公司需要提供设计方案，将该信息技术平台与客户现有的信息系统对接，并进行相关测试。该平台并不会转让给客户，但是将用于向客户提供服务。南方公司为该平台的设计、购买硬件和软件以及信息中心的测试发生了成本。相关成本如下：

南方公司为了取得合同发生的成本有：①聘请外部律师进行尽职调查的支出为15 000元；②因投标发生的差旅费为10 000元；③销售人员佣金为

5 000 元，甲公司预期这些支出未来能够收回。此外，南方公司根据其年度销售目标、整体盈利情况及个人业绩等，向销售部门经理支付年度奖金 10 000 元。

南方公司为该平台的设计、购买硬件和软件以及信息中心的测试发生了成本：①设计服务费 200 000 元；②硬件和软件分别为 200 000 元和 300 000 元；③信息中心发生测试费用 160 000 元。

除此之外，南方公司专门指派两名员工，负责向客户提供服务，每月支付工资等费用 16 000 元。

解析：

（1）聘请外部律师进行尽职调查发生的支出，为投标发生的差旅费，无论是否取得合同都会发生，不属于增量成本，因此，应当于发生时直接计入当期损益。

（2）向销售人员支付的佣金属于为取得合同发生的增量成本，应当将其作为合同取得成本确认为一项资产，计入“合同取得成本”科目，并在未来提供服务的五年内分期摊销。

（3）向销售部门经理支付的年度奖金也不是为取得合同发生的增量成本，这是因为该奖全发放与否以及发放金额还取决于其他因素（包括公司的盈利情况和个人业绩），其并不能直接归属于可识别的合同。

（4）购买硬件和软件的成本应当分别按照固定资产和无形资产进行会计处理。

（5）设计服务成本和信息中心的测试成本不属于其他章节的规范范围，但是这些成本与履行该合同直接相关，并且增加了南方公司未来用于履行履约义务（即提供管理服务）的资源，如果南方公司预期该成本可通过未来提供服务收取的对价收回，则南方公司应当将这些成本确认为一项资产。计入“合同履约成本”科目，并在未来提供服务的 5 年内分期摊销。

（6）向两名负责该项目的员工支付的工资费用，虽然与向客户提供服务有关，但是由于其并未增加企业未来用于履行履约义务的资源，属于履约义务中已履行部分相关的支出，应当作为职工薪酬，于发生时计入当期损益。

三、与合同履约成本和合同取得成本有关的资产的摊销和减值

1. 摊销

对于确认为资产的合同履约成本和合同取得成本，企业应采用与该资产

相关的商品收入确认相同的基础（即在履约义务履行的时点或按照履约义务的履约进度）进行摊销，计入当期损益。

2. 减值

合同履约成本和合同取得成本的账面价值高于下列两项差额的，超出部分应当计提减值准备，并确认为资产减值损失：①企业因转让与该资产相关的商品预期能够取得的剩余对价；②为转让该相关商品估计将要发生的成本。

借：资产损失

　　贷：合同取得成本减值准备

　　　　合同履约成本减值准备

以前期间减值的因素之后发生变化，使得前款①减②的差额高于该资产账面价值的，应当转回原已计提的资产减值准备，并计入当期损益，但转回后的资产账面价值不应超过假定不计提减值准备情况下该资产在转回日的账面价值。

在确定合同履约成本和合同取得成本的减值损失时，企业应首先确定其他资产减值损失，然后按照本节的要求确定合同履约成本和合同取得成本的减值损失。企业按照《企业会计准则第 8 号——资产减值》减值测试相关资产组的减值情况时，应当将按照上述规定确定上述资产减值后的新账面价值计入相关资产组的账面价值。

第三节　关于特定交易的会计处理

一、附有销售退回条款的销售

附有销售退回条款的商品销售，指购买方依照有关合同有权退货的销售方式。对于附有销售退回条款的销售，企业在客户取得相关商品控制权时，应按照因向客户转让商品而预期有权收取的对价金额确认收入，按照预期因销售退回将退还的金额确认负债；同时，按照预期将退回商品转让时的账面价值，扣除收回该商品预计发生的成本（包括退回商品的价值减损）后的余额，确认为一项资产，按照所转让商品转让时的账面价值，扣除上述资产成本的净额结转成本。

每一资产负债表日，企业应重新估计未来销售退回情况，如有变化，应当作为会计估计变更进行会计处理。如果企业不能合理地确定退货的可能性，则在售出商品的退货期满时确认收入。

例 5. 2×19 年 11 月 1 日，南方公司向甲公司销售商品 5 000 件，单位销售价格为 500 元，单位成本为 400 元，开出的增值税专用发票上注明的销售价格为 250 万元，增值税为 32.5 万元。商品已经发出，但款项尚未收到。根据协议约定，甲公司应于 2×19 年 12 月 31 日之前支付货款。在 2×20 年 3 月 31 日之前有权退还商品。南方公司根据过去的经验，估计该批商品的退货率约为 20%（即退货 1 000 件）。在 2×19 年 12 月 31 日，南方公司对退货率进行了重新评估，认为只有 10% 的商品会被退回（即退回 500 件）。

南方公司为增值税一般纳税人，商品发出时纳税义务已经发生，实际发生退回时取得税务机关开具的红字增值税专用发票。假定商品发出时控制权转移给甲公司。

（1）2×19 年 11 月 1 日发出商品时：

预计应付退货款 =1 000×500=500 000（元）

应确认收入 =2 500 000−500 000=2 000 000（元）

预计应收退货成本 =1 000×400=400 000（元）

应确认销售成本 =400×5 000−400 000=1 600 000（元）

借：应收账款　　2 825 000

　贷：主营业务收入　　2 000 000

　　预计负债——应付退货款　　500 000

　　应交税费——应交增值税（销项税额）　　325 000

借：主营业务成本　　1 600 000

　应收退货成本　　400 000

　贷：库存商品　　2 000 000

（2）2×19 年 12 月 31 日前收到货款时：

借：银行存款　　2 825 000

　贷：应收账款　　2 825 000

（3）2×19 年 12 月 31 日，南方公司对退货率进行重新评估：

调增销售收入 =500×500=250 000（元）

调增销售成本 =500×400=200 000（元）

借：预计负债——应付退货款 250 000
　　贷：主营业务收入 250 000
借：主营业务成本 200 000
　　贷：应收退货成本 200 000

（4）2×20 年 3 月 31 日发生销售退回，实际退货量为 400 件，退货款项已经支付：

调增销售收入 =100×500=50 000（元）

调增销售成本 =100×400=40 000（元）

借：库存商品 160 000
　　应交税费——应交增值（销项税额） 26 000
　　预计负债——应付退货款 250 000
　　贷：应收退货成本 160 000
　　　　主营业务收入 50 000
　　　　银行存款 226 000
借：主营业务成本 40 000
　　贷：应收退货成本 40 000

二、附有质量保证条款的销售

对于附有质量保证条款的销售，企业应评估该质量保证是否在向客户保证所销售商品符合既定标准之外提供了一项单独的服务。企业提供额外服务的，应当作为单项履约义务，按照收入确认的相关要求进行会计处理；否则，质量保证责任应当按照或有事项的相关要求进行会计处理。

在评估质量保证是否在向客户保证所销售商品符合既定标准之外提供了一项单独的服务时，企业应考虑该质量保证是否为法定要求、质量保证期限以及企业承诺履行任务的性质等因素。客户能够选择单独购买质量保证的，该质量保证构成单项履约义务。

例 6. 南方公司是电脑制造商和销售商，与乙公司签订了销售一批电脑的合同，合同约定：电脑销售价款为 980 000 元，同时提供“延长保修”服务，即从法定质保 90 天到期之后的三年内南方公司将对任何损坏的部件进行保修或更换。该批电脑和“延长保修”服务各自的单独售价分别为 900 000 元和 100 000 元。该批电脑的成本为 600 000 元。而且基于其自身经验，南方公司估计维修在法定型质保的 90 天保修期内出现损坏的部件将花费 10 000 元。假设不考虑相关税费。南方公司会计处理如下：

在该合同下，南方公司的履约义务有两项：销售电脑和提供延保保修，南方公司应当按照其各自单独售价的相对比例，将交易价格分摊至这两项履约义务，并在各项履约义务履行时分别确认收入。

确认电脑收入 =980 000×90%=882 000（元）

确认合同负责 =980 000×10%=98 000（元）

借：银行存款　　980 000

　贷：主营业务收入　　882 000

　　合同负债　　98 000

借：主营业务成本　　600 000

　贷：库存商品　　600 000

借：销售费用　　10 000

　贷：预计负债　　10 000

三、主要责任人和代理人

企业应根据其在向客户转让商品前是否拥有对该商品的控制权，来判断其从事交易时的身份是主要责任人还是代理人。企业在向客户转让商品前能够控制该商品的，该企业为主要责任人，应按照已收或应收对价总额确认收入；否则，该企业为代理人，应按照预期有权收取的佣金或手续费的金额确认收入，该金额应按照已收或应收对价总额扣除应支付给其他相关方的价款后的净额，或者按照既定的佣金金额或比例等确定。企业与客户订立的包含多项可明确区分商品的合同中，企业需要分别判断其在不同履约义务中的身份是主要责任人还是代理人。

当存在第三方参与企业向客户提供商品时，企业向客户转让特定商品之前能够控制该商品，从而应作为主要责任人的情形包括：

（1）企业自该第三方取得商品或其他资产控制权后，再转让给客户。

（2）企业能够主导该第三方代表本企业向客户提供服务。

（3）企业自该第三方取得商品控制权后，通过提供重大的服务将该商品与其他商品整合成合同约定的某组合产出转让给客户。

如果企业仅仅是在特定商品的法定所有权转移给客户之前，暂时性地获得该特定商品的法定所有权，这并不意味着企业一定控制了该商品。实务中，企业在判断其在向客户转让特定商品之前是否已经拥有对该商品的控制权时，不应仅局限于合同的法律形式，而应当综合考虑所有相关事实和情况进行判断，这些事实和情况包括：

（1）企业承担向客户转让商品的主要责任。企业在判断其是否承担向客户转让商品的主要责任时，应当从客户的角度进行评估，即客户认为哪一方承担了主要责任，例如客户认为谁对商品的质量或性能负责、谁负责提供售后服务、谁负责解决客户投诉等。

（2）企业在转让商品之前或之后承担了该商品的存货风险。其中，存货风险主要是指存货可能发生减值、损毁或灭失等形成的损失。例如，如果企业在与客户订立合同之前已经购买或者承诺将自行购买特定商品，这可能表明企业在将该特定商品转让给客户之前，承担了该特定商品的存货风险，企业有能力主导特定商品的使用并从中取得几乎全部的经济利益；又如，在附有销售退回条款的销售中，企业将商品销售给客户之后，客户有权要求向该企业退货，这可能表明企业在转让商品后仍然承担了该商品的存货风险。

（3）企业有权自主决定所交易商品的价格。企业有权决定客户为取得特定商品所需支付的价格，可能表明企业有能力主导有关商品的使用并从中获得几乎全部的经济利益。然而，在某些情况下，代理人可能在一定程度上也拥有定价权（例如，在主要责任人规定的某一价格范围内决定价格），以便其在代表主要责任人向客户提供商品时，能够吸引更多的客户，从而赚取更多的收入。此时，即使代理人有一定的定价能力，也并不表明在与最终客户的交易中其身份是主要责任人，代理人只是放弃了一部分自己应赚取的押金或手续费而已。

（4）其他相关事实和情况。需要强调的是，企业在判断其是主要责任人还是代理人时，应当以该企业在特定商品转让给客户之前是否能够控制这些商品为原则。上述相关事实和情况不能凌驾于控制权的判断之上，也不构成一项单独或额外的评估，而只是帮助企业在难以评估特定商品转让给客户之前是否能够控制这些商品的情况下进行相关判断。此外，这些事实和情况并无权重之分，也不能被孤立地用于支持某一结论。企业应根据相关商品的性质，合同条款的约定以及其他具体情况，综合进行判断。

四、附有客户额外购买选择权的销售

对于附有客户额外购买选择权的销售，企业应评估该选择权是否向客户提供了一项重大权利。企业提供重大权利的，应作为单项履约义务，按照本节有关交易价格分摊的要求将交易价格分摊至该履约义务，在客户未来行使购买选择权取得相关商品控制权时，或者该选择权失效时，确认相应的收入。客户额外购买选择权的单独售价无法直接观察的，企业应综合考虑客户行使和不行使该选择权所能获得的折扣的差异、客户行使该选择权的可能性等全部相关信息后，予以合理估计。

客户虽然有额外购买商品选择权，但客户行使该选择权购买商品时的价格反映了这些商品单独售价的，不应被视为企业向该客户提供了一项重大权利。

例 7. 2×19 年 1 月 1 日，南方公司开始推行一项奖励积分计划。根据该计划，客户在南方公司每消费 10 元可获得 1 个积分，每个积分从次月开始在购物时可以抵减 1 元。截至 2×19 年 1 月 31 日，客户共消费 100 000 元，可获得 10 000 个积分，根据历史经验，南方公司估计该积分的兑换率为 95%。假定上述金额均不包含增值税等的影响。

本例中，南方公司认为其授予客户的积分为客户提供了一项重大权利，应当作为一项单独的履约义务。客户购买商品的单独售价合计为 100 000 元，考虑积分的兑换率，南方公司估计积分的单独售价为 9 500 元（1 元 ×10 000 个积分 ×95%）。南方公司按照商品和积分单独售价的相对比例对交易价格进行分摊，具体如下：

分摊至商品的交易价格 =［100 000÷（100 000+9 500）］×100 000=91 324（元）

分摊至积分的交易价格 =［9 500÷（100 000+9 500）］×100 000=8 676（元）

因此，南方公司应当在商品的控制权转移时确认收入 91 324 元，同时确认合同负债 8 676 元。

借：银行存款	100 000	
贷：主营业务收入		91 324
合同负债		8 676

截至 2×19 年 12 月 31 日，客户共兑换了 4 500 个积分，南方公司对该积分的兑换率进行了重新估计，仍然预计客户总共将会兑换 9 500 个积分。因此，南方公司以客户兑换的积分数占预期将兑换的积分总数的比例为基础确认收入。

积分应当确认的收入 =4 500÷9 500×8 676=4 110（元）；剩余未兑换的积分 =8 676−4 110=4 566（元），仍然作为合同负债。

借：合同负债　　　　4 110

　　贷：主营业务收入　　　　4 110

截至 2×20 年 12 月 31 日，客户累计兑换了 8 500 个积分。南方公司对该积分的兑换率进行了重新估计，预计客户总共将会兑换 9 700 个积分。

积分应当确认的收入 =8 500÷9 700×8 676−4 110=3 493（元）；剩余未兑换的积分 =8 676−4 110−3 493=1 073（元），仍然作为合同负债。

五、向客户授予知识产权许可

企业向客户授予知识产权许可的，应评估该知识产权许可是否构成单项履约义务，构成单项履约义务的，应进一步确定其是在某一时段内履行还是在某一时点履行。

企业向客户授予知识产权许可，同时满足下列条件时，应作为在某一时段内履行的履约义务确认收入；否则，应作为在某一时点履行的履约义务确认收入：

（1）合同要求或客户能够合理预期企业将从事对该项知识产权有重大影响的活动；

（2）该活动对客户将产生有利或不利影响；

（3）该活动不会导致向客户转让某项商品。

企业向客户授予知识产权许可，并约定按客户实际销售或使用情况收取特许权使用费的，应在下列两项时点确认收入：

（1）是客户后续销售或使用行为实际发生；

（2）是企业履行相关履约义务。

例如：甲公司是一家设计制作连环漫画的公司。甲公司授权乙公司在 4 年内使用其 3 部连环漫画中的角色形象和名称。甲公司的每部连环漫画都有相应的主要角色。但是，甲公司会定期创造新的角色，且角色的形象也会随时演变。乙公司是一家大型游轮的运营商，乙公司可以以不同的方式（例如，展览或演出）使用这些漫画中的角色。合同要求乙公司必须使用最新的角色形象。在授权期内，甲公司每年向乙公司收取 1 000 万元。

解析：甲公司除了授予知识产权许可外不存在其他履约义务。也就是说，与知识产权许可相关的额外活动并未向客户提供其他商品或服务，因为这些活动是企业授予知识产权许可承诺的一部分，且实际上改变了客户享有知识产权许可的内容。

甲公司需要评估该知识产权许可相关的收入应当在某一时段内确认还是在某一时点确认。甲公司考虑了下列因素：

一是乙公司合理预期（根据甲公司以往的习惯做法），甲公司将实施对该知识产权许可产生重大影响的活动，包括创作角色及出版包含这些角色的连环漫画等。

二是这些活动直接对乙公司产生的有利或不利影响，这是因为合同要求乙公司必须使用甲公司创作的最新角色，这些角色塑造得成功与否，会直接对乙公司产生影响。

三是尽管乙公司可以通过该知识产权许可从这些活动中获益，但在这些活动发生时并没有导致向乙公司转让任何商品或服务。因此，甲公司授予该知识产权许可的相关收入应当在某一时段内确认。

由于合同规定乙公司在一段固定期间内可无限制地使用其取得授权许可的角色，因此，甲公司按照时间进度确定履约进度可能是最恰当的方法。

六、售后回购

售后回购，指企业销售商品的同时承诺或有权选择日后再将该商品（包括相同或几乎相同的商品，或以该商品作为组成部分的商品）购回的销售方式。对于不同类型的售后回购交易，企业应区分下列两种情形并分别进行会计处理：

（1）企业因存在与客户的远期安排而负有回购义务或企业享有回购权利的，表明客户在销售时点并未取得相关商品控制权，企业应作为租赁交易或融资交易进行相应的会计处理。其中，回购价格低于原售价的，应视为租赁交易，按照租赁准则的相关规定进行会计处理；回购价格不低于原售价的，应视为融资交易，在收到客户款项时确认金融负债，并将该款项和回购价格的差额在回购期间内确认为利息费用等。企业到期未行使回购权利的，应在该回购权利到期时终止确认金融负债，同时确认收入。

例如：甲公司向乙公司销售一台设备，销售价格为200万元，同时双方约定2年之后，甲公司将以120万元的价格回购该设备。假定不考虑货币时间价值等其他因素影响。

解析：根据合同有关甲公司在两年后回购该设备的确定，乙公司并未取得该设备的控制权。不考虑货币时间价值等影响，该交易的实质是乙公司支付了80万元（200−120）的对价取得了该设备2年的使用权。因此，甲公司应当将该交易作为租赁交易进行会计处理。

（2）企业负有应客户要求回购商品义务的，应在合同开始日评估客户是否具有行使该要求权的重大经济动因。客户具有行使该要求权重大经济动因的，企业应将售后回购作为租赁交易或融资交易，按照上述（1）的要求进行会计处理；否则，企业应将其作为附有销售退回条款的销售交易进行会计处理。

例如：甲公司向乙公司销售其生产的一台设备，销售价格为2 000万元，双方约定，乙公司在5年后有权要求甲公司以1 500万元的价格回购该设备。甲公司预计该设备在回购时市场价值将远低于1 500万元。假定不考虑货币时间价值等其他因素影响。

解析：甲公司的回购价格低于原售价，但远高于该设备在回购时的市场价值，甲公司判断乙公司有重大经济动因行使其权利要求甲公司回购该设备。因此，甲公司应当将该交易作为融资租赁交易进行会计处理。

七、客户未行使的权利

企业向客户预收销售商品款项的，应首先将该款项确认为负债，待履行了相关履约义务时再转为收入。当企业预收款项无须退回，且客户可能会放弃其全部或部分合同权利时，例如，放弃储值卡的使用等，企业预期将有权获得与客户所放弃的合同权利相关的金额的，应按照客户行使合同权利的模式按比例将上述金额确认为收入；否则，企业只有在客户要求其履行剩余履约义务的可能性极低时，才能将上述负债的相关余额转为收入。企业在确定其是否预期将有权获得与客户所放弃的合同权利相关的金额时，应考虑将估计的可变对价计入交易价格的限制要求。

如果有相关法律规定，企业所收取的与客户未行使权利相关的款项须转交给其他方的（例如，法律规定无人认领的财产须上交政府），企业不应将其确认为收入。

例 8. 甲公司经营连锁面包店。2×20 年，甲公司向客户销售了 5 000 张储值卡，每张卡的面值为 200 元，总额为 1 000 000 元。客户可在甲公司经营的任何一家门店使用该储值卡进行消费。根据历史经验，甲公司预期客户购买的储值卡中将有大约相当于储值卡面值金额 5%（50 000 元）的部分不会被消费。截至 2×20 年 12 月 31 日，客户使用该储值卡消费的金额为 400 000 元。甲公司为增值税一般纳税人，适用的增值税税率为 13%，在客户使用该储值卡消费时发生增值税纳税义务。

本例中，甲公司预期将有权获得与客户未行使的合同权利相关的金额为 50 000 元，该金额应当按照客户行使合同权利的模式按比例确认为收入。因此，甲公司在 2×20 年销售的储值卡应当确认的收入金额为 372 613 元［（400 000+50 000×400 000÷950 000）÷（1+13%）］，应确认的增值税销项税额 =400 000÷（1+13%）×13%=46 018（元）。

甲公司的账务处理为：

（1）销售储值卡：

借：库存现金　　1 000 000

　　贷：合同负债　　884 956

　　　　应交税费——待转销项税额　　115 044

（2）根据储值卡的消费金额确认收入，同时将对应的待转销项税额确认为销项税额：

借：合同负债　　372 613

　　应交税费——待转销项税额　　46 018

　　贷：主营业务收入　　372 613

　　　　应交税费——应交增值税（销项税额）　　46 018

八、无须退回的初始费

（1）如果该初始费与合同中已承诺的某项商品相关，企业应判断其是否构成单项履约义务：

1）该商品构成单项履约义务，在转让该相关商品时按照分摊至该商品的交易价格确认收入。

2）该商品不构成单项履约义务，企业应在包含该商品的单项履约义务履行时，按照分摊至该单项履约义务的交易价格确认收入。

（2）如果该笔无须退回的初始费与合同中承诺的商品不相关，该初始费应作为未来将转让商品的预收款，在未来转让该商品时确认为收入。

企业收取了无须退回的初始费且为履行合同应开展初始活动，但这些活动本身并没有向客户转让已承诺的商品的，该初始费与未来将转让的已承诺商品相关，应当在未来转让该商品时确认为收入，企业在确定履约进度时不应考虑这些初始活动；企业为该初始活动发生的支出应当按照本准则规定确认为一项资产或计入当期损益。

例如：甲公司经营一家会员制健身俱乐部。甲公司与客户签订了为期2年的合同，客户入会之后可以随时在该俱乐部健身。除俱乐部的年费2 000元外，甲公司还向客户收取了50元的入会费，用于补偿俱乐部为客户进行注册登记、准备会籍资料以及制作会员卡等初始活动所花费的成本。甲公司收取的入会费和年费均无须返还。

解析：甲公司承诺的服务是向客户提供健身服务，而甲公司为会员入会所进行的初始活动并未向客户提供其所承诺的服务，而只是一些内部行政管理性质的工作。因此，甲公司虽然为补偿这些初始活动向客户收取了50元入会费，但是该入会费实质上是客户为健身服务所支付的对价的一部分，故应当作为健身服务的预收款，与收取的年费一起在2年内分摊确认为收入。

第四节　收入的列报

一、收入的列示

（一）合同资产和合同负债

在资产负债表中，应将合同资产和合同负债作为单独的报表项目予以列示。企业拥有的、无条件（仅取决于时间流逝）向企业收取对价的权利应当作为应收款项单独列示。

（二）合同履约成本和合同取得成本

（1）确认为资产的合同履约成本，初始确认时摊销期限不超过一年或一个正常营业周期的，在资产负债表中列入“存货”项目；初始确认时摊销期限在一年或一个正常营业周期以上的，在资产负债表中列入“其他非流动资产”项目。

（2）确认为资产的合同取得成本，初始确认时摊销期限不超过一年或一个正常营业周期的，在资产负债表中列入“其他流动资产”项目；初始确认时摊销期限在一年或一个正常营业周期以上的，在资产负债表中列入“其他非流动资产”项目。

二、收入的披露

企业应当在附注中披露与收入有关的下列信息：

（1）收入确认和计量所采用的会计政策、对于确定收入确认的时点和金额具有重大影响的判断以及这些判断的变更。

（2）与合同相关的下列信息。

1）与本期确认收入相关的信息。

2）与应收款项、合同资产和合同负债的账面价值相关的信息。

3）与履约义务相关的信息。

4）与分摊至剩余履约义务的交易价格相关的信息。

（3）与合同成本有关的资产相关的信息。

1）在确定该资产的金额时所运用的判断；

2）该资产的摊销方法；

3）按该资产的主要类别披露合同取得成本或合同履约成本的期末账面价值；

4）本期确认的摊销以及减值损失的金额。

（4）有关简化处理方法的披露。

企业因预计客户取得商品控制权与客户支付价款间隔未超过一年而未考虑合同中存在的重大融资成分，或者因合同取得成本的摊销期限未超过一年而将其在发生时计入当期损益的，应披露该事实。

第十四章　费　　用

【目的要求】

通过本章的学习，学生应明确费用的概念、特征、分类，充分理解费用确认与计量的原则，掌握生产成本与期间费用的核算与计量。

【重点与难点】

本章的重点和难点是生产成本和期间费用的会计核算与计量。

第一节　费用概述

一、费用的概念及其特征

费用是指企业在日常活动中发生的、会导致所有者权益减少的、与向所有者分配利润无关的经济利益的总流出。

一般认为费用具有以下特征：

（1）费用产生于过去的交易或事项。

（2）费用可能表现为资产的减少，也可能变现为负债的增加，或者二者兼而有之。

费用的发生会引起企业经济资源的减少，这种减少可具体表现为一个企业实际的现金或非现金支出，也可以是预期的现金支出。

例如：支付销售费用和工资是现实的现金流出；消耗原材料或机器设备等同样是现金流出，这些属于过去的现金流出。承担一项负债，在未来期间履行相应义务时，也将导致现金的流出，这属于预期的或未来的现金流出。

（3）费用能导致企业所有者权益的减少，但与向所有者分配利润无关。费用会导致企业经济利益流出企业，因此，会使企业所有者权益减少。但是，企业在生产经营过程中发生的支出并非都会引起企业所有者权益的减少，有两类支出不应归入费用，一类是企业偿债性支出，另一类是向所有者分配利润或股利。企业向所有者分配利润或股利，这一现金流出，虽然减少了企业的净资产，但按照“所有权理论”，向所有者分配利润或股利不是费用，因为它不是经营活动的结果，而属于最终利润的分配。

例如：企业以银行存款偿付一项债务（企业偿债性支出），只是一项资产和一项负债的等额减少，对所有者权益没有影响，因此，不构成费用。

二、费用的构成

这里所说的费用其实包含两个方面的内容，即成本和费用。

（一）成本

成本是指企业为生产产品、提供劳务而发生的各种耗费，包括为生产产品、提供劳务而发生的直接材料费用、直接人工费用和各种间接费用。企业应当在确认收入时，将已销售产品或已提供劳务的成本等从当期收入中扣除。

企业计入当期损益的成本主要有主营业务成本和其他业务成本。

（1）主营业务成本，指企业主要经营活动发生的支出。该支出通常与主营业务收入具有直接的因果关系，是企业为获得主营业务收入而付出的代价。

（2）其他业务成本，指企业除主营业务活动以外的其他业务活动所发生的支出。该支出通常与其他业务收入具有直接的因果关系，是企业为获得其他业务收入而付出的代价。

（二）费用

费用一般是指企业在经营活动中发生的税金及附加、期间费用，以及资产和信用减值损失等。

（1）税金及附加，指企业经营活动应当负担的各种税费、如消费税、城市维护建设税、教育费附加、资源税、环保税、车船税、房产税、城镇土地使用税和印花税等。

（2）期间费用包括销售费用、管理费用和财务费用。

销售费用，指企业在销售商品的过程中发生的各项费用，包括企业在销售商品的过程中发生的运输费、装卸费、包装费、保险费、展览费和广告费，以及为销售本企业的商品而专设的销售机构（含销售网点、售后服务网点等）的职工薪酬等费用。

管理费用，指企业为组织和管理生产经营活动而发生的各项费用，包括企业的董事会和行政管理部门的职工薪酬、固定资产折旧费和修理费、办公费和差旅费等公司经费，以及聘请中介机构费、咨询费（含顾问费）、业务招待费等费用。管理费用的受益对象是整个企业，而不是企业的某个部门。

财务费用，指企业为筹集生产经营所需资金而发生的各项费用，包括应当作为期间费用的利息支出（减利息收入）、汇兑损失（减汇兑收益）以及相关的手续费等。

（3）资产减值损失，指企业计提存货跌价准备和固定资产减值准备等所形成的费用。

（4）信用减值损失，指企业对应收账款等债权资产以及其他金融工具计提减值准备所形成的费用。

费用与成本既有联系又有区别。联系：二者都反映资金的耗费，都意味着企业经济利益的减少，也都是由过去已经发生的经济活动引起或形成的。区别：费用是和期间相联系的，而成本是和产品相联系的；成本要有实物承担者，而费用一般没有实物承担者。

上面所定义的费用也是狭义上的概念。广义的费用还包括直接计入当期利润的损失和所得税费用。

直接计入当期利润的损失，即营业外支出，指企业发生的与其生产经营活动无直接关系的各项偶发性支出，如罚款支出、非流动资产报废损失、捐赠支出和非常损失等。

所得税费用是指企业按照企业所得税法的规定向国家缴纳的所得税。

特别提示：

费用只有在经济利益很可能流出企业，而且流出额能够可靠计量时才能被确认为费用。

三、费用的分类

企业发生的各项费用，根据其性质可以按照不同的标准进行分类。

（一）按照经济内容分类

费用按照经济内容（或性质）进行分类，不外乎劳动对象方面的费用、劳动手段方面的费用和活劳动方面的费用三大类。这三大类又可细分为以下九类：

（1）外购材料，指企业为进行生产而耗用的一切从外部购入的原材料及主要材料、半成品、辅助材料、包装物、修理用备件和低值易耗品等。

（2）外购燃料，指企业为进行生产而耗用的从外部购进的各种燃料。

（3）外购动力，指企业为进行生产而耗用的从外部购进的各种动力。

（4）工资，指企业应计入成本费用的职工工资。

（5）提取的职工福利费用，指按照一定比例从成本费用中提取的职工福利费用。

（6）折旧费，指企业按照核定的固定资产折旧率计算提取的折旧基金。

（7）利息支出，指企业应计入成本费用的利息支出减去利息收入后的净额。

（8）税金，指企业应计入成本费用的各种税金。

（9）其他支出，指不属于以上各要素的费用支出。

（二）按照经济用途分类

费用按照经济用途分类，可分为直接材料、直接工资、其他直接支出、制造费用和期间费用。

（1）直接材料，指构成产品实体，或有助于产品形成的各项原料及主要材料、辅助材料、燃料、备品备件、外购半成品和其他直接材料。

（2）直接工资，指直接从事产品生产人员的工资、奖金、津贴和补贴。

（3）其他直接支出，指直接从事产品生产人员的职工福利费。

（4）制造费用，指企业各生产单位为组织和管理生产所发生的各项费用。

（5）期间费用，指企业在生产经营过程中发生的销售费用、管理费用和财务费用。

（三）按照费用同产量之间的关系分类

按照费用同产量之间的关系，可以把费用分为固定费用和变动费用。

（1）固定费用，是指产量在一定范围内，费用总额不随着产品产量的变动而变动的费用，如固定资产折旧费、管理人员工资、办公费等。

（2）变动费用，是指费用总额随着产品产量的变动而变动的费用，如原材料费用和生产工人计件工资等。

四、费用的确认与计量

（一）费用的确认

对企业发生的费用进行确认，是企业能否正确计算损益的关键。

1. 费用确认的标准

（1）某项资产的减少或负债的增加，会引起企业经济利益的减少：

例如：某企业生产产品领用的原材料、支付的工资和其他支出，虽然减少了存货和货币资金，即某种资金已经减少，但是，它又转化为另一种资产形式，企业经济利益并没有因此而减少。因此，它只是成本而不是费用。只有产品已完工并销售时，才确认为费用。

（2）某项资产的减少或负债的增加必须能够准确地加以计量。

如果某项资产的耗费不能够加以计量，也无法作出合理的估计，那么不能在利润表中确认为费用。

2. 费用确认的基础

（1）权责发生制 在费用的确认过程中，首先要为费用的确认划定一个时间上的界限，即按照支出效益涉及的期间确认费用。

如果某项支出的效益仅涉及本会计年度或一个营业周期，就应将其作为收益性支出，在一个会计期间内确认为费用；反之，如果某项支出的效益涉及几个会计年度或几个营业周期，该项支出应予以资本化，不能当作当期费用，而应在以后各期逐渐确认为费用。

（2）配比原则 在费用的确认过程中，应当按照费用与收入的关联关系来确认费用的实现，也就是说，按照与费用关联的收入实现的期间而确认费用实现的期间。

（二）费用的计量

通常的费用计量标准是实际成本。费用采用实际成本计量属性计量，是由于实际成本代表了企业获得商品或劳务时的交换价值由交易双方认可，具有客观性和可验证性，从而能够使会计信息具有足够的可靠性。

费用的实际成本是按企业为取得商品和劳务而放弃的资源的实际价值计量的，即按交换价值或市场价格计量的。

第二节　生产成本

一、生产成本的概念

生产成本，指一定期间生产产品所发生的直接费用和间接费用的总和。

生产成本与费用是一个既有联系又有区别的概念。首先，成本是对象化的费用，生产成本是相对于一定的产品而言所发生的费用，它是按照产品品种等成本计算对象对当期发生的费用进行归集所形成的。在按照费用的经济用途所进行的分类中，企业一定期间发生的直接费用和间接费用的总和构成一定期间产品的生产成本。费用的发生过程同时也是产品成本的形成过程。

其次，成本与费用是相互转化的。企业在一定期间发生的直接费用按照成本计算对象进行归集；间接费用则通过分配计入各成本计算对象，使本期发生的费用对象化，转化为成本。

企业的产品成本项目可以根据企业的具体情况自行设定，一般包括直接材料、燃料及动力、直接人工和制造费用等。

1. 直接材料

直接材料指构成产品实体的原料、主要材料以及有助于产品形成的辅助材料、设备配件、外购半成品的消耗。

2. 燃料及动力

燃料及动力指直接用于产品生产的外购和自制的燃料及动力。

3. 直接人工

直接人工指直接参加生产的工人工资及按生产工人工资和规定比例计提的职工福利费、住房公积金、工会经费、职工教育经费等。

4. 制造费用

制造费用指直接用于产品生产，但不便于直接计入产品成本，因而没有专设成本项目的费用，以及间接用于产品生产的各项费用，如生产单位管理人员的职工薪酬、生产单位固定资产的折旧费和修理费、物料消耗、办公费、水电费、保险费、劳动保护费等费用项目。

二、生产成本的确认和计量

（一）材料费用的确认和计量

产品生产中消耗的各种材料物资的货币表现是材料费。在一般情况下，它包括产品生产中消耗的原料、主要材料、辅助材料和外购半成品等。

材料费用的确认和计量，是由财会部门在月份终了时，将当月发生应计入成本的全部领料单、限额领料单、退料单等各种原始凭证，按产品和用途进行归集，编制“发出材料汇总表”。

对直接用于制造产品的材料费用，直接计入该产品成本中；只有在几种产品合用一种材料时，才采用适当方法，分配计入该产品成本中。在实际工作中，常用的分配方法是按各种产品的材料定额耗用量的比例，或按各种产品的重量比例分配。

例 1. 1 月份，某企业生产车间为生产产品领用原材料，实际成本为 35 000 元，其中甲产品领用 20 000 元，乙产品领用 15 000 元；企业管理层领用原材料，实际成本为 5 000 元，请写出相应经济业务的会计分录。

借：生产成本——基本生产成本（甲产品）　　20 000

　　　　　　——基本生产成本（乙产品）　　15 000

　　管理费用　　5 000

　　贷：原材料　　40 000

（二）工资费用的确认和计量

1. 职工薪酬的构成内容

职工薪酬，是指企业为获得职工提供的服务或解除劳动关系而给予的各种形式的报酬或补偿。职工薪酬包括短期薪酬、离职后福利、辞退福利和其他长期职工福利 4 类内容。

（1）短期薪酬，指企业在职工提供相关服务的年度报告期间结束后 12 个月内需要全部予以支付的职工薪酬，因解除与职工的劳动关系给予的补偿除外。短购薪酬具体包括：职工工资、奖金、津贴和补贴，职工福利费，医疗保险费、工伤保险费和生育保险费等社会保险费，住房公积金，工会经费和职工教育经费，短期带薪缺勤，短期利润分享计划，非货币性福利以及其他短期薪酬。

其中，职工工资、奖金、津贴和补贴是指按照国家统计局的规定构成职工薪酬总额的计时工资、计件工资、超额劳动报酬和为增收节支而支付的奖金、为补偿职工特殊贡献或额外劳动而支付的津贴，以及为了保证职工工资水平不受物价变动的影响而支付给职工的物价补贴等；职工福利费是指给职工提供的福利，如职工生活困难补助等；社会保险费是指企业按照国家规定的基准和比例计算，向社会保险经办机构缴纳医疗保险费、工伤保险费和生育保险费等；住房公积金是指企业按照国家有关规定的基准和比例计算，并向住房公积金管理机构缴存的住房公积金；工会经费和职工教育经费是指为改善职工文化生活、提高职工业务素质，根据国家规定，从成本费用中提取的金额；带薪缺勤，是指企业支付工资或提供补偿的职工缺勤，包括年休假、病假、短期伤残、婚假、产假、丧假、探亲假等；利润分享计划，指因职工提供服务而与职工达成的基于利润或其他经营成果提供薪酬的协议；非货币性福利是指企业以自产产品或外购商品发放给职工作为福利，将自己拥有的资产或租赁的资产无偿提供给职工使用，如为职工无偿提供医疗保健服务，或者向职工提供由企业支付一定补贴的商品或服务等。

（2）离职后福利，指企业为获得职工提供的服务而在职工退休或与企业解除劳动关系后，提供的各种形式的报酬和福利，短期薪酬和辞退福利除外。

（3）辞退福利，指企业在职工劳动合同到期之前解除与职工的劳动关系，或者为鼓励职工自愿接受裁减而给予职工的补偿。

（4）其他长期职工福利，指除短期薪酬、离职后福利、辞退福利之外所有的职工薪酬，包括长期带薪缺勤、长期残疾福利、长期利润分享计划等。

2. 职工薪酬的确认和计量

职工薪酬作为企业的一项负债，除因解除与职工的劳动关系给予的补偿外，应根据职工提供服务的受益对象分别进行处理。

（1）应由生产产品、提供劳务负担的职工薪酬，计入产品成本或劳务成本。

会计分录为：

借：生产成本

　　贷：应付职工薪酬

（2）应由在建工程负担的职工薪酬，计入固定资产成本。

自行建造固定资产过程中发生的职工薪酬，应计入固定资产成本。

会计分录为：

借：在建工程

贷：应付职工薪酬

（3）应由无形资产负担的职工薪酬，计入无形资产成本。企业自行研发无形资产过程中发生的职工薪酬，要区别情况进行处理。在研究阶段发生的职工薪酬不能计入无形资产成本，在开发阶段发生的职工薪酬应计入无形资产成本。

会计分录为：

借：研发支出——资本化支出

贷：应付职工薪酬

（4）除以上三项外的职工薪酬，如公司管理人员、董事会和监事会成员等人员的职工薪酬，难以确定受益对象，均应在发生时确认为当期损益。

会计分录为：

借：管理费用

贷：应付职工薪酬

例 2. 11 月份，某企业生产车间为生产甲产品应支付给生产人员的工资为 50 000 元，同时，应付企业管理层人员的工资为 72 000 元，请写出相应的会计分录。

借：生产成本——基本生产成本　　50 000

管理费用　　72 000

贷：应付职工薪酬　　122 000

（三）制造费用的确认和计量

制造费用是企业为组织和管理生产所发生的各项费用，主要包括企业各个生产单位（分厂、车间）为组织和管理生产所发生的生产单位管理人员工资、职工福利费、生产单位房屋建筑物及机器设备等的折旧费、机物料消耗、低值易耗品、水电费、办公费、劳动保护费、季节性及修理期间的停工损失以及其他制造费用。

1. 制造费用的归集

制造费用是管理和组织生产而发生的间接费用，不是生产产品的直接费用，所以，在发生这些费用时，不能直接计入产品成本，需要通过“制造费用”科目进行归集，然后分配计入各种产品成本。“制造费用”账户，借方登记制造费用的发生数，贷方登记制造费用的分配数。一般情况下，期末应将全部费用都分配出去，也就是“制造费用”账户期末余额一般为零。

2. 制造费用的分配

对于归集起来的制造费用，要采用适当的方法在产品之间进行分配。在生产一种产品的情况下，制造费用可以直接计入该种产品成本；在生产多种产品的情况下，需要在不同产品之间进行分配，常用的分配方法有生产工时比例法、生产工人工资比例法、预算分配率法。

制造费用分配时的账务处理：

为了正确反映制造费用的发生和分配，控制费用预算的执行情况，企业应将发生的制造费用计入“制造费用”科目，并建立“制造费用明细账”，按不同车间、部门和费用项目进行明细核算。

在分配时，应从“制造费用”科目的贷方转入“生产成本”科目的借方。

会计分录为：

借：生产成本

  贷：制造费用

如果车间除加工制造工业产品外，还制造自制材料、自制设备和自制工具，应按各自负担的数额分配转入“原材料”“在建工程”“低值易耗品”等科目的借方。

会计分录为：

借：原材料 / 在建工程 / 低值易耗品

  贷：制造费用

例 3. 某企业生产车间某月发生的各种制造费用如下，请根据业务描述，写出会计分录。

（1）计提本月生产车间使用的固定资产折旧 40 000 元。

借：制造费用　40 000

  贷：累计折旧　40 000

（2）车间领用一般性消耗材料，材料成本为 6 000 元。

借：制造费用　6 000

  贷：原材料　6 000

（3）以银行存款支付本月生产固定资产租金 5 000 元。

借：制造费用　5 000

  贷：银行存款　5 000

（4）以现金 200 元购买办公用品。

借：制造费用　　200

　　贷：库存现金　　200

（5）车间职员王某报销差旅费 2 000 元，预借款为 2 500 元。

借：制造费用　　2 000

　　库存现金　　500

　　贷：其他应收款　　2 500

（6）应付车间管理人员工资 6 600 元。

借：制造费用　　6 600

　　贷：应付职工薪酬　　6 600

（7）以银行存款支付本月生产设备租金 3 000 元。

借：制造费用　　3 000

　　贷：银行存款　　3 000

分配本期制造费用，共计 62 800 元，其中，甲产品负担 28 600 元，乙产品负担 34 200 元。

借：生产成本——基本生产成本（甲产品）　　28 600

　　　　　　——基本生产成本（乙产品）　　34 200

　　贷：制造费用　　62 800

（四）辅助生产费用的确认和计量

辅助生产主要是为基本生产服务的，它所生产的产品和劳务，大部分都被基本生产车间和管理部门所消耗，一般很少对外销售。辅助生产按其提供产品或劳务的种类不同，可以分为以下两类：

（1）只生产一种产品或劳务的辅助生产，如供电、供水、蒸汽、运输等。

（2）生产多种产品或劳务的辅助生产，如工具、模型、机修等。

辅助生产的类型不同，其费用分配、转出的程序也不一样。生产多种产品的辅助生产车间，如工具、模型等车间，它所发生的费用，应在产品完工入库后，从辅助生产科目和明细账中转出，计入“原材料”或“低值易耗品”科目，有关车间或部门领用时，再从“原材料”或“低值易耗品”科目转入“生产成本”或“管理费用”等科目。只生产单一品种的辅助生产车间，如供电、蒸汽、供水等产品或劳务所发生的费用，应在月末汇总后，按各受益车间或部门耗用劳务的数量，选择适当的分配方法进行分配后，从“生产成本”

科目的“辅助生产成本”科目和明细账中转出，计入有关科目。

分配单一产品或劳务费用的方法，常用的有：直接分配法、一次交互分配法、计划成本分配法、代数分配法和顺序分配法。其中，直接分配法指把各辅助生产车间的实际成本，在基本生产车间和管理部门之间，按其受益数量进行分配，对于各辅助生产车间相互提供的产品或劳务则不进行分配。

三、在产品成本的计算

工业企业的在产品指生产过程中尚未完工的产品。从整个企业讲，在产品包括正在加工中的产品和加工已经告一段落的自制半成品，叫广义在产品。从某一加工阶段来讲，在产品指正在加工中的产品，一般称它为狭义在产品。

企业应根据生产特点、月末在产品数量的多少、各项费用比重的大小，以及定额管理基础的好坏等具体条件，采用适当的方法计算在产品成本。

（1）如果在产品数量很少，计算或不计算在产品成本对完工产品成本的影响都很小，为了简化计算工作，可以不计算在产品成本。这就是说，某种产品每月发生的生产费用，全部作为当月完工产品的成本。

（2）如果在产品数量较少，或者在产品数量虽然较多，但各月之间变化不大，因而月初、月末在产品成本的差额对完工产品成本的影响不大，就可以将在产品成本按年初数固定不变，把每月发生的生产费用全部作为当月完工产品的成本。但在年终时，必须根据实际盘点的在产品数量，重新计算一次在产品成本，以免在产品成本与实际出入过大，影响成本计算的正确性。

（3）在产品数量较多，而且各月之间变化也较大的企业，要根据实际结存的产品数量，计算在产品成本。一般来说，在产品成本计算的方法通常有以下几种：按其所耗用的原材料费用计算、按定额成本计算、按月当产量计算、按定额比例分配计算。

四、完工产品成本的结转

通过在产品成本的计算，生产费用在完工产品和月末在产品之间进行分配之后，就可以确定完工产品的成本。根据计算的完工产品成本，编制“完工产品成本汇总计算表”，计算出完工产品总成本和单位成本。

在计算出当期完工产品成本后，对验收入库的产成品，应结转成本。会计分录如下：

借：产成品 / 库存商品

　　贷：生产成本

例 4. 某企业 12 月份为生产 A 产品 100 件，产生的直接材料成本为 20 000 元，直接人工费为 11 500 元，分摊的制造费用为 13 800 元，燃料和动力成本为 5 000 元；为生产 B 产品 200 件，产生的直接材料成本为 38 000 元，直接人工费为 16 800 元，分摊的制造费用为 15 000 元，燃料和动力成本为 7 000 元，请写出完工产品验收入库时的会计分录。

借：产成品—— A 产品　　50 300

　　　　　—— B 产品　　76 800

　　贷：生产成本　　127 100

第三节 期间费用

期间费用指企业当期发生的，不能直接归属于某个特定产品成本的费用。由于难以确定其所归属的产品，因而不能列入产品制造成本，而在发生的当期直接计入当期损益。期间费用主要包括销售费用、管理费用（含研发费用）和财务费用。

一、销售费用

（一）销售费用的内容

销售费用指企业在销售商品过程中发生的各项费用以及为销售本企业商品而专设的销售机构（含销售网点、售后服务网点等）的经营费用。其具体项目包括：

（1）产品自销费用，包括应由本企业负担的包装费、运输费、装卸费、保险费。

（2）产品促销费用，包括展览费、广告费、经营租赁费、销售服务费。

（3）销售部门的费用，一般是指专设销售机构的职工工资及福利费、类似工资性质的费用、业务费等经营费用。

特别提示：

企业内部销售部门所发生的费用，不包括在销售费用中，而应列入管理费用中。

（4）委托代销费用，主要是指企业委托其他单位代销，按代销合同规定支付的委托代销手续费。

（5）商品流通企业的进货费用，是指商品流通企业在进货过程中发生的运输费、装卸费、包装费、保险费以及运输途中的合理损耗和入库前的挑选整理费等。

（二）销售费用的核算

企业发生的销售费用在"销售费用"账户中核算，并按费用项目设置明细账进行明细核算。

企业发生各项销售费用时，会计分录为：

借：销售费用

　　贷：库存现金 / 银行存款 / 应付职工薪酬等

月终，将借方归集的销售费用全部转入"本年利润"账户，计入当期损益。结转销售费用后，"销售费用"账户期末无余额。会计分录为：

借：本年利润

　　贷：销售费用

例 5. 华兴公司 8 月份发生的销售费用包括：以银行存款支付广告费 5 000 元；以现金支付应由公司负担的销售 A 产品的运输费 800 元，保险费 600 元；本月分配给专设销售机构的职工工资 5 500 元，提取的职工福利费是 760 元。月末将全部销售费用予结转。

根据上述资料，账务处理如下：

（1）支付广告费。

借：销售费用——广告费　　5 000

　　贷：银行存款　　5 000

（2）支付运输费和保险费。

借：销售费用——运输费　　800

　　　　　　——保险费　　600

贷：库存现金　　　　1 400

（3）分配职工工资和职工福利费。

借：销售费用——工资及福利费　　　　6 260

贷：应付职工薪酬——工资　　　　5 500

——福利费　　　　760

（4）月末结转销售费用。

借：本年利润　　　　12 660

贷：销售费用　　　　12 660

二、管理费用

（一）管理费用的内容

（1）企业管理部门发生的直接管理费用，如公司经费等。公司经费包括总部管理人员工资、职工福利费、差旅费、办公费、折旧费、修理费、低值易耗品摊销及其他公司经费。

（2）用于企业直接管理外的费用，主要包括董事会费、咨询费、聘请中介机构费、诉设费等。

（3）提供生产技术条件的费用，主要包括研究费用、无形资产摊销、长期待摊费用摊销。

（4）业务招待费。业务招待费指企业为业务经营的合理需要而支付的交际应酬费用。

特别提示：

《中华人民共和国企业所得税法实施条例》规定，企业发生的与生产经营活动有关的业务招待费支出，按照发生额的60%扣除，但最高不得超过当年销售（营业）收入的5‰。

（5）其他费用，指不包括在以上各项之内又应列入管理费用的费用。

（二）管理费用的核算

企业应设置“管理费用”账户。发生的管理费用在“管理费用”账户中核算，并按费用项目设置明细账进行明细核算。

企业发生各项管理费用时，会计分录为：

借：管理费用

贷：库存现金 / 银行存款 / 原材料 / 应付职工薪酬 / 累计折旧 / 累计摊销 / 研发支出 / 应交税费等

月终，将借方归集的管理费用全部转入“本年利润”账户，计入当期损益。结转管理费用后，“管理费用”账户期末无余额。会计分录为：

借：本年利润

贷：管理费用

例 6. 华兴公司某年 8 月份发生以下管理费用：以银行存款支付业务招待费 9 000 元；计提管理部门使用的固定资产折旧费 1 200 元；分配管理人员工资 18 000 元，提取职工福利费 3 260 元；以银行存款支付董事会成员差旅费 4 800 元，摊销无形资产 1 700 元。月末结转管理费用。

根据上述资料，财务处理如下：

（1）支付业务招待费：

借：管理费用——业务招待费　　9 000

贷：银行存款　　9 000

（2）计提折旧费：

借：管理费用——折旧费　　1 200

贷：累计折旧　　1 200

（3）分配工资及计提福利费：

借：管理费用——工资及福利费　　21 260

贷：应付职工薪酬——工资　　18 000

——福利费　　3 260

（4）支付董事会成员差旅费：

借：管理费用——董事会费　　4 800

贷：银行存款　　4 800

（5）摊销无形资产：

借：管理费用——无形资产摊销　　1 700

贷：累计摊销　　1 700

（6）结转管理费用：

借：本年利润　　37 960

贷：管理费用　　37 960

三、财务费用

（一）财务费用的内容

财务费用指企业为筹集生产经营所需资金而发生的各项费用。具体包括利息净支出（减利息收入后的支出）、汇兑净损失（减汇兑收益后的损失）、金融机构手续费，以及筹集生产经营资金发生的其他费用等。其具体项目为：

（1）利息净支出，是指企业短期借款利息、长期借款利息、应付票据利息、票据贴现利息、应付债券利息等。

（2）汇兑净损失，是企业因向银行结售或购入外汇而产生的银行买入、卖出价与记账所采用的汇率之间的差额，以及月度终了，各种外币账户的外币期末余额，按照期末汇率折合的记账本位币金额与账面记账本位币金额之间的差额等。

（3）金融机构手续费，是指发行债券所需支付的手续费、开出汇票的银行手续费、调剂外汇手续费等。

（4）其他费用，如融资租入固定资产发生的融资租赁费用，以及筹集生产经营资金发生的其他费用等。

（二）财务费用的核算

企业发生的财务费用在“财务费用”账户中核算，并按费用项目设置明细账进行明细核算。

（1）企业发生各项财务费用时，会计分录为：

借：财务费用

　　贷：银行存款等

（2）企业发生利息收入、汇兑收益时，会计分录为：

借：银行存款

　　贷：财务费用

（3）月终，将借方归集的财务费用全部转入“本年利润”账户，计入当期损益。结转当期财务费用后，“财务费用”账户期末无余额，会计分录为：

借：本年利润

　　贷：财务费用

例 7. 华兴公司 8 月份发生如下事项：接银行通知，已划拨本月银行借款利息 5 600 元；银行转来存款利息 2 100 元。月末结转财务费用。

根据上述资料，账务处理如下，

（1）划拨本月银行借款利息：

借：财务费用——利息支出　　5 600

　　贷：银行存款　　5 600

（2）银行转来存款利息：

借：银行存款　　2 100

　　贷：财务费用——利息收入　　2 100

（3）结转财务费用：

借：本年利润　　3 500

　　贷：财务费用　　3 500

第十五章　利　润

【目的要求】

通过本章的学习，学生应明确利润的概念、特征和构成，掌握利润的结转和分配的核算与计量。

【重点与难点】

本章的重点和难点是利润结转和分配的会计核算与计量。

第一节　利润概述

一、利润的概念及其特征

利润指企业在一定会计期间的经营成果，包括收入减去费用后的净额、直接计入当期利润的利得和损失。其中，直接计入当期利润的利得和损失，是指应当计入当期损益、最终会引起所有者权益增减变动的、与所有者投入资本或者向所有者分配利润无关的利得或损失。利润具有以下基本特征：

（1）利润的实现，会相应地表现为资产的增加或负债的减少，其结果是所有者权益的增值。

（2）利润金额的确定，取决于收入、费用，以及直接计入当期利润的利得和损失的计量。

（3）利润既是国家财政收入的重要来源，也是投资者获得投资回报以及企业成长的经济基础。

二、利润的构成

（一）营业利润

营业利润指企业通过一定期间的日常活动取得的利润。公式表示如下：

营业利润 = 营业收入 − 营业成本 − 税金及附加 − 研发费用 − 期间费用 − 资产及信用减值损失 ± 投资收益 ± 公允价值变动损益 ± 资产处置净损益 + 其他收益

其中：

（1）营业收入指企业经营业务所实现的收入总额，包括主营业务收入和其他业务收入；

（2）营业成本指企业经营业务所发生的成本总额，包括主营业务成本和其他业务成本；

（3）税金及附加指企业经营业务应负担的税金及附加费用，如消费税、城市维护建设税、资源税、教育费附加、房产税、城镇土地使用税、车船税、印花税等；

（4）研发费用是指企业在研究与开发过程中发生的费用化支出；

（5）期间费用是指企业当期发生的，不能直接归属于某个特定产品成本的费用，包括管理费用、财务费用和销售费用；

（6）其他收益是指与企业日常活动相关，但不宜冲减成本费用而应计入其他收益的政府补助，如增值税即征即退、与资产相关的政府补助确认为递延收益后的分期摊销额；

（7）资产处置净损益是指企业出售划分为持有待售的非流动资产（金融资产、长期股权投资和投资性房地产除外）或处置组（子公司和业务除外）时确认的处置利得或损失，以及处置（包括抵债、投资、非货币性资产交换、捐赠等）未划分为持有待售的固定资产、在建工程、无形资产等而产生的处置利得或损失。

（二）利润总额

利润总额指企业一定期间的营业利润，加上营业外收入减去营业外支出后的所得税前利润总额，公式表示为：

利润总额 = 营业利润 + 营业外收入 − 营业外支出

其中，营业外收入和营业外支出是指企业发生的与日常活动无直接关系的各项利得或损失。营业外收入与营业外支出虽然与企业日常生产经营活动无直接关系，但站在企业主体的角度来看，同样是其经济利益的流入或流出，从而构成利润的一部分，对企业的盈亏状况具有不可忽视的影响。

1. 营业外收入

营业外收入指企业取得的与日营活动没有直接关系的各项利得，主要包括非流动资产毁损报废利得、债务重组利得、罚没利得、政府补助利得、无法支付的应付款项、捐赠利得、盘盈利得。

（1）非流动资产毁损报废利得，指因自然灾害等发生毁损、已丧失使用功能而报废的固定资产等非流动资产所产生的清理净收益。

（2）债务重组利得，指企业在进行债务重组时，债务人重组债务的账面价值高于用于偿债的现金及非现金资产公允价值、债权人放弃债权而享有股份的公允价值、重组后债务的账面价值的差额所形成的利得。

（3）罚没利得，指企业收取的滞纳金、违约金以及其他形式的罚款，在弥补了由于对方违约而造成的经济损失后的净收益。

（4）政府补助利得，指企业取得的与其日常活动无关的政府补助，如企业因遭受重大自然灾害而获得的政府补助。

（5）无法支付的应付款项，指由于债权单位撤销或其他原因而无法支付，按规定程序报经批准后转入当期损益的应付款项。

（6）捐赠利得，指企业接受外部现金和非现金资产捐赠而获得的利得。

（7）盘盈利得，指企业在财产清查中发现的库存现金实存数额超过账面数额而获得的资产溢余利得。

特别提示：

如果企业接受控股股东（或控股股东的子公司）以及非控股股东（或非控股股东的子公司）直接或间接代为偿债、债务豁免或捐赠，其经济实质表明属于股东对企业的资本性投入的，应当将相关利得计入所有者权益（资本公积—其他资本公积）。

2. 营业外支出

营业外支出指企业发生的与日常活动没有直接关系的各项损失，主要包括非流动资产毁损报废损失、债务重组损失、罚款支出、捐赠支出、非常损失、盘亏损失等。

（1）非流动资产毁损报废损失，指因自然灾害等发生毁损、已丧失使用功能而报废的固定资产等非流动资产所产生的清理净损失。

（2）债务重组损失，指企业在进行债务重组时，债权人重组债权的账面价值高于接受抵债取得的现金及非现金资产公允价值、放弃债权而享有股份的公允价值、重组后债权的账面价值的差额所形成的损失。

（3）罚款支出，指企业由于违反合同、违法经营、偷税漏税、拖欠税款等而支付的违约金、罚款、滞纳金等支出。

（4）捐赠支出，指企业对外进行公益性和非公益性捐赠而付出资产的公允价值。

（5）非常损失，指企业由于自然灾害等客观原因造成的财产损失，在扣除保险公司赔款和残料价值后，应计入当期损益的净损失。

（6）盘亏损失，指企业在财产清查中发现的固定资产实存数量少于账面数量而发生的资产短缺损失。

营业外收入和营业外支出所包括的收支项目互不相关，不存在配比关系，因此，不得以营业外支出直接冲减营业外收入，也不得以营业外收入抵补营业外支出，二者的发生金额应当分别核算。

3. 净利润

净利润指企业一定期间的利润总额减去所得税费用后的净额，公式表示为：

净利润 = 利润总额 − 所得税费用

其中，所得税费用指企业按照会计准则的规定确认的应从当期利润总额中扣除的当期所得税费用和递延所得税费用。

例如：华兴公司 2019 年度取得主营业务收入 5 000 万元，其他业务收入 1 800 万元，其他收益 120 万元，投资净收益 800 万元，营业外收入 250 万元；发生主营业务成本 3 500 万元，其他业务成本 1 400 万元，税金及附加 60 万元，销售费用 380 万元，管理费用 340 万元（其中，研发费用 150 万元），财务费用 120 万元，资产减值损失 110 万元，信用减值损失 90 万元，公允价值变动净损失 100 万元，资产处置净损失 160 万元，营业外支出 210 万元；本年度确认的所得税费用为 520 万元。请根据上述资料，计算华兴公司 2019 年度的利润构成情况。

根据上述资料，计算如下：

（1）营业利润 = 营业收入 − 营业成本 − 税金及附加 − 研发费用 − 期间费用 − 资产及信用减值损失 ± 投资收益 ± 公允价值变动损益 ± 资产处置净

损益＋其他收益=5 000+1 800−3 500−1 400−60−150−190−380−120−90−110+800−100−160+120=1 460（万元）

（2）利润总额＝营业利润＋营业外收入－营业外支出=1 460+250−210=1 500（万元）

（3）净利润=1 500−520=980（万元）

第二节 利润的结转与分配

一、利润的结转

（一）科目设置

利润的结转，企业应设置“本年利润”科目，用于核算企业当期实现的净利润或发生的净亏损。

（二）利润结转的会计核算

1. 会计期末

企业应将各损益类科目余额转入“本年利润”科目，结平各损益类科目，即将收入类科目的贷方余额转入“本年利润”科目的贷方，将支出类科目的借方余额转入“本年利润”科目的借方。具体会计分录如下：

结转收入的会计分录：

借：主营业务收入

　　其他业务收入

　　其他收益

　　营业外收入等

　　贷：本年利润

结转支出的会计分录：

借：本年利润

　　贷：主营业务成本

　　　　其他业务成本

　　　　税金及附加

　　　　销售费用

　　　　管理费用

财务费用

资产减值损失

信用减值损失

营业外支出

所得税费用等

特别提示：

“投资收益”“公允价值变动损益”“资产处置损益”科目如为净收益，会计分录为：

借：投资收益

公允价值变动损益

资产处置损益

贷：本年利润

“投资收益”“公允价值变动损益”“资产处置损益”科目如为净损失，会计分录为：

借：本年利润

贷：投资收益

公允价值变动损益

资产处置损益

期末结转损益类科目余额后，“本年利润”科目如为贷方余额，则表示年初至本期末累计实现的净利润；如为借方余额，则表示年初至本期末累计发生的净亏损。

2. 年度终了

企业应将收入和支出相抵后结出的本年实现的净利润转入“利润分配——未分配利润”科目，会计分录为：

借：本年利润

贷：利润分配——未分配利润

如果为净亏损，则会计分录为：

借：利润分配——未分配利润

贷：本年利润

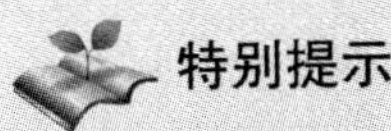

特别提示：

结转后，“本年利润”科目没有余额。

例 1. 接上例，假定华兴公司中期期末不进行利润结转，年末一次性结转利润，请写出华兴公司结转利润的会计处理。

（1）2019 年 12 月 31 日，结转本年损益类科目余额：

结转收入：

借：主营业务收入　　50 000 000

　　其他业务收入　　18 000 000

　　投资收益　　8 000 000

　　其他收益　　1 200 000

　　营业外收入　　2 500 000

　　贷：本年利润　　79 700 000

结转支出：

借：本年利润　　69 900 000

　　贷：主营业务成本　　35 000 000

　　　　其他业务成本　　14 000 000

　　　　税金及附加　　600 000

　　　　销售费用　　3 800 000

　　　　管理费用　　3 400 000

　　　　财务费用　　1 200 000

　　　　资产减值损失　　1 100 000

　　　　信用减值损失　　900 000

　　　　公允价值变动损益　　1 000 000

　　　　资产处置损益　　1 600 000

　　　　营业外支出　　2 100 000

　　　　所得税费用　　5 200 000

（2）2019 年 12 月 31 日，结转本年净利润：

借：本年利润　　9 800 000

　　贷：利润分配——未分配利润　　9 800 000

二、利润的分配

企业当期实现的净利润，加上年初的未分配利润（或减去年初未弥补亏损）后的余额为可供分配的利润。可供分配的利润，一般按下列顺序分配：

第一，提取法定盈余公积，指企业根据有关法律的规定，按照净利润的10%提取的盈余公积。法定盈余公积累计金额超过企业注册资本的50%以上时，可以不再提取。

第二，提取任意盈余公积，指企业按股东大会决议提取的盈余公积。

第三，应付现金股利或利润，指企业按照利润分配方案分配给股东的现金股利，也包括非股份有限公司分配给投资者的利润。

第四，转作股本的股利，指企业按照利润分配方案以分派股票股利的形式转作股本的股利，也包括非股份有限公司以利润转增的资本。

（一）科目设置

企业应当设置"利润分配"科目，核算利润的分配（或亏损的弥补）情况，以及历年积存的未分配利润（或未弥补亏损）。该科目还应当分别按"提取法定盈余公积""提取任意盈余公积""应付现金股利（或利润）""转作股本的股利""盈余公积补亏"和"未分配利润"等进行明细核算。

年度终了，企业应将"利润分配"科目所属其他明细科目余额转入"未分配利润"明细科目。结转后，除"未分配利润"明细科目外，其他明细科目应无余额。

（二）账务处理

（1）企业按有关法律规定提取的法定盈余公积：

借：利润分配——提取法定盈余公积

　　贷：盈余公积——法定盈余公积

（2）按股东大会或类似机构决议提取的任意盈余公积：

借：利润分配——提取任意盈余公积

　　贷：盈余公积——任意盈余公积科目

（3）按股东大会或类似机构决议分配给股东的现金股利：

借：利润分配——应付现金股利（或利润）

　　贷：应付股利

（4）按股东大会或类似机构决议分配给股东的股票股利，在办理增资手续后：

借：利润分配——转作股本的股利

贷：股本或实收资本

特别提示：

按股东大会或类似机构决议分配给股东的股票股利，在办理增资手续后，如有差额，贷记“资本公积——股本溢价（或资本溢价）”科目。

（5）企业用盈余公积弥补亏损：

借：盈余公积——法定盈余公积（或任意盈余公积）

贷：利润分配——盈余公积补亏

（6）年度终了，将“利润分配”科目所属其他明细科目余额转入“未分配利润”明细科目：

借：利润分配——未分配利润

贷：利润分配——提取法定盈余公积

——提取任意盈余公积

——应付现金股利（或利润）

——转作“股本的股利”等科目

或者

借：利润分配——盈余公积补亏等

贷：利润分配——未分配利润

例 2. 华兴公司 2×18 年度实现净利润 980 万元，按净利润的 10% 提取法定盈余公积，按净利润的 15% 提取任意盈余公积，向股东分派现金股利 350 万元，同时分派每股面值 1 元的股票股利 250 万股。

（1）提取盈余公积：

借：利润分配——提取法定盈余公积	980 000	
——提取任意盈余公积	1 470 000	
贷：盈余公积——法定盈余公积		980 000
——任意盈余公积		1 470 000

（2）分配现金股利：

借：利润分配——应付现金股利	3 500 000	

贷：应付股利　　3 500 000

（3）分配股票股利，已办妥增资手续：

借：利润分配——转作股本的股利　　2 500 000

贷：股本　　2 500 000

（4）结转“利润分配”科目所属其他明细科目余额：

借：利润分配——未分配利润　　8 450 000

贷：利润分配——提取法定盈余公积　　980 000

——提取任意盈余公积　　1 470 000

——应付现金股利　　3 500 000

——转作股本的股利　　2 500 000

第十六章　财务报告

【目的要求】

通过本章的学习，学生应掌握资产负债表的作用、结构原理、内容及其编制方法，利润表的作用、结构原理、内容及其编制方法，现金流量表的作用、结构原理、内容及其编制方法，现金流量补充资料的作用、结构原理、内容及其编制方法；熟悉所有者权益变动表的作用、结构及其编制，财务报告概念及其内容体系，财务报表附注的内容，财务报告编制的基本要求；了解财务报告信息披露的基本要求，财务报告的管理，会计信息披露的主要内容、方式。

【重点与难点】

本章的重点和难点是主要财务会计报表的作用和编制以及财务会计信息披露的要求。

第一节　财务报告概述

一、财务报告的概念

（一）财务报告的管理

1. 财务报告的概念

财务报告，指企业对外提供的反映企业某一特定日期的财务状况和某一会计期间的经营成果、现金流量等会计信息的文件。

2. 财务报告管理的意义

财务报告所提供的关于企业财务状况、经营成果和现金流量等信息是企业投资者、债权人、政府管理者和社会公众等利益相关者评价、考核、监督企业管理者受托经管责任履行状况的基本手段，是企业投资者、债权人等作出投资或信贷决策的重要依据；真实、完整、有用的财务报告是经济社会诚信的重要内容和基石；提供虚假的财务报告是违法行为，构成犯罪的应依法追究刑事责任。为了防范和化解企业财务报告法律责任，确保财务报告信息真实可靠，提升企业治理和经营管理水平，促进资本市场和市场经济健康可持续发展，应当明确财务报告编制要求、落实经办责任、强化财务报告的监督管理。

企业编制、对外提供和分析利用财务报告的风险主要有三点：

（1）编制财务报告违反会计法律法规和国家统一的会计准则制度，可能导致企业承担法律责任和声誉受损。

（2）提供虚假财务报告，误导财务报告使用者，造成决策失误，干扰市场秩序。

（3）不能有效利用财务报告，难以及时发现企业经营管理中存在的问题，可能导致企业财务和经营风险失控。

（二）财务报告体系

1. 财务报告体系

财务报告包括财务报表和其他应当在财务报告中披露的相关信息和资料。财务报表是财务报告的主体和核心内容，其他应在财务报告中披露的相关信息和资料是对财务报表的补充和说明，共同构成财务报告体系。

财务报表，又称财务会计报表，是指对企业财务状况、经营成果和现金流量的结构性表述。一套完整的财务报表至少应当包括“四表一注”，即资产负债表、利润表、现金流量表、所有者权益变动表和附注，并且这些组成部分在列报上具有同等的重要程度，企业不得强调某张报表或某些报表（或附注）较其他报表（或附注）更为重要。附注是对在资产负债表、利润表、现金流量表和所有者权益变动表等报表中列示项目的文字描述或明细资料，以及对未能在这些报表中列示项目的说明等。

财务报表列报，是指交易和事项在报表中的列示和在附注中的披露。其中，“列示”通常反映资产负债表、利润表、现金流量表和所有者权益（或股东权益）变动表等报表中的信息；相对于“列示”而言，“披露”通常主要反映附注中的信息。

2. 财务报告的分类

财务报告按照编报时间，分为年报和中期报告。年报是年度财务报告的简称，指以会计年度为基础编制的财务报告。中期报告是中期财务报告的简称，指以中期为基础编制的财务报告。中期，是指短于一个完整的会计年度的报告期间。中期财务报告至少应当包括资产负债表、利润表、现金流量表和附注。中期资产负债表、利润表和现金流量表应当是完整报表，其格式和内容应当与上年度财务报表相一致。中期报告分为月度报告（简称月报）、季度报告（简称季报）和半年度报告（简称半年报）。

财务报表相应分为年度财务会计报表和中期财务会计报表。中期财务报表分为月度、季度和半年度财务会计报表。除此之外，财务会计报表按编制主体，分为个别财务报表和合并财务报表。个别财务报表，指反映母公司所属子公司财务状况、经营成果和现金流量的财务报表。合并财务报表，指反映母公司和其全部子公司形成的企业集团整体财务状况、经营成果和现金流量的财务报表。

二、财务报告编制要求

会计报表应当依据国家统一会计制度要求，根据登记完整、核对无误的会计账簿记录和其他有关资料编制，做到数字真实、计算准确、内容完整、说明清楚。

企业编制财务报表时应对企业持续经营能力进行评估；除现金流量表信息外，企业应当按照权责发生制编制财务报表；企业财务报表项目的列报应在各个会计期间保持一致；企业单独列报或汇总列报相关项目时应当遵循重要性原则；企业财务报表项目一般不得以金额抵销后的净额列报；企业应列报可比会计期间的比较数据等。

1. 依据各项会计准则确认和计量的结果编制财务报表

企业应根据实际发生的交易和事项，遵循会计基本准则和各项具体会计准则及解释的规定进行确认和计量，并在此基础上编制财务报表。

2. 列报基础

企业应以持续经营为基础编制财务报表。在编制财务报表的过程中，企业管理层应当全面评估企业的持续经营能力。评估时，应利用其所有可获得的信息，评估涵盖的期间应包括企业自资产负债表日起至少 12 个月，评估需要考虑的因素包括宏观政策风险、市场经营风险、企业目前或长期的盈利能力、偿债能力、财务弹性以及企业管理层改变经营政策的意向等。评价结果表明对持续经营能力产生重大怀疑的，企业应当在附注中披露导致对持续经营能力产生重大怀疑的影响因素以及企业拟采取的改善措施。

企业在评估持续经营能力时应当结合考虑企业的具体情况。通常情况下，如果企业过去每年都有可观的净利润，并且易于获取所需的财务资源，则对持续经营能力的评估易于判断，表明企业以持续经营为基础编制财务报表是合理的，而无须进行详细的分析。反之，如果企业过去多年有亏损的记录等情况，则需要通过考虑更加广泛的相关因素来作出评价，比如目前和预期未来的获利能力、债务清偿计划、替代融资的潜在来源等。

企业如果存在以下情况之一，通常表明其处于非持续经营状态：①企业已在当期进行清算或停止营业；②企业已经正式决定在下一个会计期间进行清算或停止营业；③企业已确定在当期或下一个会计期间没有其他可供选择的方案而将被迫进行清算或停止营业。企业处于非持续经营状态时，应当采用清算价值等其他基础编制财务报表，比如破产企业的资产采用可变现净值计量、负债按照其预计的结算金额计量等。在非持续经营的情况下，企业应在附注中声明财务报表未以持续经营为基础列报、披露未以持续经营为基础的原因以及财务报表的编制基础。

3. 权责发生制

除现金流量表按照收付实现制编制外，企业应按照权责发生制编制其他财务报表。在采用权责发生制会计的情况下，当项目符合基本准则中财务报表要素的定义和确认标准时，企业就应当确认相应的资产、负债、所有者权益、收入和费用，并在财务报表中加以反映。

4. 列报的一致性

财务报表项目的列报应当在各个会计期间保持一致，不得随意变更。包括财务报表中的项目名称和财务报表项目的分类、排列顺序等方面都应保持一致。在下列情况下，企业可以变更财务报表项目的列报：一是会计准则要求改变财务报表项目的列报；二是企业经营业务的性质发生重大变化或对企业经营影响较大的交易或事项发生后，变更财务报表项目的列报能够提供更可靠、更相关的会计信息。企业变更财务报表项目列报的，应根据会计准则的有关规定提供列报的比较信息。

5. 依据重要性原则单独或汇总列报项目

重要性是判断财务报表项目是否单独列报的重要标准。重要性是指在合理预期下，如果财务报表某项目的省略或错报会影响使用者据此作出经济决策的，则该项目具有重要性。企业在进行重要性判断时，应当根据所处环境，从项目的性质和金额大小两方面予以判断：一方面，应考虑该项目的性质是否属于企业日常活动，以及是否显著影响企业的财务状况、经营成果和现金流量等因素；另一方面，判断项目金额大小的重要性，应当通过单项金额占资产总额、负债总额、所有者权益总额、营业收入总额、营业成本总额、净利润、综合收益总额等直接相关或所属报表单列项目金额的比重加以确定。企业对于各个项目的重要性判断标准一经确定，不得随意变更。

对于财务报表中的项目是单独列报还是汇总列报，应当依据重要性原则来判断。如果某项目单个看不具有重要性，则可将其与其他项目汇总列报；如具有重要性，则应单独列报。企业应按照财务报表项目的性质或功能判断其重要性：

（1）性质或功能不同的项目，一般应当在财务报表中单独列报，但不具有重要性的项目可以汇总列报。性质或功能可以按照流动性来判断。流动性，通常按资产的变现或耗用时间长短或者负债的偿还时间长短来确定。比如，存货和固定资产在性质上和功能上都有本质差别，必须分别在资产负债表上单独列报。

（2）性质或功能类似的项目，一般可以汇总列报，但是对其具有重要性的类别应该单独列报。例如，原材料、低值易耗品等项目在性质上类似，均通过生产过程形成企业的产品存货，因此可以汇总列报，汇总之后的类别统称为“存货”，在资产负债表上单独列报。

（3）项目单独列报的原则不仅适用于报表，还适用于附注。某些项目的重要性程度不足以在资产负债表、利润表、现金流量表或所有者权益变动表中单独列示，但对附注却具有重要性，在这种情况下应当在附注中单独披露。例如，对某制造业企业而言，原材料、在产品、库存商品等项目的重要性程度不足以在资产负债表上单独列示，因此在资产负债表上汇总列示，但鉴于其对该制造业企业的重要性，应当在附注中单独披露。

（4）会计基本准则规定在财务报表中单独列报的项目，企业应当单独列报。其他会计准则规定单独列报的项目，企业应当增加单独列报项目。

6. 总额列报

财务报表项目应当以总额列报，资产和负债、收入和费用、直接计入当期利润的利得项目和损失项目的金额不能相互抵销，即不得以净额列报，但另有规定的除外。比如，企业欠客户的应付款不得与其他客户欠本企业的应收款相抵销，否则就掩盖了交易的实质。再如，收入和费用反映了企业投入和产出之间的关系，是企业经营成果的两个方面，为了更好地反映经济交易的实质、考核企业经营管理水平以及预测企业未来现金流量，收入和费用不得相互抵销。

以下三种情况不属于抵销：

（1）一组类似交易形成的利得和损失以净额列示的，不属于抵销。例如，汇兑损益应当以净额列报，为交易目的而持有的金融工具形成的利得和损失应当以净额列报。但是，如果相关的利得和损失具有重要性，则应当单独列报。

（2）资产或负债项目按扣除备抵项目后的净额列示，不属于抵销。例如，资产计提的减值准备，实质上意味着资产的价值确实发生了减损，资产项目应当按扣除减值准备后的净额列示，这样才能反映资产当时的真实价值。

（3）非日常活动产生的利得和损失，以同一交易形成的收益扣减相关费用后的净额列示更能反映交易实质的，不属于抵销。非日常活动并非企业主要的业务，非日常活动产生的损益以收入扣减费用后的净额列示，更能有利于报表使用者的理解。例如，非流动资产处置形成的利得或损失，应按处置收入扣除该资产的账面金额和相关销售费用后的净额列报。

7. 比较信息的列报

企业在列报当期财务报表时，至少应当提供所有列报项目上一个可比会计期间的比较数据，以及与理解当期财务报表相关的说明，提高信息在会计期间的可比性。列报比较信息的要求适用于财务报表的所有组成部分，包括“四表一注”。通常情况下，企业列报的所有项目至少包括两期各报表及相关附注的比较数据。当企业追溯应用会计政策或追溯重述，或者重新分类财务报表项目时，应在一套完整的财务报表中列报最早可比期间期初的财务报表，即应至少列报三期资产负债表、两期其他报表（利润表、现金流量表和所有者权益变动表）及相关附注。其中，列报的三期资产负债表分别指当期期末的资产负债表、上期期末（即当期期初）的资产负债表以及上期期初的资产负债表。

8. 财务报表表首的列报要求

财务报表通常与其他信息（如企业年度报告等）一起公布，企业应当将按照企业会计准则编制的财务报告与一起公布的同一文件中的其他信息相区分。企业在财务报表的显著位置（通常是表首部分）应至少披露下列基本信息：编报企业的名称，如企业名称在所属当期发生了变更的，还应明确标明。对资产负债表而言，应披露资产负债表日；对利润表、现金流量表、所有者权益变动表而言，应披露报表涵盖的会计期间。货币名称和单位，按照我国企业会计准则的规定，企业应以人民币作为记账本位币列报，并标明金额单位，如人民币元、人民币万元等。

第二节　资产负债表

一、资产负债表概述

（一）资产负债表的概念

资产负债表是反映企业在某一特定日期的财务状况的报表，是对企业特定日期的资产、负债和所有者权益的结构性表述。它反映企业在某一特定日期所拥有或控制的经济资源、所承担的现时义务和所有者对净资产的要求权。其中，特定日期分别指会计期间中会计年度的年末及中期的月末、季末和半年末（如 6 月 30 日）等；财务状况指企业经营活动及其结果在某一特定日期的资金结构状况及其表现，表明企业取得资金的方式与来路和这些资金的使用状态与去向，如资产负债率是企业财务状况的重要财务指标，表明企业在特定日期的资产所使用的资金中通过负债取得资金的比率。

（二）资产负债表的结构原理

资产负债表是根据“资产 = 负债 + 所有者权益”这一平衡公式，按照各具体项目的性质和功能作为分类标准，依次将某一特定日期的资产、负债、所有者权益的具体项目予以适当的排列编制而成。

资产负债表主要由表首、表体两部分组成。表首部分应列明报表名称、编制单位名称、资产负债表日、报表编号和计量单位；表体部分是资产负债表的主体，列示了用以说明企业财务状况的各个项目。资产负债表的表体格式一般有两种：报告式资产负债表和账户式资产负债表。报告式资产负债表是上下结构，上半部分列示资产各项目，下半部分列示负债和所有者权益各项目。账户式资产负债表是左右结构，左边列示资产各项目，反映全部资产的分布及存在状态；右边列示负债和所有者权益各项目，反映全部负债和所有者权益的内容及构成情况。资产各项目的合计金额等于负债和所有者权益各项目的合计金额。

我国企业的资产负债表采用账户式结构，分为左右两方，左方为资产项目，大体按资产的流动性强弱排列，流动性强的资产如“货币资金”“交易性金融资产”等排在前面，流动性弱的资产如“长期股权投资”“固定资产”等排在后面。右方为负债及所有者权益项目，一般按要求清偿期限长短的先后顺序排列，“短期借款”“应付票据”“应付账款”等需要在一年内或者长于一年的一个正常营业周期内偿还的流动负债排在前面，“长期借款”等在一年以上才需偿还的非流动负债排在中间，在企业清算前，不需要偿还的所有者权益项目排在后面，表明负债具有优先偿还的要求权，所有者权益对负债具有担保责任。

账户式资产负债表中的资产各项目的合计等于负债和所有者权益各项目的合计，即资产负债表左方和右方平衡。通过账户式资产负债表，可以反映资产、负债、所有者权益之间的内在关系，即“资产 = 负债 + 所有者权益”。

（三）资产负债表的作用

通过资产负债表，可以反映企业在某一特定日期所拥有或控制的经济资源、所承担的现时义务和所有者对净资产的要求权，帮助财务报表使用者全面了解企业的财务状况、分析企业的偿债能力等情况，从而为其作出经济决策提供依据。

二、资产负债表的编制

（一）资产负债表项目的填列方法

资产负债表各项目均需填列“期末余额”和“上年年末余额”两栏。

资产负债表的“上年年末余额”栏内各项数字，应根据上年年末资产负债表的“期末余额”栏内所列数字填列。如果上年度资产负债表规定的各个项目的名称和内容与本年度不相一致，应按照本年度的规定对上年年末资产负债表各项目的名称和数字进行调整，填入本表“上年年末余额”栏内。

资产负债表的“期末余额”栏主要有以下几种填列方法：

（1）根据总账科目余额填列。如“短期借款”“资本公积”等项目，根据“短期借款”“资本公积”各总账科目的余额直接填列；有些项目则需要根据几个总账科目的期末余额计算填列，如“货币资金”项目，需要根据“库存现金”“银行存款”“其他货币资金”三个总账科目的期末余额的合计数填列。

（2）根据明细账科目余额计算填列。如“应付账款”项目，需要根据“应付账款”和“预付账款”两个科目所属的相关明细科目的期末贷方余额计算填列；“预付款项”项目，需要根据“应付账款”科目和“预付账款”科目所属的相关明细科目的期末借方余额减去与“预付账款”有关的坏账准备贷方余额计算填列；“预收款项”项目，需要根据“应收账款”科目和“预收账款”科目所属相关明细科目的期末贷方金额合计填列；“开发支出”项目，需要根据“研发支出”科目所属的“资本化支出”明细科目期末余额计算填列；“应付职工薪酬”项目，需要根据“应付职工薪酬”科目的明细科目期末余额计算填列；“一年内到期的非流动资产”“一年内到期的非流动负债”项目，需要根据相关非流动资产和非流动负债项目的明细科目余额计算填列。

（3）根据总账科目和明细账科目余额分析计算填列。如“长期借款”项目，需要根据“长期借款”总账科目余额扣除“长期借款”科目所属的明细科目中将在一年内到期且企业不能自主地将清偿义务展期的长期借款后的金额计算填列；“长期待摊费用”项目，应根据“长期待摊费用”科目的期末余额减去将于一年内（含一年）摊销的数额后的金额填列；“其他非流动资产”项目，应根据有关科目的期末余额减去将于一年内（含一年）收回数后的金额计算填列；“其他非流动负债”项目，应根据有关科目的期末余额减去将于一年内（含一年）到期偿还数后的金额计算填列。

（4）根据有关科目余额减去其备抵科目余额后的净额填列。如资产负债表中“应收票据”“应收账款”“长期股权投资”“在建工程”等项目，应当根据“应收票据”“应收账款”“长期股权投资”“在建工程”等科目的期末余额减去“坏账准备”“长期股权投资减值准备”“在建工程减值准备”等备抵科目余额后的净额填列。“投资性房地产”（采用成本模式计量）、“固定资产”项目，应当根据“投资性房地产”“固定资产”科目的期末余额，减去“投资性房地产累计折旧”“投资性房地产减值准备”“累计折旧”“固定资产减值准备”等备抵科目的期末余额，以及“固定资产清理”科目期末余额后的净额填列；“无形资产”项目，应根据“无形资产”科目的期末余额，减去“累计摊销”“无形资产减值准备”等备抵科目余额后的净额填列。

（5）综合运用上述填列方法分析填列。如资产负债表中的“存货”项目，需要根据“原材料”“库存商品”“委托加工物资”“周转材料”“材料采购”“在途物资”“发出商品”“材料成本差异”等总账科目期末余额的分析汇总数，减去“存货跌价准备”科目余额后的净额填列。

（二）资产负债表项目的填列说明

1. 资产项目的填列说明

（1）“货币资金”项目，反映企业库存现金、银行结算户存款、外埠存款、银行汇票存款、银行本票存款、信用卡存款、信用证保证金存款等的合计数。本项目应根据“库存现金”“银行存款”“其他货币资金”科目期末余额的合计数填列。

（2）“交易性金融资产”项目，反映资产负债表日企业分类为以公允价值计量且其变动计入当期损益的金融资产，以及企业持有的指定为以公允价值计量且其变动计入当期损益的金融资产的期末账面价值。该项目应根据“交易性金融资产”科目的相关明细科目期末余额分析填列。自资产负债表日起超过一年到期且预期持有超过一年的以公允价值计量且其变动计入当期损益的非流动金融资产的期末账面价值，在“其他非流动金融资产”项目反映。

（3）“应收票据”项目，反映资产负债表日以摊余成本计量的，企业因销售商品、提供服务等收到的商业汇票，包括银行承兑汇票和商业承兑汇票。该项目应根据“应收票据”科目的期末余额，减去“坏账准备”科目中相关坏账准备期末余额后的金额分析填列。

（4）“应收账款”项目，反映资产负债表日以摊余成本计量的，企业因销售商品、提供服务等经营活动应收取的款项。该项目应根据“应收账款”科目的期末余额，减去“坏账准备”科目中相关坏账准备期末余额后的金额分析填列。

（5）“应收款项融资”项目，反映资产负债表日以公允价值计量且其变动计入其他综合收益的应收票据和应收账款等。

（6）“预付款项”项目，反映企业按照购货合同规定预付给供应单位的款项等。本项目应根据“预付账款”和“应付账款”科目所属各明细科目的期末借方余额合计数，减去“坏账准备”科目中有关预付账款计提的坏账准备期末余额后的净额填列。如“预付账款”科目所属明细科目期末为贷方余额的，应在资产负债表“应付账款”项目内填列。

（7）“其他应收款”项目，反映企业除应收票据、应收账款、预付账款等经营活动以外的其他各种应收、暂付的款项。本项目应根据“应收利息”“应收股利”“其他应收款”科目的期末余额合计数，减去“坏账准备”科目中相关坏账准备期末余额后的金额填列。其中的“应收利息”仅反映相关金融工具已到期可收取但于资产负债表日尚未收到的利息。基于实际利率法计提的金融工具的利息应包含在相应金融工具的账面余额中。

（8）“存货”项目，反映企业期末在库、在途和在加工中的各种存货的可变现净值或成本（成本与可变现净值孰低）。存货包括各种材料、商品、在产品、半成品、包装物、低值易耗品、发出商品等。本项目应根据“材料采购”“原材料”“库存商品”“周转材料”“委托加工物资”“发出商品”“生产成本”“受托代销商品”等科目的期末余额合计数，减去“受托代销商品款”“存货跌价准备”科目期末余额后的净额填列。材料采用计划成本核算，以及库存商品采用计划成本核算或售价核算的企业，还应按加或减材料成本差异、商品进销差价后的金额填列。

（9）“合同资产”项目，反映企业按照《企业会计准则第 14 号——收入》（2017）的相关规定，根据本企业履行履约义务与客户付款之间的关系在资产负债表中列示的合同资产。“合同资产”项目应根据“合同资产”科目的相关明细科目期末余额分析填列，同一合同下的合同资产和合同负债应当以净额列示，其中净额为借方余额的，应当根据其流动性在“合同资产”或“其他非流动资产”项目中填列，已计提减值准备的，还应以减去“合同资产减值准备”科目中相关的期末余额后的金额填列；其中，净额为贷方余额的，应根据其流动性在“合同负债”或“其他非流动负债”项目中填列。

（10）“持有待售资产”项目，反映资产负债表日划分为持有待售类别的非流动资产及划分为持有待售类别的处置组中的流动资产和非流动资产的期末账面价值。该项目应根据“持有待售资产”科目的期末余额，减去“持有待售资产减值准备”科目的期末余额后的金额填列。

（11）“一年内到期的非流动资产”项目，反映企业预计自资产负债表日起一年内变现的非流动资产。本项目应根据有关科目的期末余额分析填列。

（12）“债权投资”项目，反映资产负债表日企业以摊余成本计量的长期债权投资的期末账面价值。该项目应根据“债权投资”科目的相关明细科目期末余额，减去“债权投资减值准备”科目中相关减值准备的期末余额后的金额分析填列。自资产负债表日起一年内到期的长期债权投资的期末账面价值，在“一年内到期的非流动资产”项目反映。企业购入的以摊余成本计量的一年内到期的债权投资的期末账面价值，在“其他流动资产”项目反映。

（13）“其他债权投资”项目，反映资产负债表日企业分类为以公允价值计量且其变动计入其他综合收益的长期债权投资的期末账面价值。该项目应根据“其他债权投资”科目的相关明细科目期末余额分析填列。自资产负债表日起一年内到期的长期债权投资的期末账面价值，在“一年内到期的非流动资产”项目反映。企业购入的以公允价值计量且其变动计入其他综合收益的一年内到期的债权投资的期末账面价值，在“其他流动资产”项目反映。

（14）“长期应收款”项目，反映企业租赁产生的应收款项和采用递延方式分期收款、实质上具有融资性质的销售商品和提供劳务等经营活动产生的应收款项。本项目应根据“长期应收款”科目的期末余额，减去相应的“未实现融资收益”科目和“坏账准备”科目所属相关明细科目期末余额后的金额填列。

（15）“长期股权投资”项目，反映投资方对被投资单位实施控制、重大影响的权益性投资，以及对其合营企业的权益性投资。本项目应根据“长期股权投资”科目的期末余额，减去“长期股权投资减值准备”科目的期末余额后的净额填列。

（16）“其他权益工具投资”项目，反映资产负债表日企业指定为以公允价值计量且其变动计入其他综合收益的非交易性权益工具投资的期末账面价值。本项目应根据“其他权益工具投资”科目的期末余额填列。

（17）“固定资产”项目，反映资产负债表日企业固定资产的期末账面价值和企业尚未清理完毕的固定资产清理净损益。本项目应根据“固定资产”科目的期末余额，减去“累计折旧”和“固定资产减值准备”科目的期末余额后的金额，以及“固定资产清理”科目的期末余额填列。

（18）“在建工程”项目，反映资产负债表日企业尚未达到预定可使用状态的在建工程的期末账面价值和企业为在建工程准备的各种物资的期末账面价值。本项目应根据“在建工程”科目的期末余额，减去“在建工程减值准备”科目的期末余额后的金额，以及“工程物资”科目的期末余额，减去“工程物资减值准备”科目的期末余额后的金额填列。

（19）“使用权资产”项目，反映资产负债表日承租人企业持有的使用权资产的期末账面价值。本项目应根据“使用权资产”科目的期末余额，减去

"使用权资产累计折旧"和"使用权资产减值准备"科目的期末余额后的金额填列。

（20）"无形资产"项目，反映企业持有的专利权、非专利技术、商标权、著作权、土地使用权等无形资产的成本减去累计摊销和减值准备后的净值。项目应根据"无形资产"科目的期末余额，减去"累计摊销"和"无形资产减值准备"科目期末余额后的净额填列。

（21）"开发支出"项目，反映企业开发无形资产过程中能够资本化形成无形资产成本的支出部分。本项目应当根据"研发支出"科目所属的"资本化支出"明细科目期末余额填列。

（22）"长期待摊费用"项目，反映企业已经发生但应由本期和以后各期负担的分摊期限在一年以上的各项费用。本项目应根据"长期待摊费用"科目的期末余额，减去将于一年内（含一年）摊销的数额后的金额分析填列。但长期待摊费用的摊销年限只剩一年或不足一年的，或预计在一年内（含一年）进行摊销的部分，不得归类为流动资产，仍在各该非流动资产项目中填列，不转入"一年内到期的非流动资产"项目。

（23）"递延所得税资产"项目，反映企业根据所得税准则确认的可抵扣暂时性差异产生的所得税资产。本项目应根据"递延所得税资产"科目的期末余额填列。

（24）"其他非流动资产"项目，反映企业除上述非流动资产以外的其他非流动资产。本项目应根据有关科目的期末余额填列。

2. 负债项目的填列说明

（1）"短期借款"项目，反映企业向银行或其他金融机构等借入的期限在一年以下（含一年）的各种借款。本项目应根据"短期借款"科目的期末余额填列。

（2）"交易性金融负债"项目，反映企业资产负债表日承担的交易性金融负债，以及企业持有的直接指定为以公允价值计量且其变动计入当期损益的金融负债的期末账面价值。本项目应根据"交易性金融负债"科目的相关明细科目期末余额填列。

（3）"应付票据"项目，反映资产负债表日以摊余成本计量的，企业因购买材料、商品和接受服务等开出、承兑的商业汇票，包括银行承兑汇票和商业承兑汇票。本项目应根据"应付票据"科目的期末余额填列。

（4）“应付账款”项目，反映资产负债表日以摊余成本计量的，企业因购买材料、商品和接受服务等经营活动应支付的款项。本项目应根据“应付账款”和“预付账款”科目所属的相关明细科目的期末贷方余额合计数填列。

（5）“预收款项”项目，反映企业按照合同规定预收的款项。本项目应根据“预收账款”和“应收账款”科目所属各明细科目的期末贷方余额合计数填列。如“预收账款”科目所属明细科目期末为借方余额的，应在资产负债表“应收账款”项目内填列。

（6）“合同负债”项目，反映企业已收或应收客户对价而应向客户转让商品的义务。根据本企业履行履约义务与客户付款之间的关系在资产负债表中列示的合同负债。本项目应根据“合同负债”的相关明细科目期末余额分析填列。

（7）“应付职工薪酬”项目，反映企业为获得职工提供的服务或解除劳动关系而给予的各种形式的报酬或补偿。本项目应根据“应付职工薪酬”科目所属各明细科目的期末贷方余额分析填列。

（8）“应交税费”项目，反映企业按照税法规定计算应交纳的各种税费，包括增值税、消费税、城市维护建设税、教育费附加、企业所得税、资源税、土地增值税、房产税、城镇土地使用税、车船税、环境保护税等。企业代扣代缴的个人所得税，也通过本项目列示。企业所交纳的税金不需要预计应交数的，如印花税、耕地占用税等，不在本项目列示。本项目应根据“应交税费”科目的期末贷方余额填列。需要说明的是，“应交税费”科目下的“应交增值税”“未交增值税”“待抵扣进项税额”“待认证进项税额”“增值税留抵税额”等明细科目期末借方余额应根据情况，在资产负债表中的“其他流动资产”或“其他非流动资产”项目列示；“应交税费－待转销项税额”等科目期末贷方余额应根据情况，在资产负债表中的“其他流动负债”或“其他非流动负债”项目列示；“应交税费”科目下的“未交增值税”“简易计税”“转让金融商品应交增值税”“代扣代交增值税”等科目期末贷方余额应在资产负债表中的“应交税费”项目列示。

（9）“其他应付款”项目，反映企业除应付票据、应付账款、预收账款、应付职工薪酬、应交税费等经营活动以外的其他各项应付、暂收的款项。本项目应根据“应付利息”“应付股利”“其他应付款”科目的期末余额合计数填列。其中，“应付利息”科目仅反映相关金融工具已到期应支付但于资产负债表日尚未支付的利息。基于实际利率法计提的金融工具的利息应包含在相应金融工具的账面余额中。

（10）“持有待售负债”项目，反映资产负债表日处置组中与划分为持有待售类别的资产直接相关的负债的期末账面价值。本项目应根据“持有待售负债”科目的期末余额填列。

（11）“一年内到期的非流动负债”项目，反映企业非流动负债中将于资产负债表日后一年内到期部分的金额，如将于一年内偿还的长期借款。本项目应根据有关科目的期末余额分析填列。

（12）“长期借款”项目，反映企业向银行或其他金融机构借入的期限在一年以上（不含一年）的各项借款。本项目应根据“长期借款”科目的期末余额，扣除“长期借款”科目所属的明细科目中将在资产负债表日起一年内到期且企业不能自主地将清偿义务展期的长期借款后的金额计算填列。

（13）“应付债券”项目，反映企业为筹集长期资金而发行的债券本金及应付的利息。本项目应根据“应付债券”科目的期末余额分析填列。对于资产负债表日企业发行的金融工具，分类为金融负债的，应在本项目填列，对于优先股和永续债还应在本项目下的“优先股”项目和“永续债”项目分别填列。

（14）“租赁负债”项目，反映资产负债表日承租人企业尚未支付的租赁付款额的期末账面价值。本项目应根据“租赁负债”科目的期末余额填列。自资产负债表日起一年内到期应予以清偿的租赁负债的期末账面价值，在“一年内到期的非流动负债”项目反映。

（15）“长期应付款”项目，应根据“长期应付款”科目的期末余额，减去相关的“未确认融资费用”科目的期末余额后的金额，以及“专项应付款”科目的期末余额填列。

（16）“预计负债”项目，反映企业根据或有事项等相关准则确认的各项预计负债，包括对外提供担保、未决诉讼、产品质量保证、重组义务以及固定资产和矿区权益弃置义务等产生的预计负债。本项目应根据“预计负债”科目的期末余额填列。企业按照《企业会计准则第 22 号——金融工具确认和计量》（2018）的相关规定，对贷款承诺等项目计提的损失准备，应当在本项目中填列。

（17）“递延收益”项目，反映尚待确认的收入或收益。本项目核算包括企业根据政府补助准则确认的应在以后期间计入当期损益的政府补助金额、售后租回形成融资租赁的售价与资产账面价值差额等其他递延性收入。本项目应根据“递延收益”科目的期末余额填列。摊销的部分，不得归类为流动负债，仍在本项目中填列，不转入“一年内到期的非流动本项目中摊销期限只剩一年或不足一年的，或预计在一年内（含一年）进行负债”项目。

（18）“递延所得税负债”项目，反映企业根据所得税准则确认的应纳税暂时性差异产生的所得税负债。本项目应根据“递延所得税负债”科目的期末余额填列。

（19）“其他非流动负债”项目，反映企业除以上非流动负债以外的其他非流动负债。本项目应根据有关科目期末余额，减去将于一年内（含一年）到期偿还数后的余额分析填列。非流动负债各项目中将于一年内（含一年）到期的非流动负债，应在“一年内到期的非流动负债”项目内反映。

3. 所有者权益项目的填列说明。

（1）“实收资本（或股本）”项目，反映企业各投资者实际投入的资本（或股本）总额。本项目应根据“实收资本（或股本）”科目的期末余额填列。

（2）“其他权益工具”项目，反映资产负债表日企业发行在外的除普通股以外分类为权益工具的金融工具的期末账面价值，并下设“优先股”和“永续债”两个项目，分别反映企业发行的分类为权益工具的优先股和永续债的账面价值。

（3）“资本公积”项目，反映企业收到投资者出资超出其在注册资本或股本中所占的份额以及直接计入所有者权益的利得和损失等。本项目应根据“资本公积”科目的期末余额填列。

（4）“其他综合收益”项目，反映企业其他综合收益的期末余额。本项目应根据“其他综合收益”科目的期末余额填列。

（5）“专项储备”项目，反映高危行业企业按国家规定提取的安全生产费的期末账面价值。本项目应根据“专项储备”科目的期末余额填列。

（6）“盈余公积”项目，反映企业盈余公积的期末余额。本项目应根据“盈余公积”科目的期末余额填列。

（7）“未分配利润”项目，反映企业尚未分配的利润。本项目应根据“本年利润”科目和“利润分配”科目的余额计算填列。未弥补的亏损在本项目内以“-”填列。

甲公司编制的 2×22 年 12 月 31 日的资产负债表如表 16–1 所示。

表 16–1　资产负债表

编制单位：甲公司　　　　　　2×22 年 12 月 31 日

金额单位：万元

资产	期末余额	上年年末余额	负债和所有者权益（或股东权益）	期末余额	上年年末余额
流动资产：			流动负债：		
货币资金			短期借款		
交易性金融资产			交易性金融负债		
衍生金融资产			衍生金融负债		
应收票据			应付票据		
应收账款			应付账款		
应收款项融资			预收款项		
预付款项			合同负债		
其他应收款			应付职工薪酬		
存货			应交税费		
合同资产			其他应付款		
持有待售资产			持有待售负债		
一年内到期的非流动资产			一年内到期的非流动负债		
其他流动资产			其他流动负债		
流动资产合计			流动负债合计		
非流动资产：			非流动负债：		
债权投资			长期借款		
其他债权投资			应付债券		
长期应收款			其中：优先股		
长期股权投资			永续债		
其他权益工具投资			租赁负债		
其他非流动金融资产			长期应付款		
投资性房地产			预计负债		
固定资产			递延收益		
在建工程			递延所得税负债		

续表

资产	期末余额	上年年末余额	负债和所有者权益（或股东权益）	期末余额	上年年末余额
生产性生物资产			其他非流动负债		
油气资产			非流动负债合计		
使用权资产			负债合计		
无形资产			所有者权益（或股东权益）		
开发支出			实收资本（或股本）		
商誉			其他权益工具		
长期待摊费用			其中：优先股		
递延所得税资产			永续债		
其他非流动资产			资本公积		
非流动资产合计			减：库存股		
			其他综合收益		
			专项储备		
			盈余公积		
			未分配利润		
			所有者权益（或股东权益）合计		
资产总计			负债和所有者权益（或股东权益）总计		

第三节　利润表

一、利润表概述

（一）利润表的概念

利润表，又称损益表，是反映企业在一定会计期间的经营成果的报表。它是在会计凭证、会计账簿等会计资料的基础上进一步确认企业一定会计期间经营成果的结构性表述，综合反映企业利润的实现过程和利润的来源及构成情况，是对企业一定会计期间经营业绩的系统总结。

（二）利润表的结构原理

利润表主要由表首、表体两部分组成。表首部分应列明报表名称、编制单位名称、编制日期、报表编号和计量单位；表体部分是利润表的主体，列示了形成经营成果的各个项目和计算过程。利润表表体部分的基本结构主要根据“收入－费用＝利润”平衡公式，按照各具体项目的性质和功能作为分类标准，依次将某一会计期间的收入、费用和利润的具体项目予以适当的排列编制而成。利润表项目的性质是指各具体项目的经济性质，如营业利润是指企业一定会计期间通过日常营业活动所实现的利润额，利润总额则是指营业利润和非经常性损益净额（损失和利得）的总和，净利润是指利润总额减去所得税费用的净额；利润表项目的功能是指各具体项目在创造和实现利润的经营业务活动过程中的功能与作用，如利润表中对于费用列报通常按照功能进行分类，包括从事经营业务发生的成本、管理费用、销售费用、研发费用和财务费用等。

利润表的表体结构有单步式和多步式两种。单步式利润表是将当期所有的收入列在一起，所有的费用列在一起，然后将两者相减得出当期净损益。我国企业的利润表采用多步式格式，即通过对当期的收入、费用、支出项目按性质加以归类，按利润形成的主要环节列示一些中间性利润指标，分步计算当期净损益，以便财务报表使用者理解企业经营成果的不同来源。

为了使财务报表使用者通过比较不同期间利润的实现情况，判断企业经营成果的未来发展趋势，企业需要提供比较利润表。为此，利润表金额栏分为“本期金额”和“上期金额”两栏分别填列。

（三）利润表的作用

利润表的主要作用是有助于使用者分析判断企业净利润的质量及其风险，评价企业经营管理效率，有助于使用者预测企业净利润的持续性，从而做出正确的决策。通过利润表，可以反映企业在一定会计期间的收入实现情况，如实现的营业收入、取得的投资收益、发生的公允价值变动损益及营业外收入等对利润的贡献大小；可以反映企业一定会计期间的费用耗费情况，如发生的营业成本、税金及附加、销售费用、管理费用、财务费用、营业外支出等对利润的影响程度；可以反映企业一定会计期间的净利润实现情况，分析判断企业受托责任的履行情况，进而还可以反映企业资本的保值增值情况，为企业管理者解脱受托责任提供依据；将利润表资料及信息与资产负债表资料及信息相结合进行综合计算分析，如将营业成本与存货或资产总额的平均余额进行比较，可以反映企业运用其资源的能力和效率，便于分析判断企业资金周转情况及盈利能力和水平，进而判断企业未来的盈利增长和发展趋势，做出相应经济决策。

二、利润表的编制

（一）利润表的编制要求

利润表中一般应单独列报的项目主要有营业利润、利润总额、净利润、其他综合收益的税后净额、综合收益总额和每股收益等。其中，营业利润单独列报的项目包括营业收入、营业成本、税金及附加、销售费用、管理费用、研发费用、财务费用、信用减值损失、资产减值损失、其他收益、投资收益、公允价值变动收益、资产处置收益等；利润总额项目为营业利润加上营业外收入减去营业外支出；净利润项目为利润总额减去所得税费用，包括持续经营净利润和终止经营净利润等项目；其他综合收益的税后净额包括不能重分类进损益的其他综合收益和将重分类进损益的其他综合收益等项目；综合收益总额为净利润加上其他综合收益的税后净额；每股收益包括基本每股收益和稀释后每股收益两项项目。

利润表各项目需填列“本期金额”和“上期金额”两栏。其中“上期金额”栏内各项数字，应根据上年该期利润表的“本期金额”栏内所列数字填列。“本期金额”栏内各期数字，除“基本每股收益”和“稀释每股收益”项目外，应按照相关科目的发生额分析填列。如“营业收入”项目，根据“主营业务收入”“其他业务收入”科目的发生额分析计算填列；“营业成本”项目，根据“主营业务成本”“其他业务成本”科目的发生额分析计算填列。

（二）利润表的填列方法

利润表的“本期金额”栏的填列方法，一般应根据损益类科目和所有者权益类有关科目的发生额填列。

（1）“营业收入”项目，反映企业经营主要业务和其他业务所确认的收入总额。本项目应根据“主营业务收入”和“其他业务收入”科目的发生额分析填列。

（2）“营业成本”项目，反映企业经营主要业务和其他业务所发生的成本总额。本项目应根据“主营业务成本”和“其他业务成本”科目的发生额分析填列。

（3）“税金及附加”项目，反映企业经营业务应负担的消费税、城市维护建设税、教育费附加、资源税、土地增值税、房产税、车船税、城镇土地使用税、印花税、环境保护税等相关税费。本项目应根据“税金及附加”科目的发生额分析填列。

（4）“销售费用”项目，反映企业在销售商品过程中发生的包装费、广告费等费用和为销售本企业商品而专设的销售机构的职工薪酬、业务费等经营费用。本项目应根据“销售费用”科目的发生额分析填列。

（5）“管理费用”项目，反映企业为组织和管理生产经营发生的管理费用。本项目应根据“管理费用”科目的发生额分析填列。

（6）“研发费用”项目，反映企业进行研究与开发过程中发生的费用化支出以及计入管理费用的自行开发无形资产的摊销。本项目应根据“管理费用”科目下的“研发费用”明细科目的发生额以及“管理费用”科目下“无形资产摊销”明细科目的发生额分析填列。

（7）“财务费用”项目，反映企业为筹集生产经营所需资金等而发生的应予费用化的利息支出。本项目应根据“财务费用”科目的相关明细科目发生额分析填列。其中，“利息费用”项目，反映企业为筹集生产经营所需资金等而发生的应予费用化的利息支出，本项目应根据“财务费用”科目的相关明细科目的发生额分析填列。“利息收入”项目，反映企业应冲减财务费用的利息收入，本项目应根据“财务费用”科目相关明细科目的发生额分析填列。

（8）“其他收益”项目，反映计入其他收益的政府补助，以及其他与日常活动相关值计入其他收益的项目。本项目应根据“其他收益”科目的发生额分析填列。企业作为个人所得税的扣缴义务人，根据《中华人民共和国个人所得税法》收到的扣缴税款手续票，应作为其他与日常活动相关的收益在本项目中填列。

（9）“投资收益”项目，反映企业以各种方式对外投资所取得的收益。本项目应根据“投资收益”科目的发生额分析填列。如为投资损失，本项目以“-”填列。

（10）“净敞口套期收益”项目，反映净敞口套期下被套期项目累计公允价值变动转入当期损益的金额或现金流量套期储备转入当期损益的金额。本项目应根据“净敞口套期损益”科目的发生额分析填列。如为套期损失，本项目以“-”填列。

（11）“公允价值变动收益”项目，反映企业应当计入当期损益的资产或负债公允价值变动收益。本项目应根据“公允价值变动损益”科目的发生额分析填列，如为净损失，本项目以“-”填列。

（12）“信用减值损失”项目，反映企业按照《企业会计准则第22号——金融工具剪认和计量》（2018）的要求计提的各项金融工具信用减值准备所确认的信用损失。本项目应根据“信用减值损失”科目的发生额分析填列。

（13）“资产减值损失”项目，反映企业有关资产发生的减值损失。本项目应根据“资产减值损失”科目的发生额分析填列。

（14）“资产处置收益”项目，反映企业出售划分为持有待售的非流动资产（金融工具、长期股权投资和投资性房地产除外）或处置组（子公司和业务除外）时确认的处置利得或损失，以及处置未划分为持有待售的固定资产、在建工程、生产性生物资产及无形资产而产生的处置利得或损失。债务重组中因处置非流动资产（金融工具、长期股权投资和投资性房地产除外）产生的利得或损失和非货币性资产交换中换出非流动资产（金融工具、长期股权投资和投资性房地产除外）产生的利得或损失也包括在本项目内。本项目应根据“资产处置损益”科目的发生额分析填列。如为处置损失，本项目以“-”填列。

（15）“营业利润”项目，反映企业实现的营业利润。如为亏损，本项目以“-”填列。

（16）“营业外收入”项目，反映企业发生的除营业利润以外的收益，主要包括非流动资产毁损报废收益、与企业日常活动无关的政府补助、盘盈利得、捐赠利得（企业接受股东或股东的子公司直接或间接的捐赠，经济实质属于股东对企业的资本性投入的除外）等。本项目应根据“营业外收入”科目的发生额分析填列。

（17）“营业外支出”项目，反映企业发生的除营业利润以外的支出，主要包括公益性捐赠支出、非常损失、盘亏损失、非流动资产毁损报废损失等。本项目应根据“营业外支出”科目的发生额分析填列。

（18）“利润总额”项目，反映企业实现的利润。如为亏损，本项目以“-”填列。

（19）“所得税费用”项目，反映企业应从当期利润总额中扣除的所得税费用。本项目应根据“所得税费用”科目的发生额分析填列。

（20）“净利润”项目，反映企业实现的净利润。如为亏损，本项目以“-”填列。

（21）“其他综合收益的税后净额”项目，反映企业根据企业会计准则规定未在损益中确认的各项利得和损失扣除所得税影响后的净额。

（22）“综合收益总额”项目，反映企业净利润与其他综合收益（税后净额）的合计金额。

（23）“每股收益”项目，包括基本每股收益和稀释每股收益两项指标，反映普通股或潜在普通股已公开交易的企业，以及正处在公开发行普通股或潜在普通股过程中的企业的每股收益信息。

表 16-2　利润表

编制单位：甲公司　　　　2×22 年　　　　金额单位：万元

项　目	本期金额	上期金额（略）
一、营业收入		
减：营业成本		
税金及附加		
销售费用		
管理费用		
研发费用		
财务费用		
其中：利息费用		
利息收入		
加：其他收益		
投资收益（损失以“-”填列）		
其中：对联营企业和合营企业的投资收益		
以摊余成本计量的金融资产终止确认收益（损失以“-”填列）		
净敞口套期收益（损失以“-”填列）		
公允价值变动收益（损失以“-”填列）		
资产减值损失（损失以“-”填列）		

续表

项　目	本期金额	上期金额（略）
信用减值损失（损失以“-”填列）		
资产处置收益（损失以“-”填列）		
二、营业利润（亏损以“-”填列）		
加：营业外收入		
减：营业外支出		
三、利润总额（亏损总额以“-”填列）		
减：所得税费用		
四、净利润（净亏损以“-”填列）		
（一）持续经营净利润（净亏损以“-”填列）		
（二）终止经营净利润（净亏损以“-”填列）		
五、其他综合收益的税后净额		
（一）不能重分类进损益的其他综合收益		
1. 重新计量设定受益计划变动额		
2. 权益法下不能转损益的其他综合收益		
3. 其他权益工具投资公允价值变动		
4. 企业自身信用风险公允价值变动		
（二）将重分类进损益的其他综合收益		
1. 权益法下可转损益的其他综合收益		
2. 其他债权投资公允价值变动		
3. 金融资产重分类计入其他综合收益的金额		
4. 其他债权投资信用减值准备		
5. 现金流量套期储备		
6. 外币财务报表折算差额		
六、综合收益总额		
七、每股收益：		
（一）基本每股收益		
（二）稀释每股收益		

第四节 现金流量表

一、现金流量表概述

（一）现金流量表的概念

现金流量表，指反映企业在一定会计期间现金和现金等价物流入和流出的报表。它是以资产负债表和利润表等会计核算资料为依据，按照收付实现制会计基础要求对现金流量的结构性表述，揭示企业在一定会计期间获取现金及现金等价物的能力。

现金，指企业库存现金以及可以随时用于支付的存款。不能随时用于支付的存款不属于现金。

现金等价物，指企业持有的期限短、流动性强、易于转换为已知金额现金、价值变动风险很小的投资。期限短，一般是指从购买之日起三个月内到期。现金等价物通常包括三个月内到期的债券投资等。权益性投资变现的金额通常不确定，因而不属于现金等价物。企业应当根据具体情况，确定现金等价物的范围，一经确定不得随意变更。在以下表述现金时，除非同时提及现金等价物，均包括现金和现金等价物。

现金流量，是指现金和现金等价物的流入和流出。

（二）现金流量表的结构原理

1. 现金流量表的结构内容

现金流量表的基本结构根据“现金流入量 - 现金流出量 = 现金净流量”公式设计。现金流量包括现金流入量、现金流出量、现金净流量。根据企业业务活动的性质和现金流量的功能，现金流量主要可以分为三类并在现金流量表中列示，即经营活动产生的现金流量、投资活动产生的现金流量和筹资活动产生的现金流量。每一项分为流入量、流出量和净流量三部分分项列示。

经营活动产生的现金流量，指与销售商品、提供劳务有关的活动产生的现金流量，包括企业投资活动和筹资活动以外的所有交易和事项产生的现金流量。如销售商品收到现金、购买商品支付现金、经营性租赁、制造产品、广告宣传、缴纳税款等，经营活动产生的现金流量分为经营活动产生的现金流入量、经营活动产生的现金流出量以及经营活动产生的现金净流量。

投资活动产生的现金流量，指与非流动资产的取得或处置有关的活动产生的现金流量，包括企业长期资产的购建和不包括在现金等价物范围内的投资及其处置活动产生的现金流量，如购买股票或债券支付现金、销售长期投资收回现金、购建或处置固定资产、无形资产等。投资活动产生的现金流量分为投资活动产生的现金流入量、投资活动产生的现金流出量以及投资活动产生的现金净流量。

筹资活动产生的现金流量，指涉及企业财务规模的更改或财务结构组成变化的活动，也就是指导致企业资本及债务规模和构成发生变动的活动产生的现金流量。如向银行借入款项收到现金、归还银行借款支付现金、吸收投资、发行股票、分配利润等。筹资活动产生的现金流量分为筹资活动产生的现金流入量、筹资活动产生的现金流出量以及筹资活动产生的现金净流量。

除上述三类主要现金流量外，企业持有除记账本位币外的以外币为计量单位的资产负债及往来款项时，现金流量表应列示汇率变动对现金及现金等价物的影响。

2. 现金流量表的格式

现金流量表的格式，指现金流量表结构内容的编排顺序和方式。现金流量表的格式应有利于反映企业业务活动的性质和现金流量的来源，其基本原理是以权责发生制为基础提供的会计核算资料为依据，按照收付实现制基础进行调整计算，以反映现金流量增减变动及其结果，即将以权责发生制为基础编制的资产负债表和利润表资料按照收付实现制基础调整计算编制现金流量表。调整计算方法通常有直接法和间接法两种。

直接法，指通过现金收入和现金支出的主要类别列示企业经营活动现金流量的一种方法。例如，某企业某年度利润表中列示的营业收入为 100 万元，资产负债表中列示的应收账款年末金额为 20 万元、上年年末金额为 15 万元，不考虑其他因素影响，则表明该企业当年度 100 万元的营业收入中有 5 万元尚未收到现金，即销售商品收到的现金为 95 万元。间接法，是指将净利润调整为经营活动现金流量的一种方法。例如，某企业某年度利润表中列示的净利润为 10 万元，资产负债表中列示的应收账款年末金额为 20 万元、上年年末金额为 15 万元，不考虑其他因素影响，则表明该企业当年度 10 万元的净利润中有 5 万元尚未收到现金，即经营活动产生的现金流量净额为 5 万元。由此可见，直接法是以利润表中的营业收入为起算点调整计算经营活动产生的现金流量净额，而间接法则是以净利润为起算点调整计算经营活动产生的现金流量净额，二者的结果是一致的。调整计算的经营活动产生的现金流量净额加上投资活动产生的现金流量净额和筹资活动产生的现金流量净额为报告期的现金及现金等价物净增加额，再加上报告期期初现金及现金等价物余额等于期末现金及现金等价物余额。

以直接法编制的现金流量表便于分析经营活动产生的现金流量的来源和用途，预测企业现金流量的未来前景；而以间接法编制的现金流量表则便于将净利润与经营活动产生的现金流量净额进行比较，了解净利润与经营活动产生的现金流量差异的原因，从现金流量的角度分析净利润的质量，二者可以相互验证和补充。

按照我国现行会计准则规定，企业应采用直接法列示经营活动产生的现金流量。同时规定，企业应当在附注中披露将净利润调整为经营活动现金流量的信息。

（三）现金流量表的作用

现金流量表相较于资产负债表和利润表具有许多不同的重要作用，主要表现在以下几个方面：

（1）现金流量表提供了企业一定会计期间内现金和现金等价物流入和流出的现金流量信息，可以弥补基于权责发生制基础编报提供的资产负债表和利润表的某些固有缺陷，在资产负债表与利润表之间架起一条连接的纽带和桥梁，揭示企业财务状况与经营成果之间的内在关系，便于会计报表使用者了解企业净利润的质量。

（2）现金流量表分别提供了经营活动、投资活动和筹资活动产生的现金流量，每类又分为若干具体项目，分别从不同角度反映企业业务活动的现金流入、流出及其影响现金净流量的因素，弥补了资产负债表和利润表分类列报内容的某些不足，从而帮助使用者了解和评价企业获取现金及现金等价物的能力，包括企业支付能力、偿债能力和周转能力，进而预测企业未来的现金流量情况，为其决策提供有力依据。

（3）现金流量表以收付实现制为基础，对现金的确认和计量在不同企业间基本一致，提高了企业之间更加可比的会计信息，有利于会计报表使用者提高决策的质量和效率。

（4）现金流量表以收付实现制为基础编制，降低了企业盈余管理程度，提高了会计信息质量，有利于更好地发挥会计监督职能作用，改善公司治理状况，进而促进实现会计决策有用性和维护经济资源配置秩序、提高经济效益的目标要求。

二、现金流量表的编制

（一）现金流量表的编制要求

现金流量表应当分别按照经营活动、投资活动和筹资活动列报现金流量。现金流量应当分别按照现金流入和现金流出总额列报。但是，下列各项可以按照净额列报：

（1）代客户收取或支付的现金。

（2）周转快、金额大、期限短项目的现金流入和现金流出。

（3）金融企业的有关项目，包括短期贷款发放与收回的贷款本金、活期存款的吸收与卖出，同业存款和存放同业款项的存取、向其他金融企业拆借资金，以及证券的买入与卖出等。

（4）自然灾害损失、保险索赔等特殊项目，应当根据其性质，分别归并到经营活动、投资活动和筹资活动现金流量类别中单独列报。

（5）外币现金流量以及境外子公司的现金流量，应当采用现金流量发生日的即期汇事或按照系统合理的方法确定的、与现金流量发生日即期汇率近似的汇率折算。汇率变现金的影响额应当作为调整项目，在现金流量表中单独列报“汇率变动对现金及现金等价物的影响”。

（二）直接法

运用直接法编制现金流量表可采用工作底稿法或T型账户法，也可以根据有关会计科目记录分析填列。

1. 工作底稿法

工作底稿法是以工作底稿为手段，以资产负债表和利润表数据为基础，分别对每一项目进行分析并编制调整分录，进而编制现金流量表的一种方法。具体步骤和程序如下：

第一步，将资产负债表的期初数和期末数分别过入工作底稿的期初数栏和期末数栏。

第二步，对当期业务进行分析并编制调整分录。编制调整分录时，以利润表项目为基础，从“营业收入”项目开始，结合资产负债表项目逐一进行分析调整。将有关现金及现金等价物的流入流出，分别计入“经营活动产生的现金流量”“投资活动产生的现金流量”“筹资活动产生的现金流量”有关项目（指现金流量表中应列示的具体项目），借方表示现金流入，贷方表示现金流出，借方余额表示现金流入量净额，贷方余额表示现金流出量净额。

第三步，将调整分录过入工作底稿中的相应部分。

第四步，核对调整分录。借方、贷方合计数均已经相等，资产负债表项目期初数加减调整分录中的借贷金额以后，也等于期末数。

第五步，根据工作底稿中的现金流量表项目部分编制正式的现金流量表。如表 16–3 所示。

表 16–3 现金流量表（简表）

编制单位：甲公司　　　　2×22 年 12 月

金额单位：万元

项目	本期金额	上期金额（略）
一、经营活动产生的现金流量：		
销售商品、提供劳务收到的现金		
收到的税费返还		
收到其他与经营活动有关的现金		
经营活动现金流入小计		
购买商品、接受劳务支付的现金		
支付给职工以及为职工支付的现金		
支付的各项税费		
支付的其他与经营活动有关的现金		
经营活动现金流出小计		
经营活动产生的现金流量净额		
二、投资活动产生的现金流量：		

续表

项目	本期金额	上期金额（略）
收回投资收到的现金		
取得投资收益收到的现金		
处置固定资产、无形资产和其他长期资产收回的现金净额		
处置子公司及其他营业单位收到的现金净额		
收到其他与投资活动有关的现金		
投资活动现金流入小计		
购建固定资产、无形资产和其他长期资产支付的现金		
投资支付的现金		
取得子公司及其他营业单位支付的现金净额		
支付其他与投资活动有关的现金		
投资活动现金流出小计		
投资活动产生的现金流量净额		
三、筹资活动产生的现金流量：		
吸收投资收到的现金		
取得借款收到的现金		
收到其他与筹资活动有关的现金		
筹资活动现金流入小计		
偿还债务支付的现金		
分配股利、利润或偿付利息支付的现金		
支付其他与筹资活动有关的现金		
筹资活动现金流出小计		
筹资活动产生的现金流量净额		
四、汇率变动对现金及现金等价物的影响		
五、现金及现金等价物净增加额		
加：期初现金及现金等价物余额		
六、期末现金及现金等价物余额		

2. T 型账户法

T 型账户法是以 T 型账户为手段，以资产负债表和利润表数据为基础，分别对每一项目进行分析并编制调整分录，进而编制现金流量表的一种方法。具体步骤和程序如下：

第一步，为所有非现金项目（包括资产负债表项目和利润表项目）分别开设 T 型账户，并将各项目的期末期初变动数额过入各该账户。如果某项目的期末数大于期初数，则将其差额过入和该项目余额相同的方向；反之，过入相反的方向。对于资产项目而言，如果期末余额大于期初余额，过入相关资产项目的借方，表明报告期内某项资产项目增加引发现金流出量增加。反之，如果期末余额小于期初余额，过入相关资产项目的贷方，表明报告期内某项资产项目减少引发现金流入量增加。

第二步，开设一个大的“现金及现金等价物”T 型账户，分设“经营活动”“投资活动”“筹资活动”三个二级 T 型账户，左方为借方登记现金流入，右方为贷方登记现金流出，借方余额为现金流入净额，贷方余额为现金流出净额。

第三步，对当期业务进行分析并编制调整分录。编制调整分录时，以利润表项目为基础，从“营业收入”项目开始，结合资产负债表项目对非现金项目逐一进行分析调整。

第四步，将调整分录过入各 T 型账户，并进行核对。

第五步，根据 T 型账户编制正式的现金流量表。

（三）间接法

企业采用间接法编制现金流量表的基本步骤如下：

1. 将报告期利润表中净利润调节为经营活动产生的现金流量

具体方法为以净利润为起算点，加上编制利润表时作为净利润减少而报告期没有发生现金流出的填列项目，减去编制利润表时作为净利润增加而报告期没有发生现金流入的填列项目，以及不属于经营活动的现金流量。

（1）应加回的项目　本类项目属于净利润中没有实际支付现金的费用，需要在净利润的基础上分析调整的项目。包括“资产减值准备”“信用损失准备”“固定资产折旧、油气资产折耗、生产性生物资产折旧”“无形资产摊销”“长期待摊费用摊销”等项目。

（2）应加回或减去的项目　本类项目属于净利润中没有实际支付现金的费用或没有实际收到现金的收益，需要在净利润的基础上分析调整。包括"处置固定资产、无形资产和其他长期资产的损失（收益以'–'填列）""固定资产报废损失（收益以'–'填列）""公允价值变动损失（收益以'–'填列）""财务费用（收益以'–'填列）""投资损失（收益以'–'填列）""递延所得税资产减少（增加以'–'填列）""递延所得税负债增加（减少以'–'填列）""存货的减少（增加以'–'填列）"等项目。

（3）经营性应收应付项目的增减变动　本类项目属于不直接影响净利润的经营活动产生的现金流入量或流出量，需要在净利润的基础上分析调整的项目。包括"经营性应收项目的减少（增加以'–'填列）""经营性应付项目的增加（减少以'–'填列）"等项目。

2. 分析调整不涉及现金收支的重大投资和筹资活动项目

本项目反映企业一定会计期间内影响资产或负债但不形成该期现金收支的各项投资或筹资活动的信息资料。如企业报告期内实施的债务转为资本、一年内到期的可转换的公司债券、融资租入固定资产等。该类项目虽然不涉及报告期实际的现金流入流出，但对以后各期的现金流量有重大影响。此类需要列报的项目有：

（1）债务转为资本。反映企业报告期内转为资本的债务金额。本项目可根据资产负债表中的"应付债券""长期应付款""实收资本""资本公积"等项目分析计算填列。

（2）一年内到期的可转换公司债券。反映企业报告期内到期的可转换公司债券的本息。本项目可根据资产负债表中的"应付债券–优先股"等项目分析计算填列。

（3）融资租入固定资产。反映企业报告期内融资租入的固定资产。本项目可根据资产负债表中的"使用权资产""长期应付款""租赁负债"等项目分析计算填列。

3. 分析调整现金及现金等价物净变动情况

本项目反映现金及现金等价物增减变动及其净增加额。本项目可根据资产负债表中的"货币资金"项目及现金等价物期末期初余额及净增额分析计算填列。

4. 编制正式的现金流量表补充资料

具体方法可采用前述工作底稿法或T型账户法，也可以根据有关会计科目记录分析填列。这里不再赘述。

表 16–4 现金流量表补充资料

项目	本期金额	上期金额（略）
1. 将净利润调节为经营活动现金流量：		
净利润		
加：资产减值准备		
信用损失准备		
固定资产折旧、油气资产折耗、生产性生物资产折旧		
无形资产摊销		
长期待摊费用摊销		
处置固定资产、无形资产和其他长期资产的损失（收益以“–”填列）		
固定资产报废损失（收益以“–”填列）		
净敞口套期损失（收益以“–”填列）		
公允价值变动损失（收益以“–”填列）		
财务费用（收益以“–”填列）		
投资损失（收益以“–”填列）		
递延所得税资产减少（增加以“–”填列）		
递延所得税负债增加（减少以“–”填列）		
存货的减少（增加以“–”填列）		
经营性应收项目的减少（增加以“–”填列）		
经营性应付项目的增加（减少以“–”填列）		
其他		
经营活动产生的现金流量净额		
2. 不涉及现金收支的重大投资和筹资活动		
债务转为资本		
一年内到期的可转换公司债券		

续表

项目	本期金额	上期金额（略）
融资租入固定资产		
3. 现金及现金等价物净变动情况：		
现金的期末余额		
减：现金的期初余额		
加：现金等价物的期末余额		
减：现金等价物的期初余额		
现金及现金等价物净增加额		

第五节　所有者权益变动表

一、所有者权益变动表的基本原理

（一）所有者权益变动表的概念

所有者权益变动表，指反映构成所有者权益各组成部分当期增减变动情况的报表。它是对资产负债表的补充及对所有者权益增减变动情况的进一步说明。其主要作用有两个方面：一是通过所有者权益变动表，既可以为财务报表使用者提供所有者权益总量增减变动的信息，也能为其提供所有者权益增减变动的结构性信息，特别是能够让财务报表使用者理解所有者权益增减变动的根源；二是所有者权益增减变动表将综合收益和所有者（或股东）的资本交易导致的所有者权益的变动分项列示，有利于分清导致所有者权益增减变动缘由与责任，对于考察、评价企业一定时期所有者权益的保全状况、正确评价管理当局受托责任的履行情况等具有重要的作用。

（二）所有者权益变动表的内容

在所有者权益变动表上，企业至少应单独列示反映下列信息的项目：综合收益总额；会计政策变更和差错更正的累积影响金额；所有者投入资本和向所有者分配利润等；提取的盈余公积；实收资本、其他权益工具、资本公积、其他综合收益、专项储备、盈余公积、未分配利润的期初和期末余额及其调节情况。详细的结构内容如表 8-5 所示。所有者权益变动表的主要项目内容及其功能如下：

1.“上年年末余额”项目

“上年年末余额”项目反映企业上年资产负债表中实收资本（或股本）、其他权益工具、资本公积、库存股、其他综合收益、专项储备、盈余公积、未分配利润的年末余额。

2.“会计政策变更”“前期差错更正”项目

“会计政策变更”“前期差错更正”项目分别反映企业采用追溯调整法处理的会计政策变更的累积影响金额和采用追溯重述法处理的会计差错更正的累积影响金额。追溯调整法，指对某项交易或事项变更会计政策，视同该项交易或事项初次发生时采用变更后的会计政策，并以此对财务报表相关项目进行调整的方法。追溯重述法是指在发现前期差错时，视同该项前期差错从未发生过，从而对财务报表相关项目进行更正的方法。前期差错通常包括计算错误、应用会计政策错误、疏忽或曲解事实以及舞弊产生的影响以及存货、固定资产盘盈等。

3.“本年增减变动金”项目

“本年增减变动金额”项目反映所有者权益各项目本年增减变动的金额，具体内容：

（1）“综合收益总额”项目，反映净利润和其他综合收益扣除所得税影响后的净额相加后的合计金额。

（2）“所有者投入和减少资本”项目，反映企业当年所有者投入的资本和减少的资本。本项目内容包括：①“所有者投入的普通股”项目，反映企业接受投资者投入形成的实收资本（或股本）和资本溢价或股本溢价。②“其他权益工具持有者投入资本”项目，反映企业发行的除普通股以外分类为权益工具的金融工具的持有者投入资本的金额。③“股份支付计入所有者权益的金额”项目，反映企业处于等待期中的权益结算的股份支付当年计入资本公积的金额。

（3）“利润分配”项目，反映企业当年的利润分配金额。

（4）“所有者权益内部结转”项目，反映企业构成所有者权益的组成部分之间当年的增减变动情况。本项目内容包括：①“资本公积转增资本（或股本）”项目，反映企业当年以资本公积转增资本或股本的金额。②“盈余公积转增资本（或股本）”项目，反映企业当年以盈余公积转增资本或股本的金额。③“盈余公积弥补亏损”项目，反映企业当年以盈余公积弥补亏损的金额。④“设定受益计划变动额结转留存收益”项目，反映企业因重新计量设定受益计划净负债或净资产所产生的变动计入其他综合收益，结转至留存收益的金额。⑤“其他综合收益结转留存收益”项目，主要反映：第一，企业指定为以公允价值计量且其变动计入其他综合收益的非交易性权益工具投资终止确认时，之前计入其他综合收益的累计利得或损失从其他综合收益中转入留存收益的金额；第二，企业指定为以公允价值计量且其变动计入当期损益的金融负债终止确认时，之前由企业自身信用风险变动引起而计入其他综合收益的累计利得或损失从其他综合收益中转入留存收益的金额等。

（三）所有者权益变动表的结构

1. 纵向结构

纵向结构按所有者权益增减变动时间及内容分为“上年年末余额”“本年年初余额”“本年增减变动金额”和“本年年末余额”四栏。

上年年末余额 + 会计政策变更、前期差错更正及其他变动 = 本年年初余额

本年年初余额 + 本年增减变动金额 = 本年年末余额

其中，本年增减变动金额按照所有者权益增减变动的交易或事项列示，即：

本年增减变动金额 = 综合收益总额 ± 所有者投入和减少资本 ± 利润分配 ± 所有者权益内部结转

2. 横向结构

横向结构采用比较式结构，分为“本年金额”和“上年金额”两栏，每栏的具体结构按照所有者权益构成内容逐项列示，即：

实收资本（或股本）+ 其他权益工具 + 资本公积 − 库存股 + 其他综合收益 + 未分配利润 = 所有者权益合计

纵横填列结果归结到本年年末所有者权益合计数，保持所有者权益变动表的表内填列数额平衡。

所有者权益变动表以矩阵式结构列报，一方面，列示导致所有者权益变动的交易或事项，即所有者权益变动的来源，对一定时期所有者权益的变动

情况进行全面反映；另一方面，按照实收资本、其他权益工具、资本公积、库存股、其他综合收益、盈余公积、未分配利润等所有者权益各组成部分及其总额列示交易或事项对所有者权益各部分的影响。此外，所有者权益变动表采用逐项的本年金额和上年金额比较式结构，能够清楚地表明构成所有者权益的各组成部分当期的增减变动情况以及与上期的增减变动情况的对照和比较。

二、所有者权益变动表的填列方法

所有者权益变动表的填列方法是根据上年度所有者权益变动表和本年已编制的资产负债表、利润表及相关会计政策、前期差错更正和会计科目记录等资料基础上分析计算填列。各项目具体填列方法如下：

（一）上年金额栏的填列方法

所有者权益变动表“上年金额”栏内各项数字，应根据上年度所有者权益变动表“本年金额”栏内所列数字填列。上年度所有者权益变动表规定的各个项目的名称和内容同本年度不一致的，应对上年度所有者权益变动表各项目的名称和数字按照本年度的相关规定进行调整，填入所有者权益变动表的“上年金额”栏内。

（二）本年金额栏的填列方法

所有者权益变动表“本年金额”栏内各项目金额一般应根据资产负债表所有者权益项目金额或“实收资本（或股本）”“其他权益工具”“资本公积”“库存股”“其他综合收益”“专项储备”“盈余公积”“利润分配”“以前年度损益调整”等科目及其明细科目的发生额分析填列。

所有者权益变动表（简表）

编制单位：甲公司　　　　2022年度　　　　单位：万元

项目	本年金额											上年金额										
	实收资本（或股本）	其他权益工具			资本公积	减：库存股	其他综合收益	专项储备	盈余公积	未分配利润	所有者权益合计	实收资本（或股本）	其他权益工具			资本公积	减：库存股	其他综合收益	专项储备	盈余公积	未分配利润	所有者权益合计
		优先股	永续债	其他									优先股	永续债	其他							
一、上年年末余额																						
加：会计政策变更																						
前期差错更正																						
其他																						
二、本年年初余额																						
三、本年增减变动金额（减少以“–”填列）																						
（一）综合收益总额																						
（二）所有者投入和减少资本																						
1. 所有者投入的普通股																						
2. 其他权益工具持有者投入资本																						
3. 股份支付计入所有者权益的金额																						
4. 其他																						

续表

项目	本年金额											上年金额										
	实收资本（或股本）	其他权益工具			资本公积	减：库存股	其他综合收益	专项储备	盈余公积	未分配利润	所有者权益合计	实收资本（或股本）	其他权益工具			资本公积	减：库存股	其他综合收益	专项储备	盈余公积	未分配利润	所有者权益合计
		优先股	永续债	其他									优先股	永续债	其他							
（三）利润分配																						
1．提取盈余公积																						
2．对所有者（或股东）的分配																						
3．其他																						
（四）所有者权益内部结转																						
1．资本公积转增资本（或股本）																						
2．盈余公积转增资本（或股本）																						
3．盈余公积弥补亏损																						
4．设定受益计划变动额结转留存收益																						
5．其他综合收益结转留存收益																						
6．其他																						
四、本年年末余额																						

第六节　财务报表附注及财务报告信息披露要求

一、附注的作用

第一，附注的编制和披露，是对资产负债表、利润表、现金流量表和所有者权益变动表列示项目含义的补充说明，以帮助财务报表使用者更准确地把握其含义。例如，通过阅读附注中披露的固定资产折旧政策的说明，使用者可以掌握报告企业与其他企业在固定资产折旧政策上的异同，以便进行更准确的比较。

第二，附注提供了对资产负债表、利润表、现金流量表和所有者权益变动表中未列示项目的详细或明细说明。例如，通过阅读附注中披露的存货增减变动情况，财务报表使用者可以了解资产负债表中未单列的存货分类信息。

第三，通过附注与资产负债表、利润表、现金流量表和所有者权益变动表列示项目的相互参照关系，以及对未能在财务报表中列示项目的说明，可以使财务报表使用者全面了解企业的财务状况、经营成果和现金流量以及所有者权益的情况。

二、附注的主要内容

附注是财务报表的重要组成部分。根据企业会计准则的规定，企业应按照如下顺序编制披露附注的主要内容：

（一）企业简介和主要财务指标

（1）企业名称、注册地、组织形式和总部地址。

（2）企业的业务性质和主要经营活动。

（3）母公司以及集团最终母公司的名称。

（4）财务报告的批准报出者和财务报告的批准报出日。

（5）营业期限有限的企业，还应当披露有关营业期限的信息。

（6）截至报告期末公司近 3 年的主要会计数据和财务指标。

（二）财务报表的编制基础

财务报表的编制基础是指财务报表是在持续经营基础上还是在非持续经

营基础上编制的。企业一般是在持续经营基础上编制财务报表，清算、破产属于非持续经营基础。

（三）遵循企业会计准则的声明

企业应当声明编制的财务报表符合企业会计准则的要求，真实、完整地反映了企业的财务状况、经营成果和现金流量等有关信息，以此明确企业编制财务报表所依据的制度基础。

（四）重要会计政策和会计估计

企业应当披露采用的重要会计政策和会计估计，不重要的会计政策和会计估计可以不披露。在披露重要会计政策和会计估计时，企业应当披露重要会计政策的确定依据和财务报表项目的计量基础，以及会计估计中所采用的关键假设和不确定因素。

会计政策的确定依据，主要指企业在运用会计政策过程中所做的对报表中确认的项目金额最具影响的判断，有助于财务报表使用者理解企业选择和运用会计政策的背景，增加财务报表的可理解性。财务报表项目的计量基础，指企业计量该项目采用的是历史成本、重置成本、可变现净值、现值还是公允价值，这直接影响财务报表使用者对财务报表的理解和分析。

在确定财务报表中确认的资产和负债的账面价值过程中，企业需要对不确定的未来事项在资产负债表日对这些资产和负债的影响加以估计，如企业预计固定资产未来现金流量采用的折现率和假设。这类假设的变动对这些资产和负债项目金额的确定影响很大，有可能会在下一个会计年度内作出重大调整，因此，强调这一披露要求，有助于提高财务报表的可理解性。

（五）会计政策和会计估计变更以及差错更正的说明

企业应当按照会计政策、会计估计变更和差错更正会计准则的规定，披露会计政策和会计估计变更以及差错更正的有关情况。

（六）报表重要项目的说明

企业对报表重要项目的说明，应按照资产负债表、利润表、现金流量表、所有者权益变动表及其项目列示的顺序，采用文字和数字描述相结合的方式进行披露。报表重要项目的明细金额合计应当与报表项目金额相衔接，主要包括以下重要项目：应收款项、存货、长期股权投资、投资性房地产、固定资产、无形资产、职工薪酬、应交税费、短期借款和长期借款、应付债券、长期应付款、营业收入、公允价值变动收益、投资收益、资产减值损失、营业外收入、营业外支出、所得税费用、其他综合收益、政府补助、借款费用。

（七）或有和承诺事项、资产负债表日后非调整事项、关联方关系及其交易等需要说明的事项

（八）有助于财务报表使用者评价企业管理资本的目标、政策及程序的信息

三、财务报告信息披露的要求

（一）财务报告信息披露的概念

财务报告信息披露，又称会计信息披露，指企业对外发布有关其财务状况、经营成果、现金流量等财务信息的过程。按照我国会计准则的规定，披露主要是指会计报表附注的披露。广义的信息披露除财务信息外，还包括非财务信息。信息披露是公司治理的决定性因素，是保护投资者合法权益的基本手段和制度安排，也是会计决策有用性目标所决定的内在必然要求。就上市公司而言，信息披露也是企业的法定义务和责任。

（二）财务报告信息披露的基本要求

财务报告信息披露基本要求，又称财务报告信息披露的基本质量。主要有真实、准确、完整、及时和公平五个方面。

企业应真实、准确、完整、及时地披露信息，不得有虚假记载、误导性陈述或者重大遗漏，信息披露应当同时向所有投资者公开披露信息。

真实，指上市公司及相关信息披露义务人披露的信息应当以客观事实或者具有事实基础的判断和意见为依据，如实反映客观情况，不得有虚假记载和不实陈述。虚假记载，是指企业在披露信息时，将不存在的事实在信息披露文件中予以记载的行为。

准确，指上市公司及相关信息披露义务人披露的信息应当使用明确、贴切的语言和简明扼要、通俗易懂的文字，不得含有任何宣传、广告、恭维或者夸大等性质的词句，不得有误导性陈述。公司披露预测性信息及其他涉及公司未来经营和财务状况等信息时，应当合理、谨慎、客观。误导性陈述，指在信息披露文件中或者通过媒体，作出使投资人对其投资行为发生错误判断并产生重大影响的陈述。

完整，指上市公司及相关信息披露义务人披露的信息应当内容完整、文件齐备，格式符合规定要求，不得有重大遗漏。信息披露完整性是公司信息提供给使用者的完整程度。不得忽略、隐瞒重要信息。使信息使用者了解公司治理结构、财务状况、经营成果、现金流量、经营风险及风险程度等。重大遗漏，指信息披露义务人在信息披露文件中，未将应当记载的事项完全或者部分予以记载。不正当披露，是指信息披露义务人未在适当期限内或者未以法定方式公开披露应当披露的信息。

企业披露信息应当忠实、勤勉地履行职责，保证披露信息的真实、准确、完整、及时、公平。勤勉尽责，指企业应当本着对投资者等利害关系者、对国家、对社会、对职业高度负责的精神，应当爱岗敬业，勤勉高效，严谨细致，认真履行会计职责，保证会计信息披露工作质量。

企业应当在附注中对“遵循了企业会计准则”作出声明。同时，企业不应以在附注中披露代替对交易和事项的确认和计量，即企业采用的不恰当的会计政策，不得通过在附注中披露等其他形式予以更正，企业应当对交易和事项进行正确的确认和计量。此外，如果按照各项会计准则规定披露的信息不足以让报表使用者了解特定交易或事项对企业财务状况、经营成果和现金流量的影响时，企业还应披露其他的必要信息。

参考文献

[1] 财政部 . 企业会计准则 [M]. 北京：中国财政经济出版社，2006.
[2] 中国注册会计师协会 . 会计 [M]. 北京：中国财政经济出版社，2021.
[3] 财政部会计司编写组 . 企业会计准则讲解 [M]. 北京：人民出版社，2010.
[4] 企业会计准则编审委员会 . 企业会计准则详解与实务 [M]. 北京：人民邮电出版社，2018.
[5] 张雯婷等 . 企业财务会计 [M]. 北京：中国纺织出版社，2022.
[6] 盖地 . 财务会计（第七版）[M]. 北京：经济科学出版社，2018.
[7] 李桂荣 . 中级财务会计（第五版）[M]. 北京：对外经贸大学出版社，2021.
[8] 王昌锐 . 中级财务会计（第二版）[M]. 北京：中国财政经济出版社，2022.
[9] 刘永泽 . 中级财务会计（第七版）[M]. 大连：东北财经大学出版社，2022.
[10] 李广贵等 . 中级财务会计（第五版）[M]. 北京：首都经贸大学出版社，2018.
[11] 熊筱燕等 . 财务会计 [M]. 北京：中国财政经济出版社，2022.